ビギナーのための

# 管理釣り場のルアーフィッシング



管理釣り場に行こう！

この1冊で
エリアフィッシングのすべてがわかる

ビギナーのための
# 管理釣り場のルアーフィッシング

CONTENTS

もっともっと釣りを知ろう！

# 管理釣り場のルアーフィッシングをレベルアップ！ 46

**もっとレベルアップしたい人にオススメのアングリングファン**

エリアトラウトフィッシングを専門に扱う世界で唯一の定期雑誌がアングリングファンだ。隔月刊釣り雑誌で、最新のエリアフィッシングの情報など、毎号濃い内容でお届け中！

トラウト＝マス（鱒）を狙うスマートなルアー釣り

# 管理釣り場のルアーフィッシング

**我が国のルアーフィッシングの歴史としては、まだまだ浅い方といえるトラウトルアーフィッシング（管理釣り場のルアー）。本格的に道具が出揃ってきてからまだ20数年といったところだが、そのエントリーしやすいジャンルということと、釣り場となるエリアの施設が充実していることで、より多くの人が入門する傾向にある。エリアトラウトルアーはブームの真っ只中といってよい。**

## 西洋から輸入され、今や逆に輸出中！

日本人として誇らしく思うことに、何か発明したり新発見をしたわけではなく、ルーツは諸外国にあるものを輸入し、そこから国内で独自発展、元あったものの数倍、いや数十倍も優れたモノに進化させてしまう……というのがある。例えば我が国の産業の根幹ともいえる『自動車』などはそのいい例だ。

魚釣りもその産業のひとつといえる。もちろん、古くから我が国に伝わる伝統的な魚釣りや漁法も多数あるが、ことルアーフィッシングというジャンルは日本の伝統的な釣りではない。ヨーロッパやアメリカといった西洋文化、漁として魚を釣るのではなく遊び、いやゲーム感覚で釣りを楽しもう！　という趣旨で始まったのがルアー釣り＝ゲームフィッシングなのだ。

しかしながらそのルアー釣り、我が国でそれがポピュラーになりつつあったのが1960～1970年代。そのころは海外からの輸入製品が多く、ルアーひとつ取っても高価で手に入りにくい『舶来品』が主流だった。

時は流れ1980年代後半になると、国産のルアーが飛躍的に増え、海外製のアイテムを凌ぐ優秀で見栄えも出来栄えも素晴らしい製品が市場を賑わすようになった。現在はそういった製品が世界中から注目を集め、日本製のフィッシングタックル（釣り道具）やルアーたちは世界最高水準とされ、飛ぶ鳥を落とす勢いになっている。

**海外でも大人気のメイドイン ジャパン**

　海に囲まれ漁業が盛んな上に、それら魚類に親しんできた国民性の我が国は、魚を効率よく安全に、なおかつゲーム性をもって釣るための道具の開発に余念がない。古くは釣りバリを製造する技術にも長け、江戸時代以前からそれを作り続けてきた老舗メーカーがあるほどだ。そして現在、最大手とされるフィッシングメーカーはグローバル企業であり、世界中の釣り人に愛される製品作りをしている。

## 管理釣り場のルアーフィッシング

　さて、日本の釣り道具が世界標準レベルを押し上げているのは事実として知ってもらうとして、本誌のテーマである管理釣り場、トラウトルアーフィッシングとは何なのか？　すでにご存知の方はいいとして、軽く用語の説明となるが、『管理釣り場』とは人間の手によって管理された釣り場を指す。つまり、人工的に魚（トラウト＝鱒）を放流し、訪れた釣り人がお金を払い釣りを楽しむ施設のことをいう。

　管理釣り場を日本語でいうと少し長いので、この釣りにのめり込む人たちは『エリア』とかエリアトラウト、もしくはエリアフィッシングなどという。これら少しずつ呼び名は異なるが、全て本書でテーマとする釣りのことを指す用語だ。

　トラウトがマス（鱒）であることはご存知であると思うが、マスはサケ科の魚類で我が国の在来種としてはヤマメ、イワナ、アマゴなどがそれにあたる。一方、外来種として日本人に親しまれているトラウトのひとつにニジマスがあり、積極的に養殖も行われている。ニジマスのほかにはブラウントラウト、ブルックトラウト（カワマス）などがいるほか、養魚場で独自に育てられた種類のトラウトや、自然界では非常に希少種とされるイトウ、サクラマス、アメマスといったトラウトたちもエリアに放たれている。

　昭和30～40年代ごろは『国際マス釣り場』と呼ばれ、山間部にある渓流河川にそれらマスを放流して釣らせる釣り堀が多くあった。今でももちろんそれらはあるが、その多くはイクラなどのエサを使って釣り、それを塩焼きにして美味しく食べる……というのを主目的とした釣り堀だ。

　それを進化させ、スタイリッシュなルアーフィッシングでトラウトを狙うのがエリアトラウトフィッシングと考えたい。先にも述べたがルアー釣りというと西洋文化であり、用語も横文字が多いために、ひ

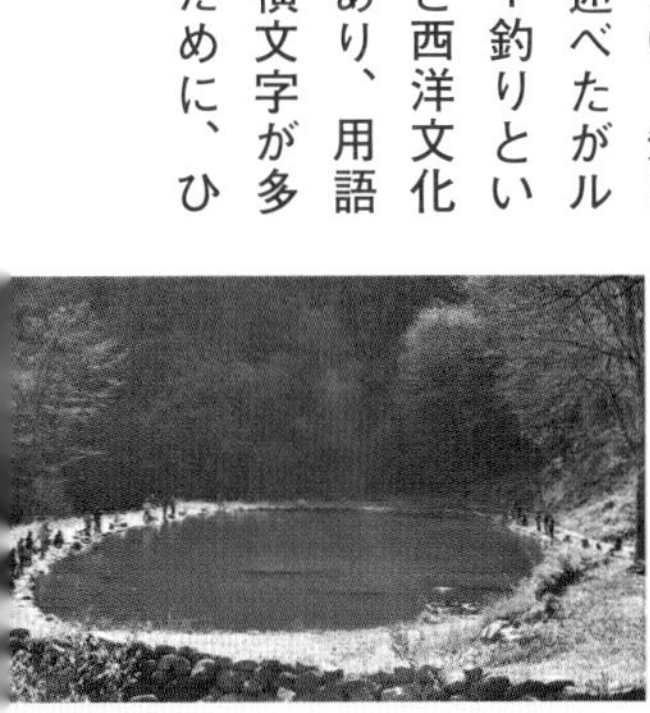

と昔前は『若者全般に好まれる釣り』というイメージであった。年配の釣り人はエサ釣りや日本古来のスタイルを好むという通説はあったが、そこから時代は流れ、現在ではルアーフィッシングを楽しむ人たちもそこそこに高齢化を迎えている。平均年齢は年々高まり、ルアー＝若者の釣りは成り立たないし、意外にも年配になってからルアーフィッシングにチャレンジする人も多い。

もちろん、この釣りはいつ始めても問題ない釣りで親しみやすく、誰にでも簡単にスタートできるルアー釣りといってよい。体力に自信があるなし、女性も男性もほぼ関係なく、年配のシニアでも小学校低学年のジュニアも存分に楽しめる釣りが、管理釣り場のトラウトルアーフィッシングだ。

### 釣りのジャンルはさまざま

魚釣りをやらない人からみれば、釣りは釣りでしょ！　となるが、実際にはそれらは細かくジャンル分けされており、淡水や海水、エサやルアー（擬似餌）のどちらを用いるか？　大型魚、比較的小型魚など狙う魚種に応じてさまざまな専用道具、専門知識やテクニックが必要になる。道具は代用できる場合もあるが、多くの場合それ専用に開発されたものを使うのがベターだ。ルアー釣りに限っても、エリアトラウト以外にブラックバスフィッシング、海水ではメバル、アジ、根魚（ロックフィッシュ）を狙うライトソルトルアーなどがある。それ以外にも大掛かりな道具を用いたルアーで狙うマグロ釣りやGT（ロウニンアジ）釣りなどまである。

## トラウトルアーの魅力

誰にでも簡単に始められる釣り、さらには人工的に魚を池に放流し、それを釣って楽しむ釣り……。それって簡単じゃん！　誰にでも釣れるに決まってる！　と思われるかもしれないが、そんなに甘くない。

一般河川や湖沼に赴いてトラウトフィッシングを行う場合、まずは魚が確実にいる場所を探してアクセスしなければならない。さらにそういった魚に人間が釣りに来た……とバレないよう、そうっと近づいてルアー（エサ）でアプローチしなければならない。確かにそれはハードルが高い反面、釣れたときの1尾の価値観は高いものだといえる。

しかし、その1尾すら釣れないリスクがあるうえに、そういった誰も足を踏み入れない『秘密の場所』を探してさえすれば、テクニックは関係なしに釣れることもある。つまり魚がいるところにたどり着けば勝負のつく釣りだ。

一方、魚が放流されているというアドバンテージはあるものの、その中からトラウトたちを上手に騙して釣る。ルアーを使ってあの手この手を繰り出し魚に口を使わせる。その技術のあるなしで、その日1日でどれだけ魚が釣れるか否かが異なるのがエリアトラウトだ。

エリアトラウトは、よく『再現性』を重視した釣りと言う。再現性とは何か？　といえば、このルアーにこういう反応があったから、次はこのルアーに変えて結果に繋がったという事象のことである。すなわち、釣り人（アングラー）が立てた作戦をもとにアプローチし、最終的に『たくさん釣れました！』という結果を導くことにある。

　つまりエリアトラウトは、偶然に『釣れちゃった』ではなく、狙って『釣りました』という再現性を求めるゲームフィッシングだ。一般の釣り場でももちろん狙って釣る……というのもある。が、1日やっても釣れるかどうか？　微妙な釣りは、この再現性も危うくただの偶然……と言われても仕方のないレベルといえよう。

## なぜエリアトラウトがオススメか？

エリアトラウトはエントリーしやすく、その反面奥深さもある。徐々に経験を積めば確実に答えと結果が得られる釣りであるのがオススメ理由の第一。そして、いろいろな釣りの基礎ともなる面もエリアトラウトには多く含まれている。

　管理釣り場と呼ばれるエリアにはルールがあり、周囲には他の釣り人もいる。お互いに気持ちよく釣りをするため、『マナー』が重要となる。自分がイヤな思いをしたくなければ、他人にもそれをしない……、そんな釣り人の暗黙のルールが学べるのもこの釣りのオススメポイント。

　釣りの種類によっては、それほど多くの人がエントリーできないケースもある。また専門的にそれにのめり込みすぎ、他の釣りに興味が沸かなくなるケースもある。釣りは釣り……だが、アユ釣りと磯釣り、投げ釣り、船釣り、そしてブラックバス釣りとくれば、野球、テニス、ゴルフ、卓球というように、同じスポーツだが別ジャンル、カテゴリーの違いが釣りにもあるのだ。

　そんな数ある釣りの中から、貴方がエリアトラウトを選んだならば、非常に幸運だ。まさに人生観が変わるほど、物事を豊にしてくれるに違いない。

### 上手い＆下手があり、得意不得意もある

　どんな釣り名人であっても最初は初心者だ。最初から全てわかっており、「釣りなんて簡単だよ！」という人はまずいない。釣りそのものやその釣りジャンルにおいても、上手い人とそうでない人がいる。ただ、基本は同じことからスタートということになるから、その基本はしっかりマスターしておきたい。単に魚が釣れる人、そうでない人を区分けするのは難しいが、キャスティング（ルアーを投げる動作）の上手い人は基本を押さえて練習した人だ。準備に手間取ったり、すぐ糸を絡ませたりトラブルに見舞われるのも、上手＆下手関係なしに、単にその基本を押さえ慣れているからにほかならない。つまり、魚が釣れるor釣れない以前に、魚釣りを始めよう！　と思った瞬間から、そういった前段階となる基礎はしっかり覚えよう。それがスタートラインにたつことといえるのだ。

目的に沿った釣り場選び

ガチ系から癒し系、ファミリーユースにひたすら釣り続ける釣り場までさまざま

# 全国にはこんな管理釣り場がある！

古くはエサ釣りで楽しむ『ニジマス釣り堀』であったのが、もっとスタイリッシュにルアーを使って楽しめるように進化したのがトラウトエリアだ。その中でもいわゆる老舗で数十年前から営業しているタイプと、ごくごく近年オープンしたばかりの釣り場までさまざまある。

大規模ポンドの管理釣り場はちょっと攻略も難しくなるが、釣り人が多く訪れても十分な収容力がある

## アクセスや環境に応じて釣り場を選ぶ

まずはざっくりと釣り場の種類とこんな釣りをしたい！　という釣り人の要望に応じて、それに準ずる営業形態の釣り場に向かう方がより楽しい釣りができるだろう。もちろん、行く前に道具や装備面をしっかり揃えたり、使い方をしっかりマスターする必要もあるが、まずは釣り場ありき、最初からそういった設備の整った釣り場にいけば、初チャレンジでも意外にもどうにかなって楽しめるものだ。

まずはお住まいの地域からアクセスしやすい管理釣り場に足を運ぶのが得策となるが、そういった近場のエリアに必要な装備＝レンタルタックルや、場合によっては親切にタックルの使い方をレクチャーしてくれるインストラクター的なスタッフが常駐しているか否かも重要ポイントだ。

アクセスに関しては基本、車でその釣り場まで行くのがスタンダード。どうしても電車や公共交通機関で行こうとする場合は、首都圏でも限られた釣り場になってしまう。具体的には東京を中心に数件のエリアがあるのみといったところだ。

また、釣り場となる水辺のスタイルも細かく分けるといくつかに分類される。一般的にはポンド（池）スタイルが基本といえるが、川などを仕切ってそれぞれの区画にトラウトを放流し釣り場としているケースもある。

山間部に多いリバータイプの管理釣り場

さらに、ポンドタイプの中にも一般的に水底がなだらかな傾斜、岸近くは浅く中央に向かってより深くなるタイプと、学校のプールのように真四角で箱型のポンドは、水深が一定で釣り人が立つ岸まで水深が均一の釣り場のタイプに分かれる。

### アクセスの基本は車

管理釣り場の釣りに限らず、多くの釣りは車でのアクセスが基本。釣り場には専用駐車場があるので、一般の釣りと異なり違法駐車やきわどい場所に車を停めたりする必要はない。昨今は海釣りでもそういった釣り人のマナーを無視した駐車が問題となっているが、エリアトラウトの管理釣り場はそういったところも安心といえる。ただし、公共交通機関を利用してアクセスしたい！　という場合は、山奥の釣り場は基本難しい上に、最も釣りやすい朝の時間にエントリーするのも困難になるケースがほとんどだ。

アクセスは基本車だ。公共交通機関利用では行ける釣り場は限られる

都心や街中にある釣り場

### 最も多いポンドタイプの管理釣り場

圧倒的にタイプ別に多いスタイルの釣り場は、人工的に作ってあるにせよ、自然の池に近いような作りになっているポンドタイプだ。大きさも大小さまざまあるが、基本的には水を循環させるシステムになっており、流れ込みと流れ出しがあるのが普通だ。池の形状もさまざまで、大きな円形から入り組んだ形状を持つものまでいろいろある。

最もオーソドックスなポンドタイプの釣り場

### まず行ってみるならこんな釣り場

全国の管理釣り場の全てがそうなっているわけではなく、ごく一部の釣り場でレンタルタックル完備、加えてわからないことを相談できるスタッフの常駐している釣り場があるので、まず行ってみよう！　というならそういった釣り場をチョイスして出向きたい。レンタルタックルは有料である場合がほとんどだが、一式購入して出向くよりは、まずはレンタルで試してみるがオススメだ。

まずはレンタルタックルを借りるのもおすすめ

### リバータイプの管理釣り場

自然の川を利用してトラウトを放流。そのままの川を利用するが、石などを使って堰を設け、川を区切って釣りを楽しむというスタイルがリバータイプのトラウトエリアだ。基本的には流れがあるので、ポンドタイプの釣りとは若干異なる釣りスタイルになるのが普通だ。山間部に位置するケースも多く、そういった釣り場ではバーベキュー施設も完備しており、自然の空気を吸いながら釣り＆バーベキューを楽しむスタイルに持ってこいだ。

リバータイプは人工的に仕切ってトラウトを放流する

### プールのような箱型ポンド

形状としては真四角でなく、さまざまな形もあるのだが、つまりは水底が一定で足元まで水深がある釣り場が主に首都圏や都心に近い釣り場の特徴と言える。ようするに立地的に狭いスペースに池を作ろうとする場合にこのような形状になりやすいのだ。さらには夏はプールとして営業し、秋～冬にトラウト釣り場として営業するスタイルも最近は増えている。

冬場のプールを利用した釣り場も人気

濁った水と透明な水で釣り方や狙い方が違ってくる

## 釣り場の水、水源も釣りに影響する

　釣り場として営業するにあたり、ポンドへ流入する水がどういった種類のものか？　それによって釣り場の良し悪しに影響することがある。水がキレイで常に水温がトラウトにとって適正状態であれば、魚のコンディションは良好で活性が高く、ルアーに対する反応も非常によいのが普通だ。

　釣り場の水で最も多くあるパターンは、地下水を組み上げてポンドに流入させるケースだ。それ以外にも川沿いにポンドを作り、近隣の川から水を引くケースもある。さらには汲み上げた水でなく、地表に水が湧き出てくる湧水を使ったポンドというのもある。それらを複合的に活用してポンドに水を供給するという釣り場もあるのだ。

　一般的には水道水というわけにはいかず、なんらかの水源確保がなされなければ釣り堀としてなりたたない。水に関してはその権利問題なども関わってくるため、よりよい水源を確保した上で釣り場をスタートさせているケースが一般的だ。

### 濁った水と透明度の高い釣り場

　どちらが好ましい……という厳密な区分けはないが、釣り場には非常にクリアで透き通るような透明度の池と、最初からある程度濁っているポンドの釣り場の両方がある。夏の間の高水温期は営業を中止し、その間池の清掃を行ってシーズンになるとまた水を入れ、ポンドを仕上げるという釣り場の場合は、秋の再オープン直後は透明度の高い水だが、時間の経過とともに濁りが強くなるポンドであることも多い。この後にさまざまなテクニックやルアーを使い分けにも触れていくが、水の種類によっても釣り方が少しずつ変化するので覚えておきたい。

山間部のポンドタイプは水質もよくコンディション良好のトラウトで溢れる

　地域的にも例えば富士山を中心にその一帯には湧水が豊富に湧き出る可能性が高い。静岡県や山梨県といった湧水を利用したエリアは非常に水環境のよい釣り場となっている。さらには地下水を汲み上げる場合も、その水量が多いほど水温が安定し、少ない水量の釣り場は夏の営業は難しい場合が一般的だ。

## 特徴のある釣り場

　釣り場によってさまざまな特徴を持たせているケースは多い。水質によっても釣り場は変わるが、とにかく釣り人に魚を存分に釣ってもらうには、それなりに魚の量をポンドに放たなければならない。大型の魚はそれなりにコストがかかるし、養魚場からそれを仕入れるタイミングも重要となる。

　釣り場にはそういった魚の仕入れ先、養魚場との関わりは重要ポイントになってくる。釣り場はその養魚場そのものが経営する釣り場もあって、そういった釣り場はトラウトがいつも豊富に放たれているのが普通だ。一方、トラウトを仕入れてポンドに放流する場合は、その池の規模、訪れる釣り客の数、それらをよく計算しての放流量だから、釣り場経営のノウハウと知識&経験がよい釣り場になったり、そうもいかないケースもあったりとさまざまとなる。

また、ポンドが複数あるような管理釣り場は、それらの池によって数釣りポンド、大物ポンド、初心者ポンドなどに分けて営業する場合も多い。ワンポンドの釣り場も、大型のトラウトを多く放流し楽しんでもらうスタイルもあれば、レギュラーサイズを集中的に放流し、数釣りを楽しんでもらう……を売りにする釣り場もあるのだ。

また、多くの釣り場は必ずレギュレーションといってルールを定めている。その中には禁止ルアーや使用するルアーのサイズ、大きさの上限や下限、ルアーの重さの制限など主に安全面を考慮して定められている。また、持ち帰って釣ったトラウトを食べたい！という場合においても、持ち帰り尾数が制限されることもある。それらも釣り場によってまちまちで、釣り場の特徴を形作る要素となっている。

### 大物狙いか数釣りか？

大型の魚を多く放流する釣り場は、自分のところでそれらを育てているケースがやはり多い。実際にトラウトを養殖する技術も10数年前よりも現在の方がはるかに上がっているものの、例えば80cmを超える超大物となると飼育するにも数年以上かかるのが普通だ。大型のイトウという魚種でおよそ1mに育てるのに約10年と言われ、その間に与えるエサも相当な量になる。小型の20cmのニジマスなら、短期間で成魚となるが、こちらも一定数が必要のためそれなりのコストは必要だ。一般的なトラウトアングラーは、ある程度数を釣って、その中に大物が混じる……というのを理想にする場合が多い。まずは数を釣ることで釣りそのものが上達につながるというのと、少し大物を狙うにはそれなりの道具の強化と大物とやりとりするノウハウも必要だ。

このサイズを積極放流する釣り場は釣り場で養殖しているケースが多い

### 大規模経営か、個人経営か

釣り場のスタイルはさまざまであるものの、やはり管理が行き届き、設備の整った釣り場は人気が高い。一方、ある程度の設備はあるものの、ポンドも小さく小規模な経営スタンスをとっている場合も、アットホームでそれはそれで釣り人にとって通いやすい要素となっている場合もある。まずは数回その釣り場に通うことで釣り場のスタッフと顔見知りとなり、より釣りに関するノウハウを身に付けることにつながることが普通と考えられる。大規模か小規模かでは単純に良し悪しは決められないが、自分の気に入ったスタイルの釣り場に通ってみることが大切だ。

よく釣れるルアーのレンタル、または販売もある

設備の整った大規模経営の釣り場

レンタル道具が完備された釣り場も安心

釣り場のレギュレーションをしっかり順守したい

クラブハウスなど休憩施設でランチを楽しめる

＼エリアで出会える／

# トラウト図鑑

**レインボー、ブラウン、ブルック、ジャガー……。魚の名前は聞いたことがあっても、実際釣れた魚が何なのかわからない、なんて人も実は多い。せっかく釣りをするんだから、魚の名前くらいは覚えたいですよね？ ここに主な魚種をまとめてみたので、さっそく覚えちゃおう!!**

## ニジマス系

### レインボートラウト（ニジマス）

全国の管理釣り場で釣ることのできるもっともメインな魚がレインボートラウト（ニジマス）だ。原産地は北アメリカの太平洋側だが、比較的高水温に強く、飼育が容易なことから、日本でも古くから養殖が盛ん。釣りのターゲットとして人気が高く、管理釣り場だけでなく河川や湖にも放流されている。また鮮魚店やスーパーでも食用としてよく見かける、日本人にとって馴染み深い魚。釣り場で釣れる平均サイズは20～35㎝だが、大きくなると90㎝近くに達する個体も。

### ドナルドソン

大型のレインボーばかりを選抜し、それらを交配させ、長い時間をかけて作られた品種改良型。名前は開発者のドナルドソン博士からとったもの。成長が早く、大型になることから、管理釣り場では大物レインボーの代名詞として呼ばれることも多い。大型になるということ以外、普通のレインボーと外見で見分けることは難しく、釣り場のスタッフでも「どっちかなぁ～?」なんてわからないこともある。

### ヤシオマス

90年代初めに、栃木県水産試験場で食用目的のために改良されて生まれた、レインボーの3倍体。名前は栃木県の県花であるヤシオツツジからとったもの。大型になることから、管理釣り場にも盛んに放流され、人気を呼んでいる。ヤシオマスも普通のレインボーと外見は変わらず、見分けることは難しい。

※3倍体：自然界の生き物は通常、父親から1組、母親から1組、合わせて2組の遺伝子をもらうが、これを2倍体と呼ぶ。これに対し、人工的に1組多くの遺伝子を受け継がせるようにしたもの、つまり3組の遺伝子を持つものを3倍体と呼んでいる。メスの3倍体は生殖能力がなく、産卵のためにエネルギーを消費しないので、より肉質がよく、大きく成長するとされる。

## スチールヘッド

サケのように、数年間海で生活する降海型のレインボーが原種。海から再び川へと遡上したものは 1m を超え、原産地の北米ではゲームフィッシングのターゲットとして人気が高い。近年、卵が空輸され、日本でも養殖されるようになった。原種同様、そのファイトは強く、管理釣り場でも多く放流されるようになった。人気のターゲットのひとつ。

## ホウライマス

レインボーの特徴である、体の側面の黒い斑点がない（無斑）タイプのレインボー。愛知県水産試験場・内水面漁業研究所で数万尾の稚魚の中からたまたま発見された１尾を交配することで、その数が徐々に増え養殖されるようになった。発見当時、同研究所が愛知県鳳来町にあったことから「ホウライマス」と呼ばれている。

## カムループスレインボー

カナダのカムループス地方に生息する、地域固有のレインボー。養殖された歴史が浅いためか野性味に溢れ、ファイトも強烈。普通のレインボーに比べ、体の側面の黒斑 ( 黒い斑点 ) が多いことが外見上の特徴となっている。日本ではまだ一部でしか養殖されていないため馴染みは薄いが、近年放流する釣り場も増え、釣り人には認知されつつある。

## イワナ（ニッコウイワナ）

日本の渓流魚の代表種で、釣りのターゲットとして人気が高い。天然のイワナは地域によってニッコウイワナ、ヤマトイワナ、ゴギなどのタイプに分けられるが、養殖され、エリアに放流されているのはニッコウイワナ系の魚が多い。警戒心は強いが、ルアーを果敢に追う貪欲な一面も見せる。釣り人はよく「イロモノ」と呼ぶ。スプーンやクランクベイトではなく、ミノーで狙うと釣りやすい。

## アメマス

北海道から東北地方にかけて生息するイワナの仲間。河川に生息する天然魚は、しばしば海にも下り、80㎝近い大型になることから、ルアーフィッシングの好敵手として人気が高い。外見はイワナによく似ているが、体側面にイワナより大型の白い斑点があるのが特徴。性格は基本的にはイワナと同じだ。

## ホタカイワナ

群馬県・武尊（ほたか）山周辺のみに生息する地域固有のイワナ。天然では希少な魚だが、今では養殖が可能となり、管理釣り場にも放流されている。成熟した魚は腹部が真っ赤に染まる婚姻色（繁殖期に入った魚に見られる体色変化）を出すのが特徴。一部でしか養殖されていないレアなターゲットだ。

## ブラウントラウト

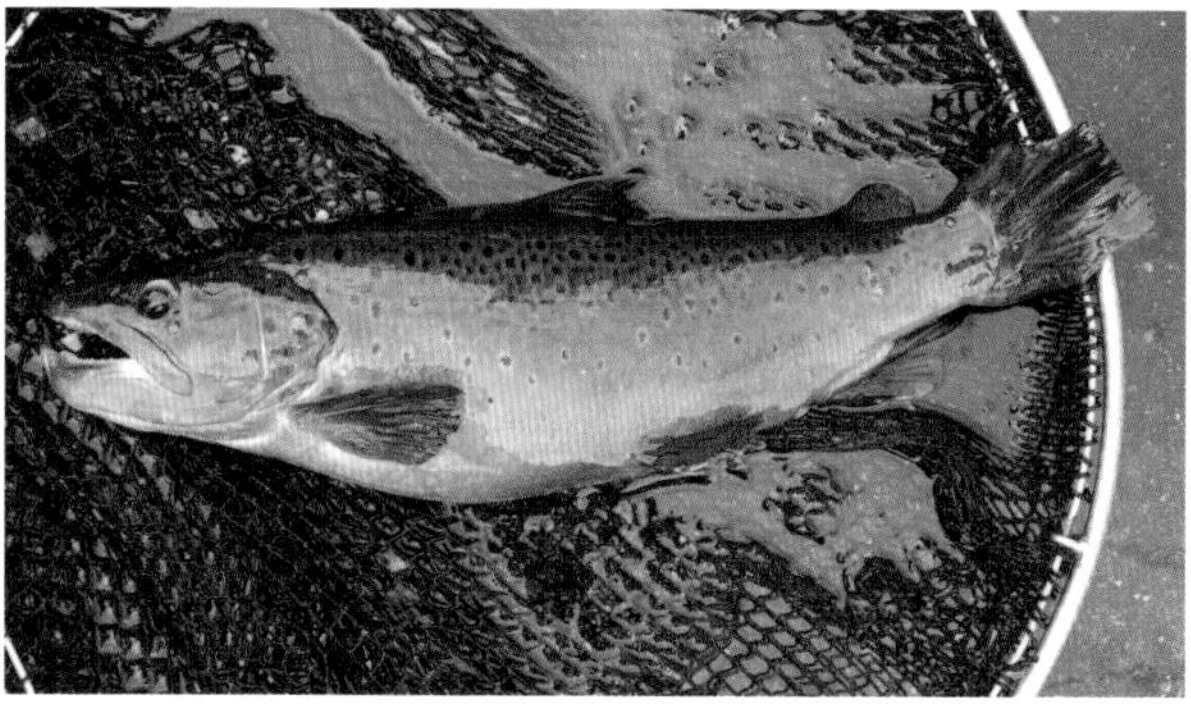

北部ヨーロッパが原産地だが、日本へは北米から移入されたと言われている。獰猛な性格で、大型になるほど魚食性が強くなることから、自然のフィールドでもルアーフィッシングのターゲットとして人気が高い。管理釣り場では、30〜50cm程度のものが多いが、天然では1m前後にまで成長する大型のトラウトだ。海外の天然種で、降海型タイプをシートラウトという。

## ブルックトラウト

原産地は北米カナダからアメリカ合衆国東部。日本名はカワマスと言い、各地で養殖され、管理釣り場のほか、日光湯川など各地の自然河川にも放流されている。体型はイワナに似ているが、背ビレに虫食い状の紋様、体側面に黄色やオレンジの斑点があるので、見分けるのは簡単だ。大型のものは50cm程度になる。

## タイガートラウト（ブラウン×ブルック）

ブルックトラウトとブラウントラウトを人工的に掛け合わせてつくられた交雑種、つまり人間でいうところのハーフだ。体側面にトラのような紋様があることから、この名前がついた。最大で5kgにもなり、貪欲でヒット後のファイトも強烈なことから、人気急上昇のターゲットだ。

## ジャガートラウト（ブルック×イワナ）

タイガートラウトと同じく人工的につくられた交雑種だが、こちらはイワナとブルックトラウトが親となる。別名「F1」とも呼ばれている。基本的な性格はイワナに近いが、大型になり、果敢にルアーを追ってくる。より貪欲な性格から管理釣り場で人気のターゲットとなりつつある。

**ヤマメ系**

## ヤマメ

イワナと並び日本の渓流魚の代表種としてお馴染みの魚。エリアでは25cm程度までの小型の魚が多いが、俊敏でルアーを果敢に追う好奇心旺盛な性格と美しい魚体から、好んで狙うファンも多い。澄んだ流れを好むことから、自然渓流を利用したエリアでは数多く放流されている。30cmを越えるヤマメは俗に「尺ヤマメ」と呼ばれる。自然渓流で釣れたら写真を撮ってみんなに自慢しよう！

## サクラマス

海に下るヤマメの降海型を特にサクラマスと呼んでいる。本流のルアーフィッシングでは人気のターゲットだが、近年、管理釣り場にも放流されるようになった。海に下ったものは70cm近くになるが、管理釣り場では40cm程度のものが多い。小型魚のシルエットはヤマメそのものだが、全身銀色のウロコに覆われることで区別される。

## アマゴ

外見はほとんどヤマメと変わらないが、体側面に鮮やかな朱点があることで見分けることができる。天然での生息域はヤマメと明確に分かれていたが、最近の放流事業の影響により、その線引きはあいまいになってきている。管理釣り場ではヤマメに比べ少数派であるが、最近はお馴染みのターゲットになりつつある。

## イトウ

天然では、北海道の一部にしか生息していないことから「幻の魚」と呼ばれているが、十数年前より養殖が可能になり、管理釣り場でもよく見られるようになった。成長すると1mを軽く超える超大型魚で、管理釣り場の目玉的存在。小型の哺乳類も飲み込むと言われるほど貪欲な一方で、警戒心が強く、スレたこの魚を釣るのは難しい。言わば憧れの存在だ。

### 管理釣り場には他にもトラウトがいっぱい！ 全部釣れるかな？

**◆カットスロート**
北アメリカのネイティブ種。のどを切られて血を流しているように見えるため、喉切りマスと呼ばれる。

**◆アルビノ**

色素が薄い突然変異の個体を掛け合わせたもの。エリアではニジマスの群れに黄色い魚体のアルビノを加え、動きを把握する目安にしているところが多く、釣り人のターゲットにされている。

**◆絹姫サーモン（ニジマス×イワナ）**
ホウライマスをメス親、アマゴやイワナをオス親として交配させた異質3倍体。愛知県マス類養殖のブランド品で、斑点、斑紋のない美しい魚体である。

**◆エゾイワナ**
北海道から最上川、利根川以北に生息。日本のイワナの基本形と見られている。体側に白い斑点を持つ。15℃以下の山地渓流部や標高の高い湖に生息。20㎝から80㎝くらいまで成長する。

**◆ヤマトイワナ**
背中から体側の白色斑点はほとんどなく、側線を中心に小さい橙色（朱紅色）の斑点があるのが特徴。一般的に中部地方の太平洋側に流れ込む渓流に生息している。

**◆オショロコマ**

英名：ドリーバーデン。イワナより小さい白点に、鮮やかな朱点。北海道鹿追町で有名な魚。降海型は大型が多く、陸封型は20㎝くらいだが、エリアに放流されているものは大きく育つ。

**◆コーホーサーモン（シルバーサーモン）**
エリアで放流されるのは30～35㎝くらい。冷水性の魚で引きが強く、ジャンプするなどよいファイトを見せてくれる。冬場のエリアで釣りやすく、口が堅いのでバレにくいのも嬉しい。

**◆ヒメマス（レッド<ソッカイ>サーモン）**
ベニザケの陸封型。銀色の魚体が美しく、味も美味しいことで知られている。原産地の阿寒湖やチミケップ湖で稚魚が湖に生活しているうちに、海に下ることができなくなったもの。

# 全国ブランドニジマス図鑑

**近年、ご当地サーモンやブランドニジマスを放流している管理釣り場が増えている。それを目当てに、全国からアングラーが集まっているほどだ。ここでは、釣って楽しく、食べて美味しいブランドニジマスを紹介する。**

## 阿武隈川メイプルサーモン

阿武隈川メイプルサーモンとは、（株）林養魚場がカナダのB.C.州カムループス地方原産のニジマスを、日本で初めて発眼卵で空輸し自社の養殖施設において孵化、そして育成したのがはじまりだ。同時にエサの成分や飼育方法を追求すること、また那須の源流に位置する養殖施設でより自然に近い条件下で生育することで、さらに脂がのり、輸入物のサーモンより身がしまった、臭みもほとんどない魚を生産することに成功した。

## 銀桜サーモン

銀桜（ぎんおう）サーモンと呼び、栃木県の水産試験場で管理釣り場向けに開発したサクラマスの新魚種。サクラマスの受精卵を一定時間温めることで、生まれてくるすべての個体がメスだが、性成熟しない3倍体となったもの。通常のサクラマスより大きく、全長50㎝ほどに成長する。

## 頂鱒

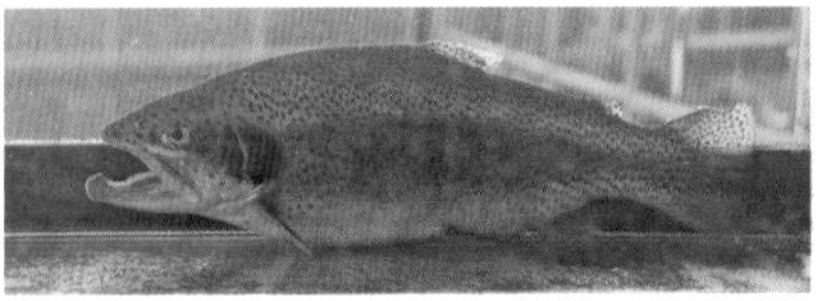

日光で淡水魚の生産を手掛ける神山水産の神山裕史氏が開発し、2018年2月に商標登録したブランドニジマス。その名を「頂鱒」（イタダキマス）という。頂鱒のエサには抗酸化作用の「アスタキサンチン」と、悪玉コレステロールを善玉コレステロールに変える「オレイン酸」を高配合で使用しているため、体内での「アスタキサンチン」「オレイン酸」の保有率は高い。引きも強く、釣って楽しいブランド鱒だ。

## 驚ロック

神山水産が手がける「驚（おど）ロック」は、アメマスとニジマスを交配させたハイブリット種。イワナ特有のコリコリ感と、サーモンの脂が強い身質が特徴である。

## ハコスチ

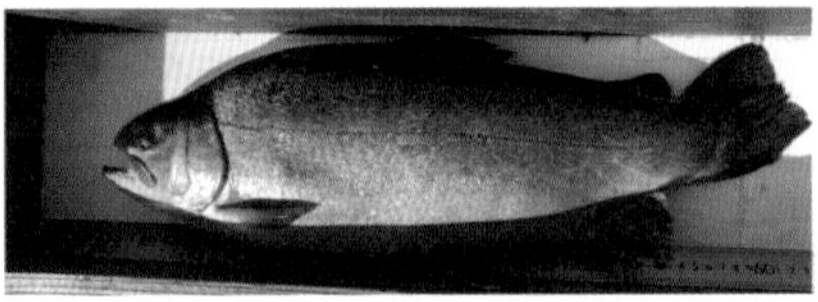

ハコスチとは群馬県水産試験場川場養魚センターが作り出した遊漁用ニジマスのこと。箱島系ニジマスのメスとスチールヘッド系ニジマスのオスを人工的に交配させることで生まれる。ニジマスと姿が似ているため、ハコスチとニジマスを見分けるのは生産者でも困難だという。

**森そだちサーモン** 大崎養魚場で育てられた赤城の恵みブランド。4年熟成型を2kg以上に育てて出荷している。

**マイトサーモン** 黒保根渓流フィッシングの施設内にある養殖場で稚魚から育てた黒保根ブランド。エビの粉などを混ぜたエサで育つため、刺身で食すのがオススメ。

**べっぴんおとめサーモン** 栃木県の氏家漁業生産組合で作られたブランドニジマス。苺とちおとめなどを配合したエサで育てられるためこの名前がついた。

**甲斐サーモンレッド** 山梨県養殖漁業協同組合員で登録基準を満たした、確かな技術を持った養殖業者だけが「甲斐サーモンレッド」の名称で販売している。赤ワイン用のぶどう果皮を食べて育ち、鮮やかな赤身であることが特徴。

# トラウト管理釣り場の タックルガイド

# AREA TROUT TACKLE GUIDE

## まずは釣り場にあるレンタルでも OK
## とりあえず自分で揃えるための基礎知識

**トラウトフィッシングを含むルアーの釣りは、何はともあれ竿とリールが必要だ。竿のことはロッドといい、リールには糸＝ラインを巻いてその3点セットがまず必要だ。ルアー釣り以外の日本古来の釣りスタイル＝リールを使わないノベ竿は使えないので注意しよう。**

### 専用アイテムを選ぼう！値段はピンキリだ

竿のことはロッド、リールはそのままリールだが、日本語に訳せば糸巻きだろう。糸はラインという風に、英語で表記し、釣りの会話中もこう呼称するのでおさえておきたい。ルアー釣りに使うロッド&リールといってもさまざまある。大型のターゲットを狙うものからブラックバス用、あるいはソルトルアー用でもアジ、メバルといった小物ターゲット用までさまざまだ。

まずはエリアトラウトのルアーフィッシング用に専用開発されたロッドを選ぶことが重要になる。ブラックバス用、ソルトルアーの小物ロッドも使えなくはないが、あえてそれを選ぶ理由はない。次にリールだが、市販されているモデルの最も小さいサイズか、それに近い大きさのものが標準。こちらは専用というわけではないが概ねトラウト用のサイズとして市販されているのを選ぼう。また、価格帯は本当にピンキリだ。ロッド&リールがセットで5～7千円というのもあるし、もう少し安いのもあるだろう。しかし、ロッドだけで数万円、リールもそれだけで5万円を超えるアイテムまである。値段の違いがどうなるのか？については追って別コーナーで触れてみよう。

小さめのリールを選ぼう。1000～2000番台が主流

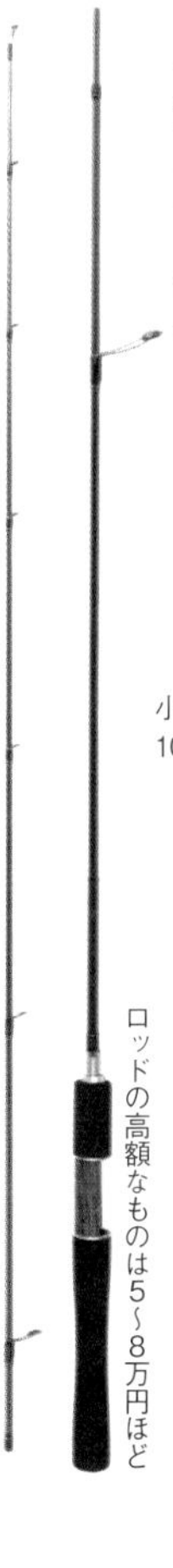

ロッドの高額なものは5～8万円ほど

1万円以下でも十分使えるロッドも多数。持ち運びに便利なマルチピースも最近のトレンド

# ロッド Rod

**エリアタックルの中でも最も重要となるのがロッド。各部の名称やスペックの見方など基本的なことから覚えよう。**

## スピニングロッドが基本

エリアフィッシングタックルの中でも、最も重要かつ選択肢が多いのがロッドだ。ある程度釣りに慣れてきたら、ルアー別に数種類のロッドを用意したい。エキスパートは4～5本のタックルを用意して、釣り方に合わせて専用ロッドを使い分ける人が多い。

エリアフィッシングではロッド選びが特に重要になるので、自分にどんなロッドが向いているのかわからない

初めに選ぶのはスピニングリールと組み合わせるスピニングロッド

**バット**
ロッドの根元部分。バットが強いほうが魚を引き寄せる力も強いが、ベリー～バットが硬いと軽いルアーを投げるのが難しくなる

**ロッドのセクション**
ロッドのブランクスは3つのセクションに分けて設計されている。使用目的のルアーに合わせ、それぞれに異なる役割を持たせて設計されるので、同じアクションでもロッドによって曲がり方や性質は全然異なる

※写真はスピニングロッド

**バットガイド**
最も根元側にある口径の大きなガイド。PEラインを使う場合は絡み対策がされたものを選ぼう

**ブランクス**
グリップ部分以外のロッド本体のこと。エリアフィッシングではカーボン製がほとんどだ

**リールシート**
リールを取り付ける場所。ゆるみがないようにスクリューでしっかりリールを固定しよう

**グリップ**
持ち手部分。素材はコルクまたはEVAのどちらかでできている。写真のようなシングルグリップ以外にセパレートグリップのものもある

## ロッドのスペック表記の見方

**62UL REGULAR**
62：全長（6.2ft）　UL：アクション　REGULAR：テーパー

**TPS-562UL**
TPS：型番　56：全長（5.6ft）　2：ピース数　UL：アクション

メーカーによって記載方法は違うが、タグの付いたロッドであればだいたい用途とスペックの記載がある。アクション欄にテーパーが記載されている物もあるので、細かく見てみよう。

ロッドのスペック表記はメーカーによって表示されている内容が異なるが、長さとアクションは必ず含まれており、ロッドのバット部に記載されている。全長やアクションの他に、適合したルアーのウエイトやラインの太さも表記されているので参考にするといい。何を買えばわからないときは、トラウトに詳しいショップで店員に相談してみるといいだろう。

上がソリッドティップ、下がチューブラティップのイメージ図。両者の違いは、中身が空洞か詰まっているかだ

### ロッドの素材は？

エリアロッドの素材はカーボンが主流。グラス素材のロッドは一部の入門用かハイエンドクラスの製品に限られている。カーボンは、繊細かつ多岐にわたるエリアならではの釣法に対応したロッドが作りやすい。他魚種ではカーボンのほかにグラスファイバーを用いることもあるが、エリアフィッシングでは先端の素材にカーボンソリッド、カーボンチューブラが用いられるケースが多い。

実際の曲がり方も、ソリッドティップはティップ部分だけがぐにゃりと曲がるため、魚のアタリに対する追従性が高いので、乗せの釣りに強い

チューブラティップはティップだけではなくベリーから続くなだらかなカーブを描くように曲がる。先端までシャキッとしているので掛けの釣りに強い

人は、エリアトラウトに詳しいショップへ行ったり、メーカーの主催する試投会やフィッシングイベントへ参加してみるとよい。また、エリアトラウトの基本はスピニングタックルになる。スピニングリールと、それにあう専用ロッドの組み合わせとなるが、一方でベイトタックルというのもあり、一部のエリアアングラーにも人気がある。いずれにせよ、最初はスピニングで揃えるのがオススメだ。

こちらはベイトタックル。ロッドのリールシートの下側に『トリガー』と呼ばれる指を引っ掛ける突起がある

### 使いやすい長さは？

エリアフィッシングで標準的なロッドの全長は、操作性とキャスト性能のバランスがよい6ft前後のものが主流となっている。
遠投用の6.6～6.8ftのロングロッドや、ミノーにアクションを付けやすい5.0～5.6ftのショートロッドもある。
まず買うなら、6.0～6.1ftのバーサタイルタイプかスプーンロッドがオススメだ。

**ティップ**
ロッドの先端部を含む竿先部分のことを指す。この部分が繊細に作られているロッドほどアタリが取りやすい

**ベリー**
ロッドの胴と呼ばれる、繊細なティップと力のあるバットを繋ぐ場所。2ピースロッドの場合はベリー部分に継ぎ目がくる

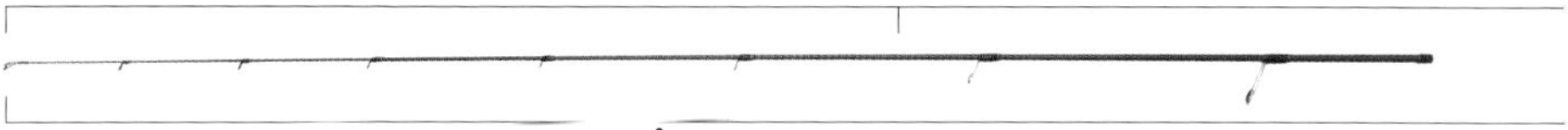

**トップガイド**
先端部にあるガイド。安めのロッドでも、トップガイドだけはワンランク上のリングを採用している場合が多い

**ガイド**
ラインを通すリングが付いた部品。リングの素材はSIC、トルザイト、カーボンなどさまざまな材質のものがあり、形状も年々進化を続けている

## ロッドのアクションとテーパーって何？

ロッドのアクションとはロッドのパワーのこと。これはあくまで目安で、メーカーによっても違う。また、他魚種のロッドとも強さが異なるため注意しよう

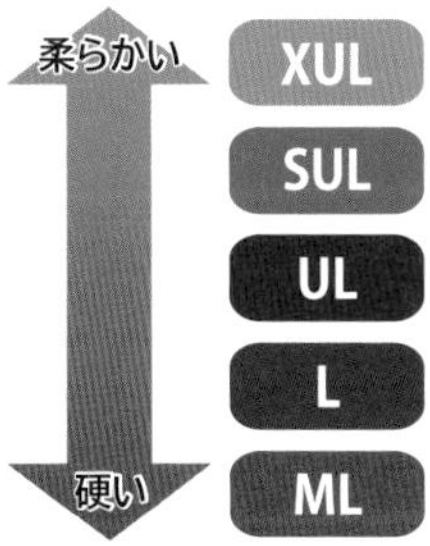
柔らかい
硬い
XUL
SUL
UL
L
ML

ロッドのテーパーとはひと言で言えば曲がる場所のこと。ファースト、レギュラー、スローの3種類があるので覚えておこう

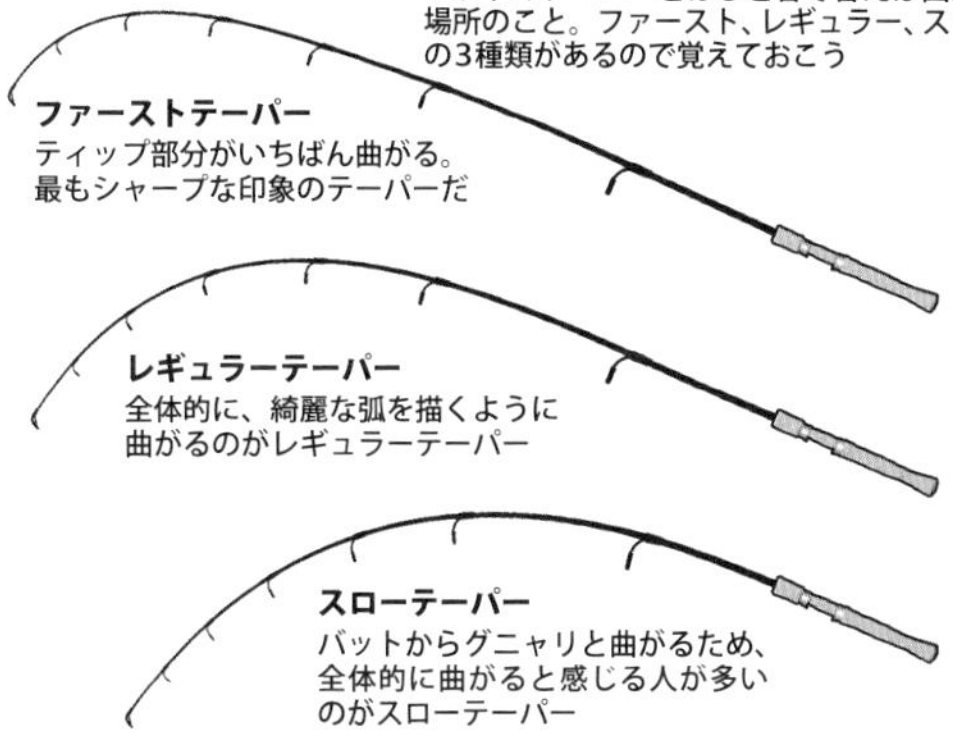
ファーストテーパー
ティップ部分がいちばん曲がる。最もシャープな印象のテーパーだ
レギュラーテーパー
全体的に、綺麗な弧を描くように曲がるのがレギュラーテーパー
スローテーパー
バットからグニャリと曲がるため、全体的に曲がると感じる人が多いのがスローテーパー

**1ftって何センチ？**

フィートとインチの換算は以下の通り

**1ft　＝30.48cm**
**1inch＝　2.54cm**

6.2ftの場合は187.96㎝となる。1ft=12inchのため、極稀に「511（5ft11inch）」という表記のものもある

# リール Reel

**ルアーフィッシングを語るうえでなくてはならない、さまざまな分野の技術の粋を集めて作られた道具がリールだ！**

## 糸を収納し、巻き取る道具

ルアーフィッシングで核となる道具がラインを巻き取るリールだ。さまざまな価格帯のリールが発売されているが、安いリールも高いリールも基本的な構造は変わらない。では何が違うのかというと、素材の違いや重さ、耐久性、ベアリングの数、ギアの素材や精度の違いによる巻き心地の差が、そのまま値段に反映されているといってもいいだろう。

リールにはスピニングリールとベイトリールの2種類があるが、エリアフィッシングで主流なのはスピニングリール。先にも述べたがまずはスピニングロッドとスピニングリールのセットから釣りを始めよう。

## スピニングリール

リールフット
リールをロッドへ固定する、リールの足になる部分。
ベイル
ラインローラーへラインを導くためにある部品。キャスト時には90度動かす。そのことを「ベイルを起こす」という。
ドラグノブ
ドラグの強さを調節するノブ。クリック音が鳴る機構のもののほうが調整しやすい。
ローター
ベイルを回転させる部品。近年では肉抜きされたり大型化したローターが設計されている。
スプール
糸巻き。ラインを巻き付けておく部分。ドラグノブによって固定されている。
ハンドルノブ
持ち手部分。素材はプラスチック、コルク、EVAなどさまざま。ハンドルノブだけ交換することも可能だ。
ハンドル
リールを回すためのハンドル。写真のシングルハンドル以外に、一定速で巻きやすいダブルハンドルが設定されたものもある。
クラッチ
ハンドルを逆転させるためのスイッチ。通常は切っておく（最近はこの機能を持たないアイテムもある）。

ラインローラー
ここでラインの方向を90度変えて、ラインをスプールへ巻き付けていく

選ぶべきリールの価格帯は『ご予算に応じて』となり、より値段の高いものの方が、後々になっても不要になることが少ない。大きさを表す番手は、1000～2000番を選ぼう。

その他例えばギア比についてよくわからなければ、初めはシャロースプールのノーマルギアかパワーギアを選択しよう。予算に余裕があればさらにワンランク上のリールや、ハンドルなどドレスアップパーツ、交換スプールを揃えて行ってもよい。

**ベイトリール**
最初からこのタイプのリールを購入する理由はない。ゆくゆくどうしてもベイトタックルで釣りたい！　と感じるようになったら揃えよう

交換用スプールを用意しておけば、タックル数が少なくても、釣り場でタックルバランスを変えて釣りを楽しむことができるようになる。リールや番手によっては互換性のあるものもあるので、うまく使い回せるようにしたい

### 同じ種類のリール・ロッドの組み合わせを守ること！

スピニングリールはスピニングロッドに、ベイトリールはベイトロッドに着けて使用する。間違っても、右下の写真のようにベイトロッドへスピニングリールを付けて使用したりしないように。間違った組み合わせでも取り付けは可能だが、ちゃんとした組み合わせを前提に設計されているので、これではロッドやリールの能力を最大限に発揮する事ができなくなってしまう。購入前に必ず確認しておこう。

これは同一モデルの２本のロッドだが、上がスピニングロッド、下がベイトロッドだ。ベイトロッドは指を掛けるグリップが着いているので一目で分かる。
ベイトロッドにスピニングリールは付けられなくはないが、これはやらないように！

### リールのハンドルは利き手に合わせて付ける！

スピニングリールの場合、リールのハンドルは左右に付け替えることが可能だ。自分の利き手にあった向きへ装着しよう。ベイトリールはハンドルを付け替えることができないので、よく考えて購入しよう。

ハンドルは通常の巻き方向と逆へ回せば外れる。モデルによってハンドルのみ取れるものやシャフトも一体になっているものなど形状はさまざま。反対側に付いているキャップもはずして逆側に付けておこう。エリアフィッシングの場合、右利きは左ハンドル、左利きは右ハンドルにするのが一般的だ。

## リールの記号の読み方

リールにはサイズを示す番手という数字以外に、略記号が記載されている。その意味は以下の通りだ。

| | |
|---|---|
| C | Cはコンパクトボディを指し、番手の頭に付く。C2000の場合、1000番ボディに2000番のスプールが着いている。スプール径が大きいほうが糸巻量が増えるため、糸巻量は増やしたいがボディは小さい方がいいという人にオススメだ |
| S | Sはシャロースプールを指す。1000Sなど末尾にSが付くモデルは浅溝のスプールが搭載されている。糸巻量が少なくていいという人はSモデルを選ぶとよい。後述のPG、HGのシャローモデルはそれぞれPGS、HGSと表記される |
| PG | パワーギア。ギア比が低く設定され、巻き上げのパワーが強く巻き上げ量の少ないモデル。エリアではパワーを求めるよりも、スローなステディリトリーブをするために使用する人が多い |
| HG | ハイギア。ギア比が高く設定され、巻き上げ量の多いモデル。ポンドではあまり使われないが、ストリームではアップキャストなどのときにあると重宝する。ギア比が高いため巻き上げ力が弱いが、対象魚の小さなエリアフィッシングでは気にするほどではない |
| DH | ダブルハンドル搭載モデルを指す。標準でダブルハンドルが搭載されているので、あとで社外品に付け替える必要がない。シャロースプールのダブルハンドルモデルはSDHと表記される |

### 必ずドラグの調整を行うこと！

リールにはドラグという一定以上の負荷が掛かったときにスプールからラインを出させる機能がついている。これをきちんと設定していないと、ちょっとした力でラインが切れたり、フッキング（魚の口にハリを刺すこと）が全くできなくなってしまう。

### 一定速で巻くのが苦手な人はハンドルを変える

スプーンやクランクをシングルハンドルを使って一定速で巻くのは難しい。だが、左右のバランスがとれたダブルハンドルを使えば、初心者でもスムーズに巻けるようになる。

# ライン Line

**釣りの中では疎かにされがちなラインだが、しっかりと特性を理解して使えば強力な武器になるので侮れないぞ！**

## ラインの種類と使い分け

エリアフィッシングでは現在、4種類のラインが使われている。なぜ4種類ものラインが使われているのかというと、それぞれのラインの特徴を生かして使うルアーや釣り方別に使い分け、さらに多くの魚を釣るためだ。

ラインに対してアングラーが求める性能は、

❶直線強度
❷耐摩耗性
❸感度
❹クッション性
❺視認性

の5点を考慮して、アングラーがラインを使い分ける必要がある。

全てのラインについて共通してい

| 種類 | ナイロンライン | フロロライン | PEライン | エステルライン |
|---|---|---|---|---|
| 長所 | ・直線強度が高い<br>・クッション性に優れている<br>・柔らかいので初心者にも扱いやすくトラブルが少ない | ・耐摩耗性が高い<br>・光の屈折率の関係で魚から見えにくい<br>・比重が重いのでルアーが浮き上がりにくい | ・超高感度<br>・圧倒的強度<br>・ルアーを操作しやすい<br>・コストパフォーマンスが高い | ・PE同等の高感度<br>・ルアーが操作しやすい<br>・ルアーが浮き上がりにくい<br>・透明なので魚にプレッシャーを与えにくい！ |
| 短所 | ・伸びるため感度が低い<br>・伸びるのでルアーの操作性が低い | ・素材が硬いので、太いと扱いづらい | ・視認性がよく魚からも見える<br>・リーダーを組む必要がある<br>・ラインの浮力が高いため、軽量ルアーは浮き上がりやすい | ・素材が硬いので扱いにくい<br>・対摩擦性能が低い |
| 比重 | やや浮く（1.14） | 沈む（1.78） | 浮く（0.97） | ナイロンとフロロの中間くらい（1.35） |
| 伸率 | 伸びる（25～35%） | 少し伸びる（23～30%） | ほぼ伸びない（5%以下） | ほぼ伸びない（20～22%） |
| 結節強度 | 約90% | 約85% | 約50～90%（結び方による） | 約80% |
| 値段 | 安い（100m1,000円前後） | 高い（100m2,000円前後） | とても高い（100m4,000円前後） | 安い（100m1,000円前後） |
| こんな時に！ | ・初心者にオススメ！<br>・細かい操作の不要な釣りに！ | ・太さにより全ての釣りに対応<br>・細いラインが必要な釣りに！ | ・飛距離を出したいとき！<br>・ルアーをバーチカルに動かす<br>・ルアーを細かく動かす釣りに | ・PEの釣りをよりフィネスに！<br>・強風時にもPEの代わりに！<br>・繊細な釣りに！ |

るのは、どのラインも太くなると浮き上がりやすくなり、細くなると水切れがよく沈みやすくなるということ。飛距離も全てのライン共通で、太くなれば飛距離は短くなり、細くなれば遠投性能が上がる。また、小型のニジマスがメインの広いポンドでは、太いラインを使うとオーバースペックになってしまい、その逆もあるのでラインの太さのチョイスも重要になる。

エリアの釣りに慣れてきたら、釣り方に合わせて各素材別&太さ別にラインをセレクトしてみよう。昨今、釣り場で人気のエステルラインは、特徴としてフロロとPEのいいところを併せ持っている。

だが、素材が硬いことと耐摩耗性が低いことから、上級者向けのラインとなっている。初心者のうちはナイロンラインがオススメだ。

## 遠投した場合に起きるメリット、デメリットは？

それぞれのラインを使い分けるときに、ラインの伝達度も忘れてはならない。PEラインのような伸びの少ないラインのほうが、魚からのアタリをしっかり手元へ伝えてくれるので遠投時は有利になる。ポンドの大きさや狙うポイントの距離もライン選びの一つの要素として考えよう。

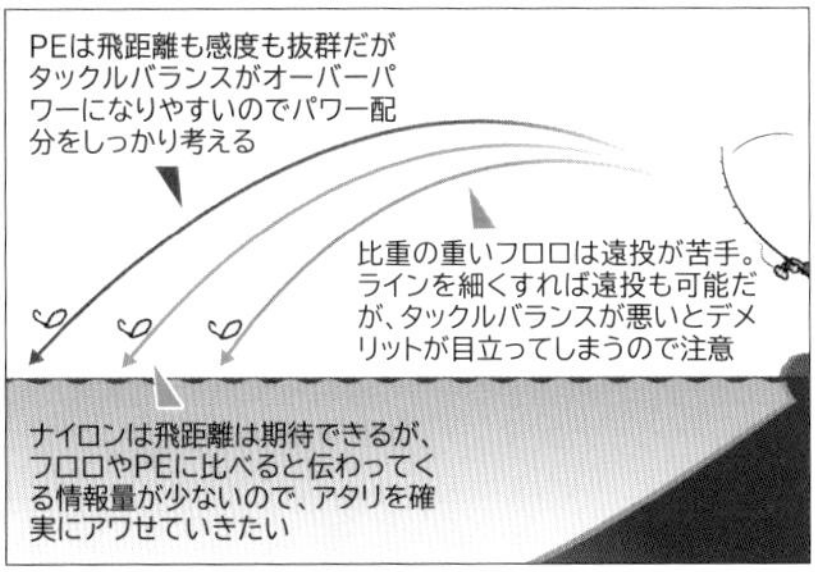
PEは飛距離も感度も抜群だがタックルバランスがオーバーパワーになりやすいのでパワー配分をしっかり考える
比重の重いフロロは遠投が苦手。ラインを細くすれば遠投も可能だが、タックルバランスが悪いとデメリットが目立ってしまうので注意
ナイロンは飛距離は期待できるが、フロロやPEに比べると伝わってくる情報量が少ないので、アタリを確実にアワセていきたい

## ラインの水中でのイメージを掴もう！

各ラインの水中での軌道イメージは以下の通り。比重が高いラインは沈みやすいのでルアーを浮かせずに操作できる。また、ラインスラックがない分ルアーを意図的に動かしやすい。同じラインの場合、細いほうが水切れがよく沈みやすいのも覚えておこう。

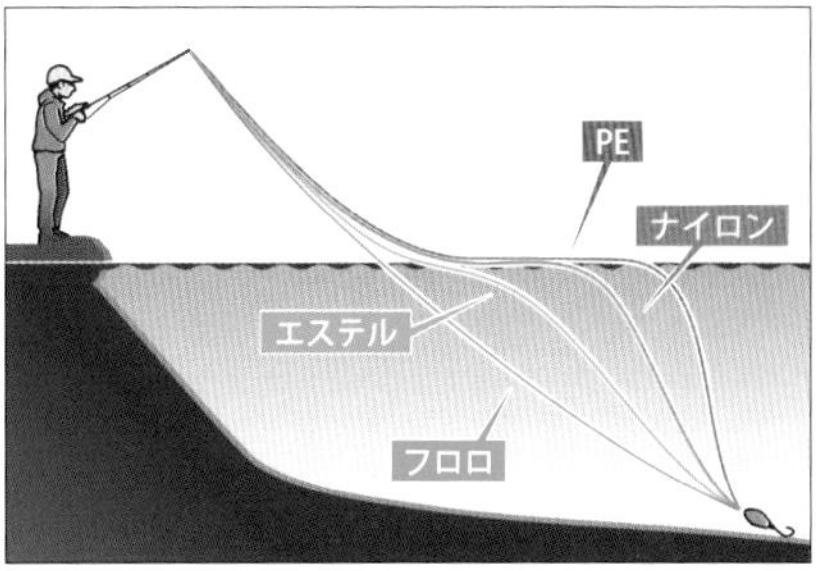
PE
ナイロン
エステル
フロロ

## ラインの強さの単位は？

ラインの強度は、Lb（ポンドテスト）で表記される。

**1Lb=0.454kg**

3Lbのラインは1.36kgの強度があることになる。Lb数が同じであればどの種類のラインも強度は変わらないが、初期伸度や破断伸度はラインごとに全く違う。Lb以外に号数の表記があるが、号数はラインの太さを現す単位だ。

## タックルバランスを考えてラインを選ぶのが重要！

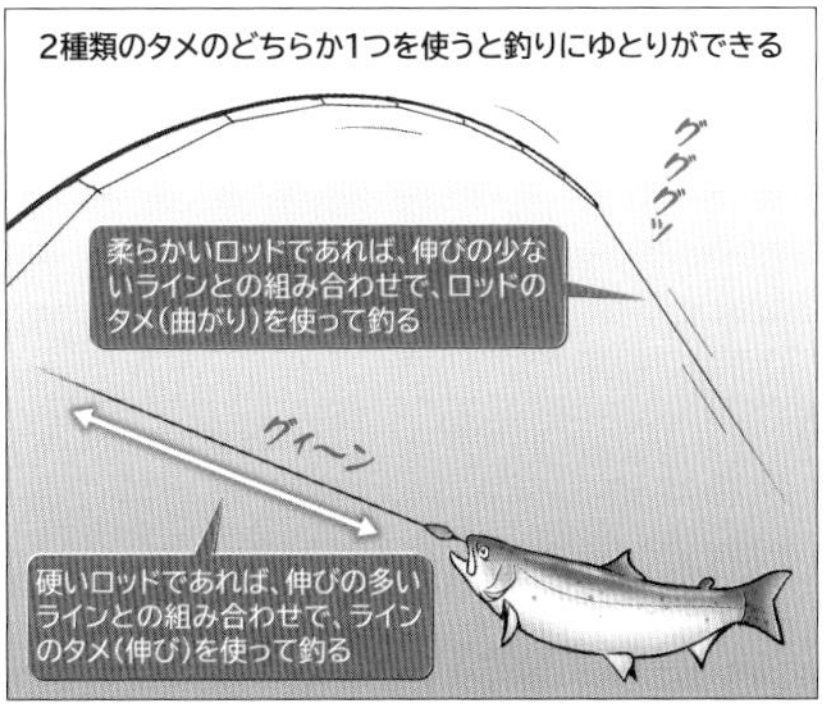
2種類のタメのどちらか1つを使うと釣りにゆとりができる
ググッ
柔らかいロッドであれば、伸びの少ないラインとの組み合わせで、ロッドのタメ（曲がり）を使って釣る
グィ〜ン
硬いロッドであれば、伸びの多いラインとの組み合わせで、ラインのタメ（伸び）を使って釣る

アタリはあるけど乗らない、フックチェックをマメにしているのにすぐにバレてしまう……。原因はわからないけどキャッチできないときは、タックルのバランスを疑ってみよう。タックルバランスが強すぎたり、逆に弱すぎるとフッキングが悪かったりバラシやラインブレイクの原因になってしまうのだ。以下の表を見て自分のタックルのバランスを確認してみよう。

あれば釣りが快適に！ Fishing Accessory

# 持っておきたい 釣り小物ガイド

**釣りを楽しむうえで、欠かすことのできないアイテムたちがある。また、揃えておけば釣りが快適になるグッズもある。ここでは、管理釣り場の釣りをより楽しく、快適にする小物たちをご紹介！**

## 釣行前にそろえておきたい！

ふらっと立ち寄っても、釣りを楽しめるのが管理釣り場のいいところ。言ってしまえば、道具はレンタルでもなんとかなる。ただ、レンタルではやっぱりかゆいところに手が届かないもの。釣りを楽しいと感じて、2回3回と通うつもりがあるのなら、タックル一式に加え、最低限必要な小物は揃えておきたい。

なかでもハリの付いたルアーが飛び交う釣り場では、帽子やサングラス（伊達メガネでも可）は必須。アウトドア用でなくても構わないので、釣りに行く際は必ず持って行きたい。その他にも、最初はなくてもなんとかなるが、ここで紹介したものは、いずれ手に入れることになるものばかり。早いうちに揃えておけば、快適な釣りが楽しめるはず！

## ツール TOOL

細かい作業が多い釣りでは、ちょっとした小物が多く必要になってくる。特にラインカッターやスナップなどは価格も安いので、早い段階で揃えておこう！

**ピンオンリール**
ラインカッターやリングオープナーなど、小物をぶら下げておき、必要なときはコードを伸ばして使える小型リール。あるとないとでは使い勝手がかなり違う！

**ラインカッター**
不要な糸を切るのに便利なカッター。小型のハサミでもいいが、専用のラインカッターの方がコンパクトで使いやすい。小さいので無くさないように！

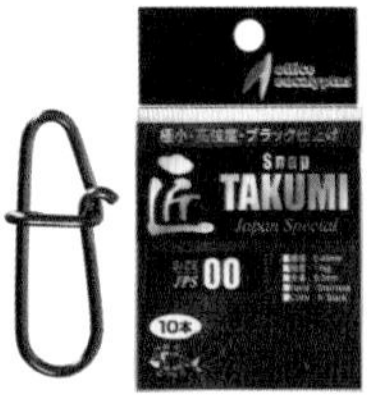


**スナップ**
ワンタッチでルアーを交換できるスナップは管釣りの必需品。サイズは＃0や＃00があればOK。これがないとルアーチェンジのたびに結びかえることになる

**リリーサー**
ネットを使わずとも、魚からハリを外すことのできる便利ツール。使い方にはコツがいるが、リリース速度も速く、魚へのダメージも最小限に抑えられる

**交換用フック**
ルアーのフックは数尾釣ると鈍ってくるもの。そのままにしておくとアタリはあるのに掛からないなんてことも。釣れないと意味がないので交換用のフックは必須！

**ラバーネット**
魚を掬うためのネット。管理釣り場では網がゴムでできたラバーネットが一般的。レンタルもできるが、色やサイズもさまざまなので自分のネットがあると便利だ

### 偏光グラス
目を保護するためのサングラスやメガネは真っ先に揃えたい。偏光グラスなら水面のぎらつきを抑え、水中が見やすくなる。釣り用なら偏光がオススメ！

### 帽子
日焼け防止や日射しを遮る効果はもちろん、キャストミスなどでの事故を防ぐためにも釣りのときは被っておきたい。釣り用に防水キャップなどもあるぞ

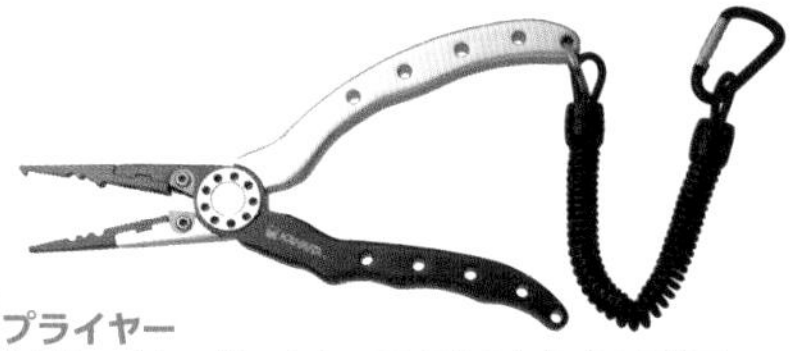

### リングオープナー
ルアーのフック交換時など、小さいリングをあけるために必要なオープナー。持っていない場合は、リングをツメであけることになるので結構ツライ

### プライヤー
先がリングオープナーになっているものなら、魚からルアーを外すときだけでなく、フック交換時などでも使える。どの釣りでも使うので１本持っておきたい

## 収納アイテム STORAGE
買いそろえたツールや、増えていくルアー。そのままでは、いつかなくしてまた購入……

なんて悲しいことになるかも。きちんと収納できるアイテムは必須！

### バッカン
防水性が高く、ルアーや小物、着替えやお弁当など、さまざまな物を収納するのに便利。ロッドスタンドが付いているものもあり、いま愛用者が最も多い

### ウエストバッグ
ルアーワレットや小物を収納しておくのに便利なウエストバッグ。サイドにはプライヤーを挟むベルトがあったりと便利。ルアーワレット一体型のものもある

### スプーンワレット
購入したスプーンはワレットに入れておけば、釣り場ですぐに使うことが可能。大小さまざまなものがあるので、自分にあったワレットを見つけよう

### ルアーケース
プラグ類を収納できるルアーケース。フタが透明なので、一目で何が入っているか分かる。タイプやカラーで分けて持っておくとルアーチェンジの際に便利だ

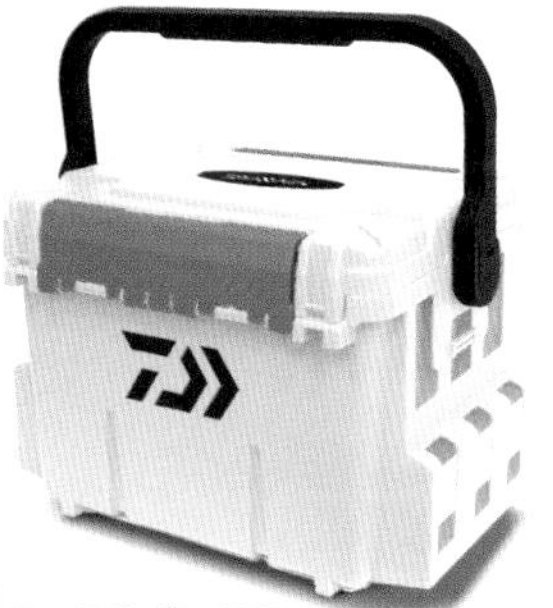

### タックルボックス
トレースタンドやルアー収納スペースなどが搭載された耐久性の高いルアー用ボックス。バッカンと違い、拡張性があるので、自分なりのカスタムもおもしろい

### ロッドスタンド
スタンドがないと複数本のロッドを釣り場に持ち込むのは困難。地面に置くと踏まれる可能性も。そんな心配はロッドスタンドがあれば皆無。大会では必須だ

安全に楽しく釣るための

# トラウト管理釣り場のルールとマナー

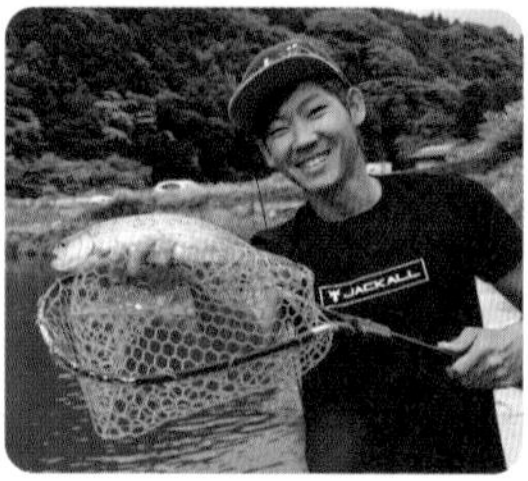

**トラウト管理釣り場で楽しく安全に釣りを楽しむためには守るべきルールとマナーがある。まず、大切なのは自分を含めたアングラー（釣り人）のセーフティ。そして、アングラーを楽しませてくれるトラウト（魚）たちへの接し方などだ。周囲の安全を確保しつつ、魚をいたわりながら釣りを楽しむ。これを忘れずに守れば、管理釣り場の釣りは、いつでも楽しい！**

## ① 釣り場のレギュレーションに合ったルアーを使用する

### 使っていいルアーのタイプや大きさなどを確認しよう

管理釣り場と言うだけあって、そこは管理された場所。釣り方を含め、使えるルアーやフライにも釣り場ごとのレギュレーションが設けられている。ルアーであれば、大きすぎるモノや重すぎるモノ（10cm以下、5g 台までなど）、そしてソフトワームが禁止である場合がほとんど。また、ルアーの先にリーダーとフライをセットしたトレーラーも禁止である場合が多い。そのほかフックのセット方法やルアーのタイプなどの細かいルールに関しては釣り場ごとに設定されているので、HP や釣り場にある看板などで要確認。定められたルールを守ってエリアの釣りを楽しもう！

使用ルアーやフックのタイプなどのレギュレーションをチェック。また、魚の扱い方に関するルールもそれぞれ。HP などで要確認！

## ② 基本はバーブレスのシングルフックを使用

### スプーンならフック 1 本。プラグなら 2 本まで

管理釣り場では釣った魚からフックを外してリリースするキャッチ&リリースで楽しまれることが多い。そのため、何度も釣られる魚へのダメージを最小限に抑えることがアングラーには求められる。だから、基本的に使用できるフックはカエシ（バーブ）のないバーブレスフックで、しかもフックが 1 本のシングルフックのみだと思っていたほうがいい。このダメージの少ないフックによって、リリースがスムーズになり魚にかかる負担やダメージが軽減されるのだ。また、シングルバーブレスの使用によって、アングラーのケガも軽減される。つまり、シングルバーブレスのフックは人にも魚にも優しいのだ！

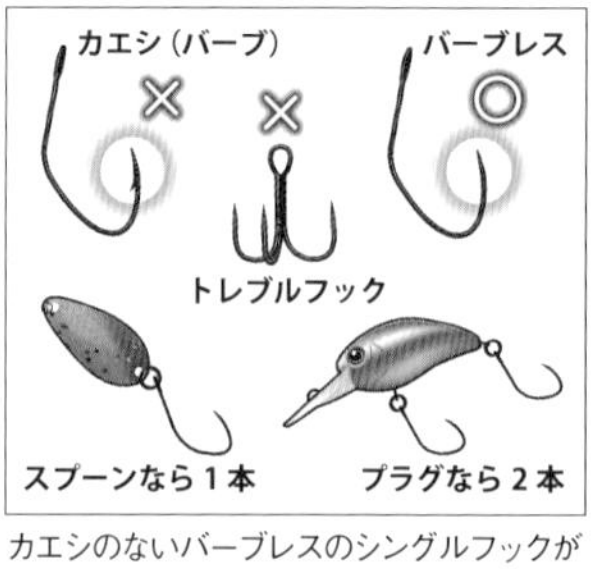


カエシのないバーブレスのシングルフックが基本。スプーンなら 1 本、プラグの場合は 2 本までセット可能な釣り場がほとんどだ

## 3 キャストする前に必ず周囲の安全を確認

キャスト前は
左右後方をチェック
通りま～す
COSMIC
帽子
偏光グラス
（サングラス）

キャスト時は左右と後方に人がいないか確認。また、アングラーの後方を通る場合はひと声かける習慣を！

### 管理釣り場はいろいろなレベルの釣り人が楽しむ場所

はじめての釣りを体験する子どもも、自分のテクニックを磨くエキスパートも平等に遊べるのが管理釣り場という遊び場。そんな多くの人が集まる場所だけに、事故には最大限注意したい。とくにキャストする際は、周囲の安全を必ず確認。アングラーの後ろを通る際は「通ります」など、ひと声かけて事故を未然に防ぎたい。また、釣り場では大人も子どもも安全面から帽子やサングラス（偏光グラス）を着用するように心がけること。

## 4 引っかけ釣りはしない！

### しっかり口で喰わせてこその釣り

たくさんの魚が目で見えることも多い管理釣り場。なかには、いまだかつて釣ったことのないような大物がいることも！　もちろん、そんな魚は誰でも釣ってみたい。だからといって、魚の体にルアーを無理やり引っかけて釣る「ギャング釣り」的な行為はご法度。魚が好みそうなルアーのタイプや色を選んで、あの手この手で攻め、しっかりと口で喰わせてこその釣りだ。魚を傷めつけるような意図的な引っかけ釣りは、絶対にやめよう。

しっかり喰わせて
釣ろう！

引っかけ釣りは NG!!
ケケケケ
グサッ

ルアーを喰わせてこその釣り。魚体に無理やりフックを引っかけるような行為は厳禁だ

## 5 ネットはラバーネットを使用

### 魚を入れる前には濡らして冷やしてね！

現在、管理釣り場で推奨されているランディングネットは魚体を傷つけにくいラバー製のモノがほとんど。ただし、ラバーネットだからといって、その使い方を誤れば魚へのダメージは大きい。まず、大事なのは魚を入れる前に、必ず濡らして冷やすこと。ネットが乾いていたり、熱い状態だと、魚が受けるダメージが大きく、リリースしてもその後の生存率が著しく低下してしまう。美しくキレイなトラウトと楽しく遊ぶためにもラバーネットの使い方にも十分、配慮したい。

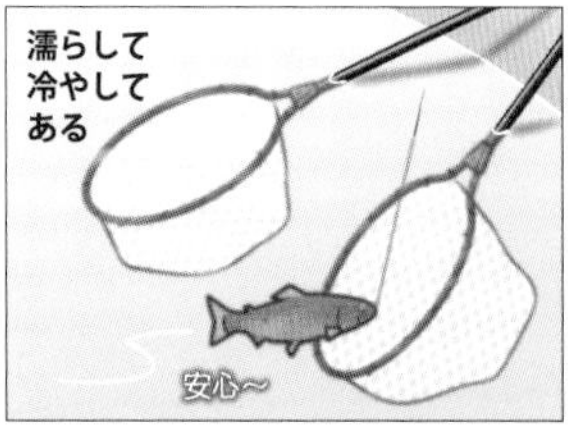
濡らして
冷やして
ある
安心～

魚を入れる前に、しっかり濡らして冷やす。これによって魚にかかる負担が軽減される

## 6 魚にはなるべく触らない。触るときは、しっかり手を濡らすこと！

### 触らずに水中でリリースするのがベスト

まず､魚のことだけを考えれば、釣った魚はネットにも入れず、人間が触れることなく、リリーサーでフックのみを外してリリースするのがベスト。最悪なのが乾いた手で握ったり、地面に落としてしまうこと。撮影などを含めて、魚に触れる場合は、手を十分に濡らして冷やすこと。そして、魚体を強く握るような持ち方はしないこと。濡れて冷えた手で魚体を支えるようにするのがポイントだ。また、その際、魚が暴れて落下した場所が水面になるように配慮すること。当然ながら、陸に上げている時間は最小限にとどめよう。

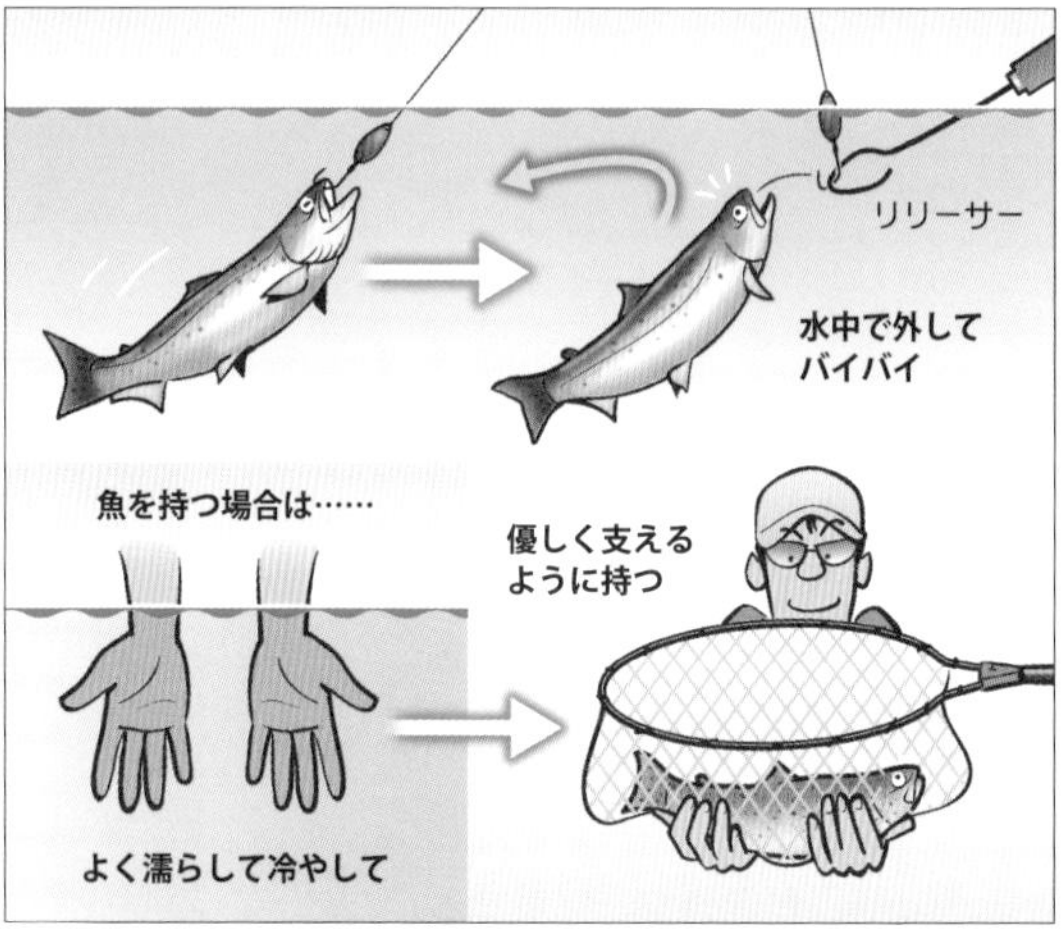

魚はデリケートで弱い生き物。気持ちよく、キレイな魚を釣り上げるために、その接し方には十分、気をつけたい

## 7 リリースするときはしっかり体力を回復させてから！

### 自力で泳ぎ出すまで優しくサポート

アングラーはリリースする気でも、魚にとってはまさに必死。だからキャッチされまいとファイトする。キャッチまで時間のかかる大型魚の場合、ネットインしたときにはかなりの体力を消耗しているケースも多い。すると、フックを外してリリースしようとしても、体が横を向いてしまい、なかなか泳ぎ出さないこともある。こんなときは、ネットやよく濡らして冷やした手で魚体を支え、体力が回復し自力で泳ぎ出すまでサポートしてあげたい。それが、白熱するファイトを楽しませてくれた魚への感謝の気持ちとマナーだろう。

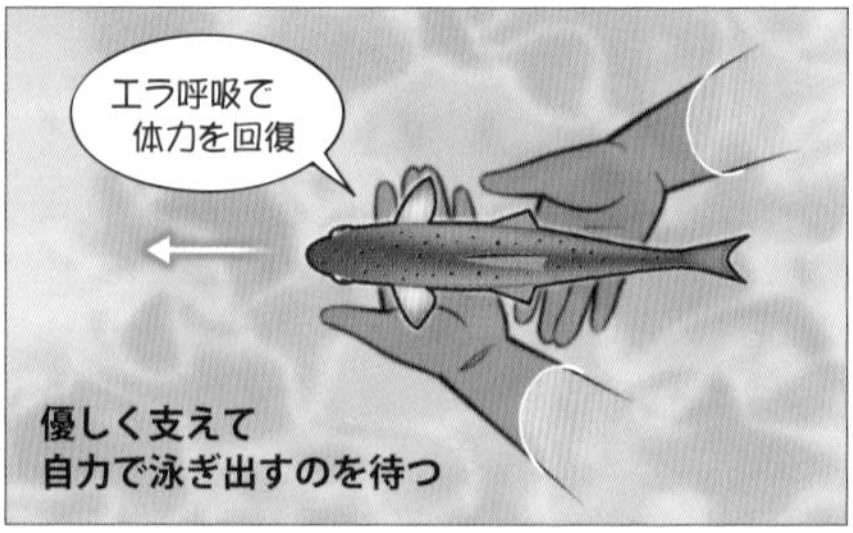

キャッチまで時間のかかった大型魚ほど体力を消耗。体力が回復するまで体を優しく支え、自力で泳ぎ出すまで優しく見届けたい

エリアトラウトのルアーフィッシング

# まずは基礎的なルアーの種類 そのルアーの使い所は？

## いろんなルアーがあるぞ！ それぞれに独特の楽しさがある！

**釣具店に行ってみたことはあるだろうか？　店内には所狭しと釣具が陳列されている。そんな中でも『エリアフィッシングコーナー』というのを展開している店舗に赴けば、さらに選びきれないほどのルアーがそこに並んでいるはずだ。**

こちらがスプーン。さまざまな形や重さ（ウエイト）がある

釣具店のエリアトラウトルアーコーナーにはたくさんのルアーが並ぶ

### どのルアーが一番釣れる？

さて、最も釣れるルアーはなんなのか？　その答えを明確に答えられる釣り人はなかなかいない。大きく分けるとスプーンと呼ばれる金属製でできた鉄片のようなルアーと、樹脂製のプラグと呼ばれるどことなく小魚を模したような形状が多いタイプのルアーに大別される。

スプーンにはいろいろな形状があり、大きさもさまざま、そして何より色が膨大な種類があって釣り人が選ぶときになんとも悩ましい。また、金属製で唯一スプーン以外にはメタルバイブレーションという種類もある。

一方プラグだが、これはいくつかの種類に分けられるが、代表的なのはクランクベイト。次にミノー、さらにはボトムプラグ、トップウォータープラグ、そしてバイブレーション（ボトムバイブレーション）プラグに分けられる。それらはやはり、どれが一番釣れるの？　という違いではなく、そのときの状況に応じたルアーが最も釣れる……というのが回答となる。

スプーンのカラーもものすごい種類がある

大きさとウエイト（重さ）を選ぶ

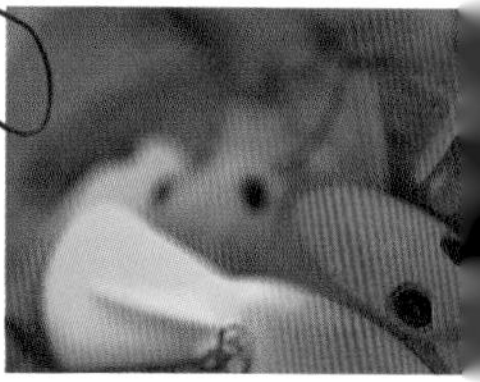

プラグ（樹脂）のルアーの代表がクランクベイト

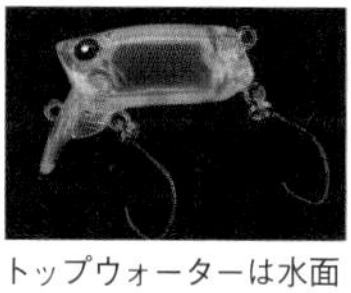

トップウォーターは水面で使うルアー

樹脂製のクランクベイトとトップルアー、ボトムルアーなど

スプーン＆プラグ以外にもお助けルアーがある

# スプーン
# Spoon

管理釣り場のルアーの代表格がスプーン。すべてのベースになるルアーと考えてよい。管理釣り場の釣りは、常に目の前に魚がいるため、その場所に魚がいないから釣れない……、とはならない。だから目の前の状況がどういった風なのか？　状況を探るためにもまずスプーンを投げるのだ。

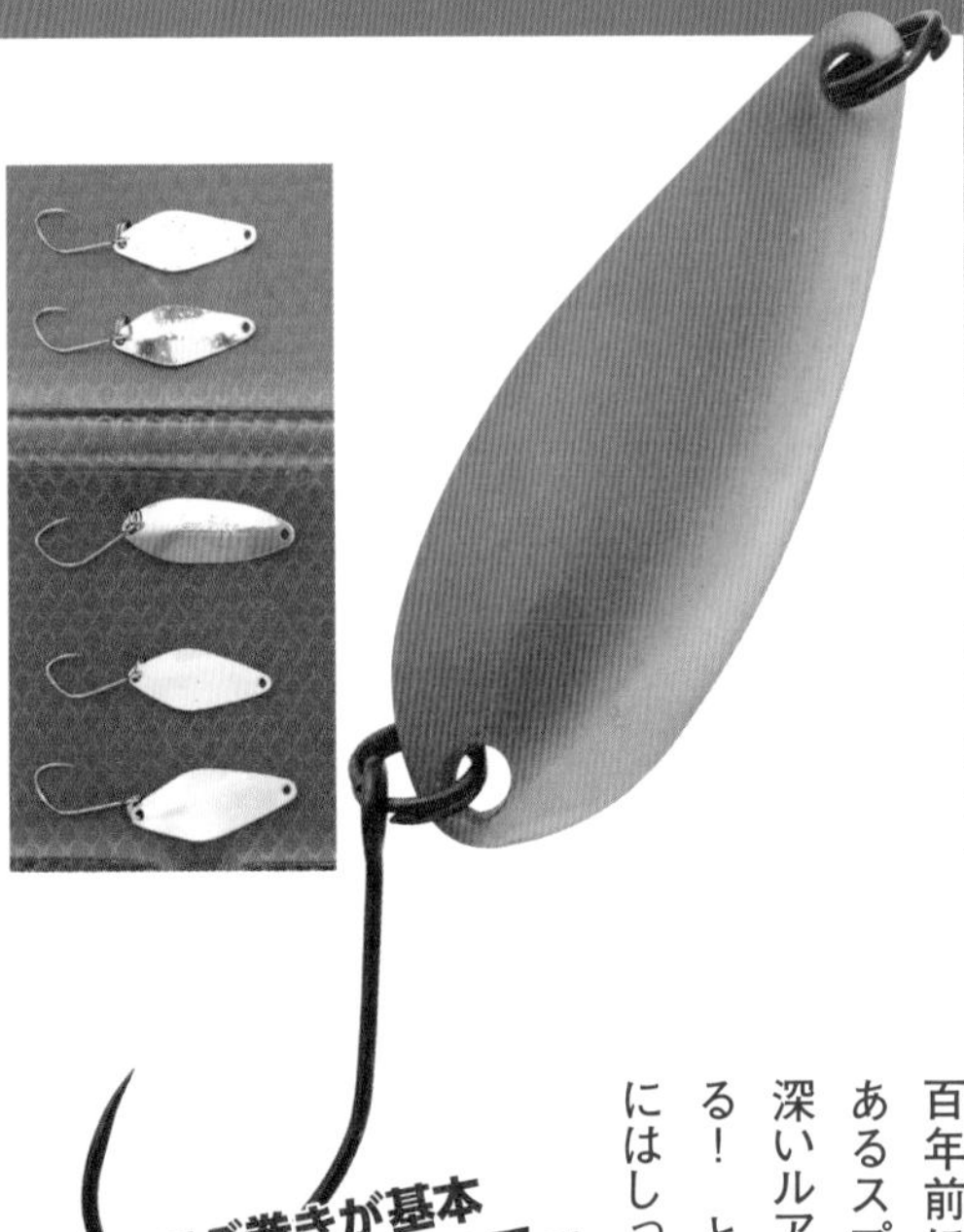

## 一定にタダ巻きが基本
## 管理釣り場のメインルアー

## シンプルが故に奥が深い！

スプーンは一見するとただの金属片なのだが、操る人のウデ次第では釣果は何十倍も変わるという性質をもったルアーだ。だからこそ奥が深く、スプーンだけで釣ってやる！というファンも多い。余談だが、ルアーの起源とも言われており、その歴史は数百年前に遡るほど。そんなルアーであるスプーンは知れば知るほど奥の深いルアーで、もちろんまぐれで釣れる！というケースもあるが、一般的にはしっかりと使いこなしその特性をわかったうえでキャスト&リトリーブしているときほど威力を発揮する。

基本的な使い方はタダ巻き。リールのハンドルを一定速度で巻けば泳ぎ出し、魚を誘ってくれる。この一定速度で巻くということを意識し、最初は練習していこう。加えてそのとき、竿をしっかり安定させた状態で巻くのも基本だ。竿先がブレたり、ゆらゆらと安定しないと水中のスプーンも変な動きをしてしまい、魚に違和感を与えることになる。

スプーンは釣具店にせよ販売店では管理釣り場のメインルアーというこ

**これができなきゃ釣れないぞ！**

リールハンドルを一定に巻く。文字にすると簡単だが、実は意外と難しいもの。また、使うスプーンによって適正スピードが変わってくる。まずは使うスプーンを足元で泳がしてみて、そのスプーンが回ってしまったりイレギュラーな動きをしない速度を覚えよう。その速度を一定に保てれば、管理釣り場の魚は釣れる！

## スプーンのアクションは3種類

### アクションは魚の機嫌を見ながらチョイス!

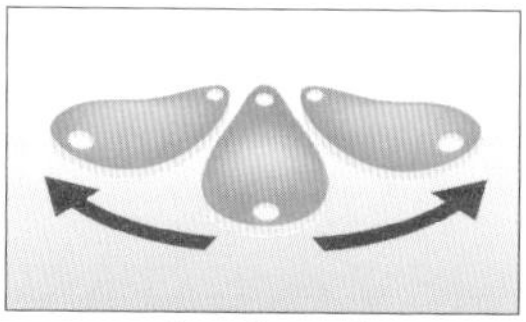

**ウォブリング**

お尻を振るようなアクションのこと。ラインアイを軸に、ゆりかごのように左右に動くのがウォブリング。レンジを見極め、どれだけ強いスプーンで釣れるのかを確認するパイロットルアーに最適。3つのアクションの中ではアピール力が高く、放流シーンなどでは重宝する。

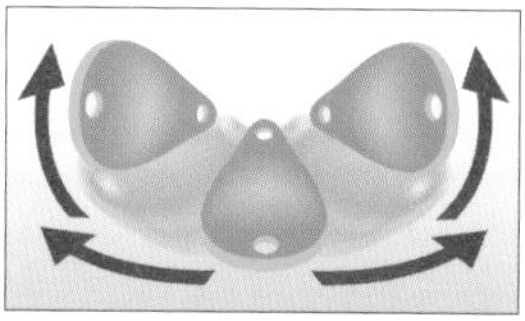

**ウォブンロール**

お尻を振りつつU字に近いアクションをする。多くは、ウォブル・ロールのどちらかが強くなっているため、「ウォブル寄り・ロール寄り」などと表現することも。アクションに迷ったら投げてみるといいだろう。複合的に釣れるので、短時間で楽しみたいときなどオススメ。

**ローリング**

スプーンの中心を起点にU字を描く。レンジキープ力に長けており、魚はいるけどウォブル系では喰わない、なんてときにローリングが活躍する。アピール力は少ないので、魚を探すために使うのではなく、いる魚に対して違和感を与えず、そっと狙うイメージで使うのがベストだ。

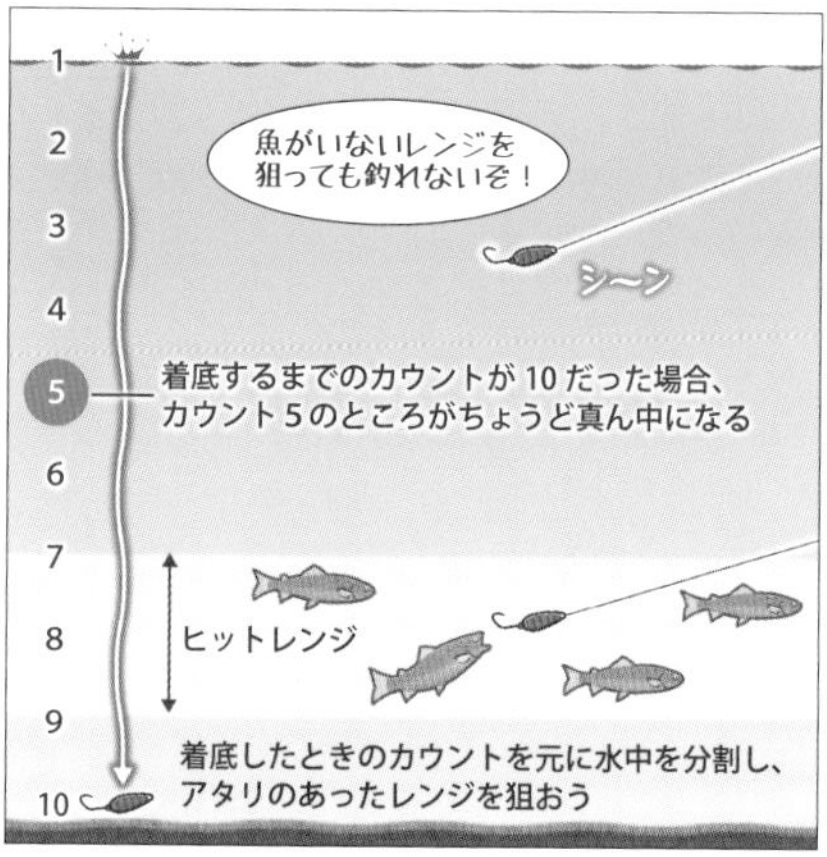
1
2
3
4
5
6
7
8
9
10
魚がいないレンジを狙っても釣れないぞ！
シ〜ン
着底するまでのカウントが10だった場合、カウント5のところがちょうど真ん中になる
ヒットレンジ
着底したときのカウントを元に水中を分割し、アタリのあったレンジを狙おう

## 0.7 ～ 1.8g 前後を揃えたい

**1日釣りを楽しむためには数も必要**

釣具店に行くと、もっと重いスプーンや軽いスプーンがたくさんあるが、「放流」や「タフコン」という限定的なシーン以外では、0.7～1.8gというウエイトが管理釣り場で使うメインウエイトとなる。魚の活性は朝イチから夕方にかけて下がっていくため、できるだけ重くアピールの強いほうから投げて、当たりルアーを見つけていこう。

## カラーは単色を中心に揃えよう

**なぜ釣れたのか？　を知ることも大切**

さまざまな配色がされた複合カラーが人気だが、まずは表裏同色に塗られた単色スプーンを揃えていきたい。そのほうが、何が当たりカラーだったのかわかりやすいし、色の強さを知ることができる。複合色は単色でのローテーションを理解してから、はじめて間に挟むもの。上達を望むなら、まずは単色をゲットだ！

とで、非常に多彩なラインナップで販売されている。また、使うスプーンはできるだけ同じメーカーでウエイトを揃えておくといい。ルアーによって巻くスピードやアピールも異なるので、統一した方が上達が早い。

　まず真っ先に覚えたいのはカウントダウンテクニック。これが自然とできるまで練習あるのみ！　加えて同レンジを一定速度で巻くことも重要。その後あえてレンジを変えて巻いてくる『巻き上げ』や『巻き下げ』も覚えたいし、喰わせのキッカケとしてスピードを変えたり、ちょっとしたアクションでイレギュラーな動きで誘って喰わす方法もある。

# クランクベイト
# CrankBait

初心者の強い味方
上級者の心強い武器！

クランクベイトもさまざまな種類がある

**管理釣り場のルアーフィッシングで、スプーンに継ぐ使用頻度でこのルアーが大好き！　というアングラーも多いのがクランクベイトだ。基本はリップがついており引くと潜るタイプが一般的。存在感もあってトラウトを引き付けて喰わせることも可能なルアーだ。**

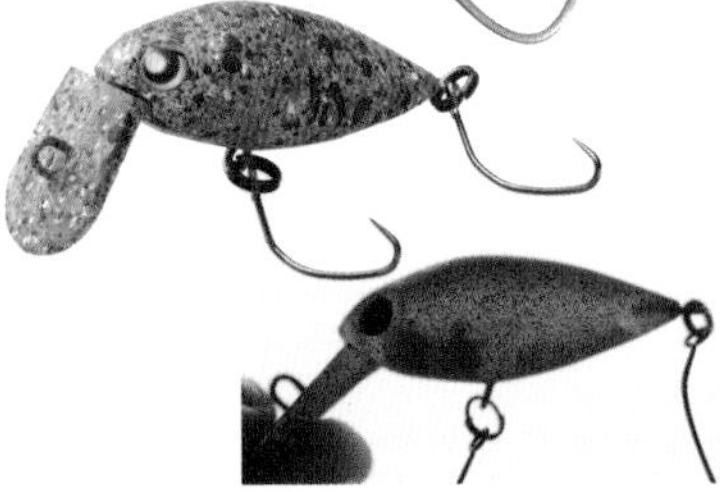
同じボディでもリップの角度や大きさによって潜る深さと動きの強弱が異なる

## いまや必携ルアーに！

クランクベイトというルアーはもともとブラックバスを狙うルアーだったが、いつしか管理釣り場にも持ち込まれ、釣れると評判になって現在は『定番ルアー』として君臨している。

いまや管釣りを語るうえでなくてはならない存在であり、多数の人気ルアー（アイテム）が存在するのもクランクベイトの特徴だ。人気の理由や要因はとにかく釣れるから……にほかならないが、やはりゲームとして組み立てる場合にも要所要所で水中のトラウトのコンディションを把握したり、魚の活性を判断したりする場合にも役に立つ。

金属製のスプーンとの決定的な違いは樹脂製なので、浮力があり、巻けば潜り、止めれば浮く。初心者によくある根がかりも少なく、タダ巻きで簡単に釣れやすいルアーとして

## アワセはスイープに！

### シャープなアワセは厳禁

クランクベイトはシャープにビシっとアワせるのではなく、バイトがあったら、そのままリールハンドルを巻いて、ロッドを後ろに引く。スイープとは掃くという意味で、ホウキでサ～ッと掃くようにロッドを移動させるのだ。クランクベイトの場合、水の抵抗が大きく、シャープなアワセだと泳ごうとしてしまいフックが魚の口から外れてしまうことがあるのだ。

アワセの基本はスイープ（ホウキではくような）な動き

位置付けられるる。

例えばビギナーアングラーとともに釣行して、どうしてもその初心者に釣らせたいと思うなら、まずはクランクベイトを渡しておけば、勝手に釣れてしまう可能性が非常に高いのだ。

クランクベイトにはリップというパーツが付いており、この長さや角度で潜る水深が決まる。それらを使い分けて攻めるのが基本。とはいえ、スプーンと違って、価格が少し高めなので、まず買うのであれば、汎用性の高いディープタイプからがオススメ。

さらにはクランクベイトの中にも放っておくと沈むシンキングモデルのほか、より浮力の高いハイフロートモデル。大きさもフルサイズのクランクベイトのほか、一口サイズの小粒クランク、ニョロニョロとスローに泳がせて狙うルアーから、キビキビと速い動きとアクションを放って誘うクランクベイトまでさまざまなタイプがある。

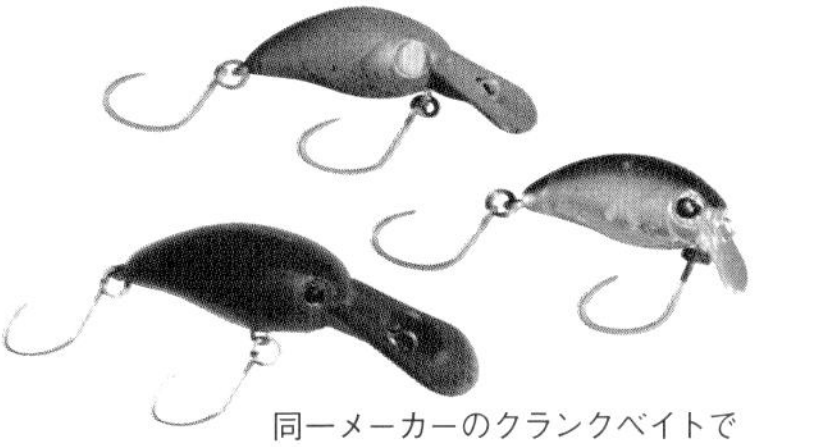

同一メーカーのクランクベイトで潜る深度の異なるモデル。こうやって揃えていくのが賢い

ニョロニョロと細長いクランクベイト。スローにゆっくり巻くのが効果的

## タイプを揃えて全レンジに対応しよう！

### 同じ種類でのタイプ違いがベスト！

クランクベイトには大きく分けて3つのタイプがある。浅場を狙うシャロータイプ、中層を狙うミディアムタイプ、深層を狙うディープタイプだ。見た目はほとんど変わらなくても、リップの角度や長さが違うので、見れば分かるはず。スプーンのように一つで全レンジというわけにはいかないが、潜らせたいレンジに適合するタイプを選択すれば簡単に探れるわけだ。

クランクベイトもポンドのレンジを見極めて使い分けるのが重要

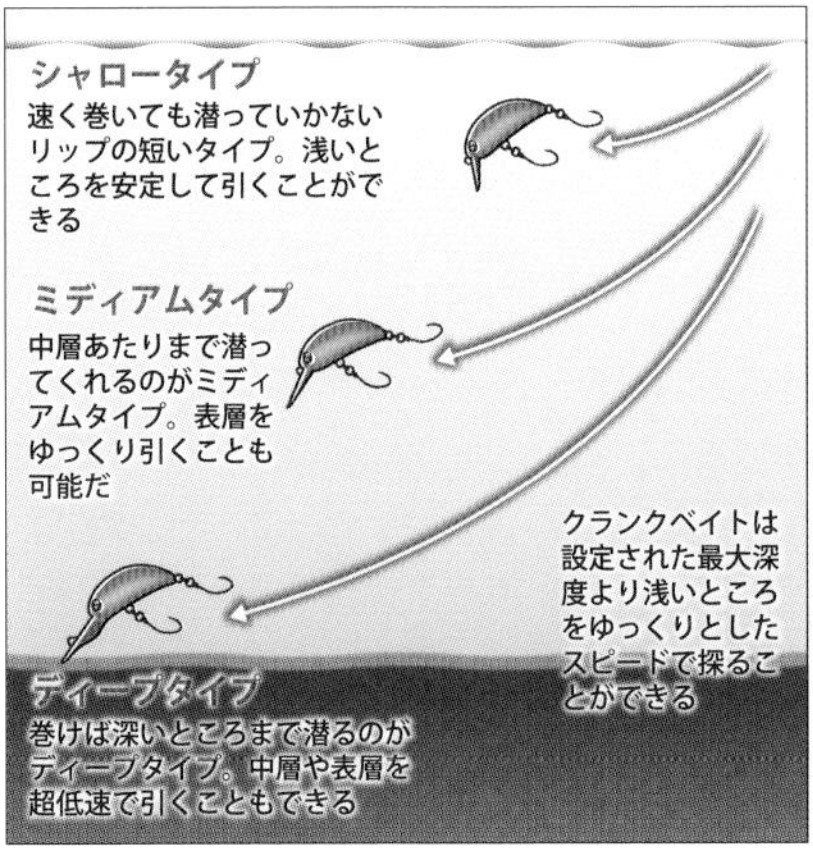
シャロータイプ
速く巻いても潜っていかないリップの短いタイプ。浅いところを安定して引くことができる
ミディアムタイプ
中層あたりまで潜ってくれるのがミディアムタイプ。表層をゆっくり引くことも可能だ
クランクベイトは設定された最大深度より浅いところをゆっくりとしたスピードで探ることができる
ディープタイプ
巻けば深いところまで潜るのがディープタイプ。中層や表層を超低速で引くこともできる

## まずはディープタイプから購入が◎！

### 下も上も探れる便利タイプ

タイプで分かれているクランクだが、一番深く潜ることのできるディープタイプは使い方によっては、どのレンジにも対応してくれるので、まず買うならディープタイプから。そのあとは表層から1mほどを引けるミディアムタイプ、そして表層用のシャロータイプと揃えていこう。どれか1つをたくさん揃えるのではなく、満遍なく揃える方が釣果はあげやすい。色は蛍光・クリア、シャーベット系がオススメ。

## プラグならではのクリアは必携！

### 光を味方に魚を誘う

スプーンでは決して出すことのできない、プラグならではのクリアカラー。色が塗られていても、クランクのボディはクリアなので、透過光によってアピール。ボディにプレートなどが内蔵されている場合は、より立体的な視覚アピールも可能だ。さまざまな色があるが、まったく色が塗られていない素のクリアカラーはどんなときも強い。一つはボックスに入れておきたい。

# ミノー
# Minnow

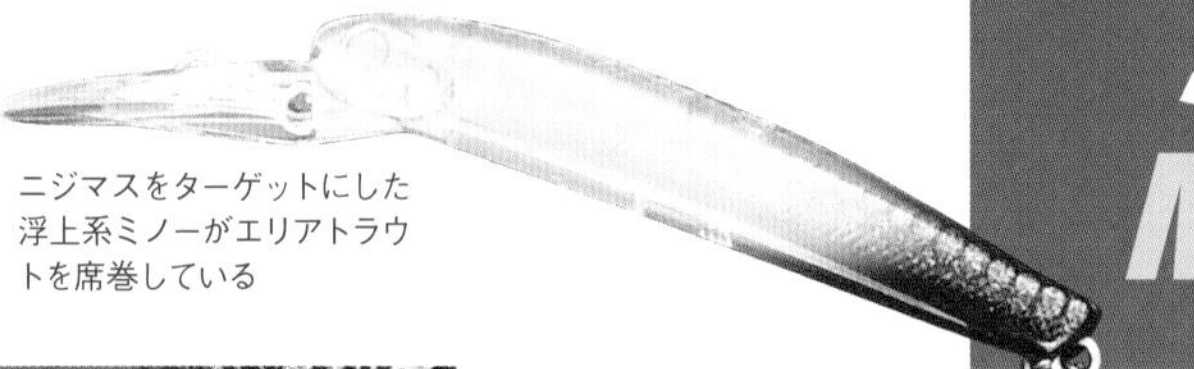

ニジマスをターゲットにした浮上系ミノーがエリアトラウトを席巻している

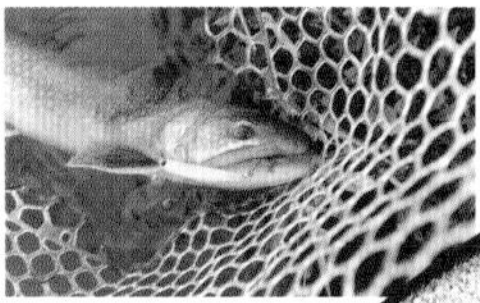

左右に飛ばすトゥイッチテクニックでイロモノを狙う

大物やイロモノを狙うミノー も大人気だ

**エリアトラウトのルアーフィッシングで、今爆発的に注目されているのがミノーだ。このルアー自体はずいぶん前からスタンダードな分野で人気も高かったが、昨今注目を集めているメソッドは一味違うぞ！**

## 逃して騙して誘うミノー 戦略
## ニジマスのほか多魚種を狙えるマルチルアー

### バスもソルトもトラウトでも活躍する万能ルアー

フィッシュイーターを狙うルアーフィッシングで共通するルアーがミノーだ。バスフィッシングでもソルトルアーでも登場し、その操作方法は大きくは変わらない。つまりミノーはどんな魚も釣れる万能ルアーなのだ。しかし、管理釣り場での存在感はスプーン・クランクに比べると少し大人しい。

それは、釣れないというわけではなく、スプーンやクランクを使うタックルでは100%の力を発揮できないからだ。キビキビと動かして釣るためには、張りのあるロッドが必要なのだ。ただ、管理釣り場用に特化したミノーというのも増えてきて、トゥイッチやジャークではなく、タダ巻きで釣れるもの、ボトムに特化したものなど、さまざまなタイプが登場してきた。そういったミノーを揃えてみると、釣りの幅が広がり、釣りがもっとおもしろくなるだろう。

ミノーを使う場面はトラウト管理釣り場では大きく分けて2通りある。ひとつはニジマス以外の魚種でヤマメ、イワナ、それ以外にも大型のイトウやブラウントラウトなどのいわゆるイロモノと呼ばれるトラウトを狙うときの専用のミノーだ。魚種にもよるが、こういったイロモノを狙うミノーは、左右にルアーをダートさせ、魚の視界から消したり現れたりする

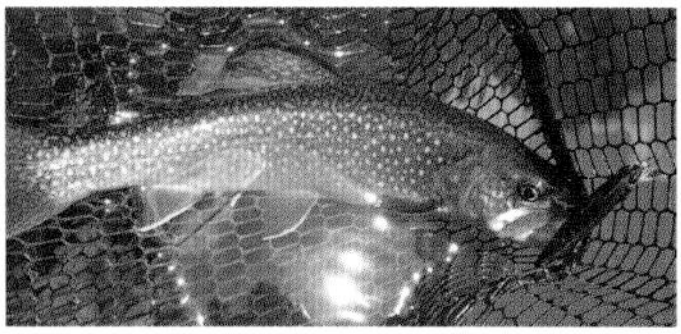

イワナやブルックトラウトなどはミノーが大好き

浮上系ミノーのジャーキングテクニックはポンドのトラウトたちの活性を高める効果がある

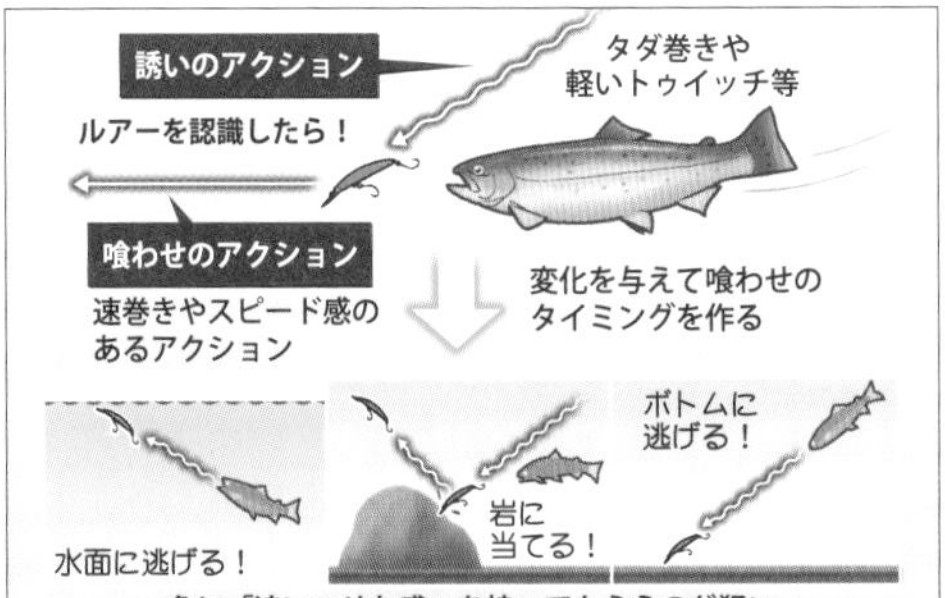

魚に「追いつめた感」を持ってもらうのが狙い

## 誘いと喰わせを織り交ぜる！

### どう演出するかがキモ

トゥイッチやジャーク、タダ巻きなどをただ続けるのではなく、そのときどきでポーズを入れたり、地形などを利用するのがミノーイングの真骨頂。アナタのルアーが逃げるのは生きるため。喰ってもらおうと寄り添えば、たちまち魚は補食するのをやめてしまうだろう。だからこそ、さまざまなモノを利用して魚に「追いつめた感」を持ってもらう。つまり誘いと喰わせをいかに高度に演出するかがミノーイングなのだ。

## 放流魚種すべてが攻略範囲

### 狙った魚を釣り上げることも！

ミノーイングをしていると、ニジマスとは違う魚がヒットすることが多々ある。特にイワナ系はミノーを果敢に追うのでよく見ることになるかもしれない。トゥイッチ中などはイワナ系、タダ巻きではニジマスがヒットしやすいようだ。魚によって反応しやすいアクションも違ってくるので、クリアポンドの管理釣り場に行ったら、何に反応しているのか観察してみよう。狙った魚を釣り上げることができるようになるかも!?

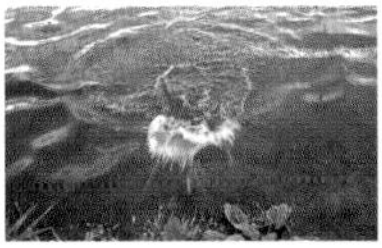

足元ギリギリでバイトしてくるトラウトが多い

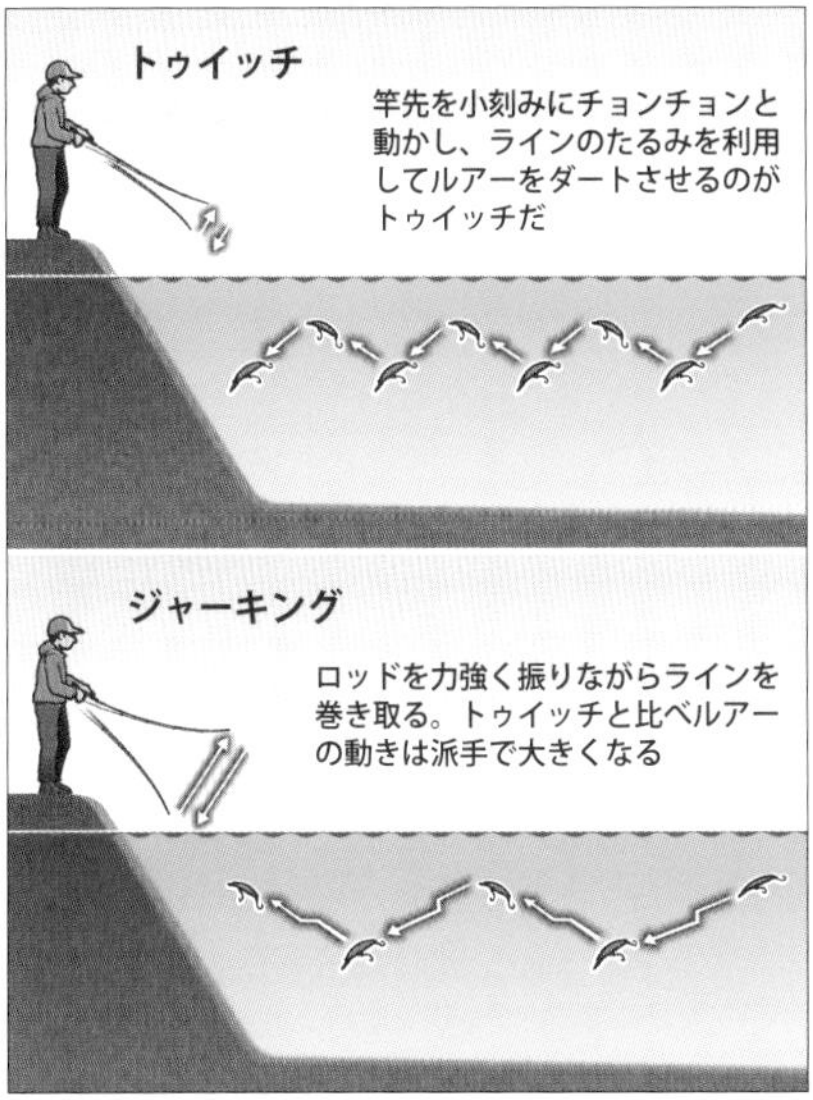


## ピックアップはまだ早い？ 足元が主戦場！

### 水際から2歩下がろう

イラストでも説明した通り、魚は追いつめたと思った瞬間にバイトしてくるもの。つまり、ミノーイングにとってシャローエリアはまさに喰わせの場なのだ。ここをきっちり引くためには、自身が水際から1～2歩下がっておくこと。こうすれば、手前まで引けるうえ、ヒットしても魚との間合いが離れるため、ファイトがよりしやすくなる。

ことで本能を刺激、威嚇作用が働いてトラウトのスイッチが入りバイトするといった攻め方だ。

一方、ニジマスを狙う場合は左右ではなく『縦の動き』で隠したり現れたりするメソッドでトラウトのバイトを誘う。そういったミノーの使い方は「浮上系ミノー」と呼ばれ、昨今大ブレイクしている釣り方だ。スプーン&クランクと比較してややハードルの高い釣り方と、専用の硬さのロッドやラインの選択を行わないと難しい釣りとなる。

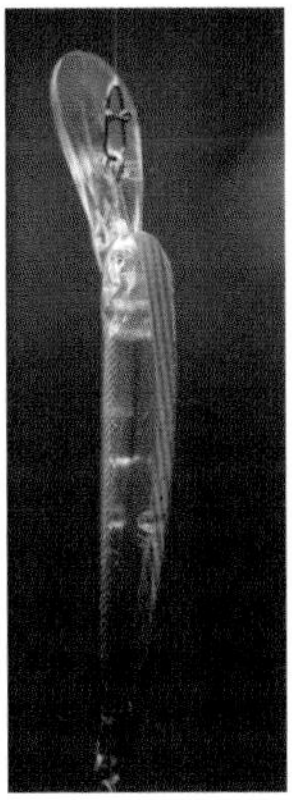

浮上系ミノーにも多数アイテムがある

# トップウォーター Top Water

エキサイティングなトップウォーターの釣りにハマること請け合い！

**水面のルアーに炸裂する様がエキサイティング ここ一番！　どうしても追加したいときにも頼れるルアー**

**管理釣り場のルアー以外の釣りにフライフィッシングという洋式の毛鉤釣りが人気だが、この西洋毛鉤の種類にドライフライといって水面に浮かせてよく釣れる毛鉤（フライ）がある。それと同様の理由で水面のルアーによく反応するタイミングがあるので、水面に浮くタイプのルアー＝トップウォーターを使って釣りをしよう。**

### 使用頻度の高いトップはこれ！

**汎用性と状況打開に優れた4タイプ**

先述したように、トップウォーターの種類は多彩。そのなかでも持っておきたい種類が下記の4種類だ。なかでもポッパーは初心者が適当に動かしても釣れるアクションを演出してくれる憎いやつ。まずはポッパーから揃えるのがオススメ。本格的にトップをやりたいとなったら、ペンシルベイトはぜひ揃えたい。基本のアクションを学ぶ上で必須のルアーだ。

**ポッパー**　ヘッドがカップ状になったのがポッパー。アクションを掛けるとカップが水の抵抗を受けて音と飛沫を上げる

**スイッシャー**　ボディにセットされたペラが回転し引き波を立ててアピール。前後にペラがあるのはダブルスイッシャーだ

**ダーター**　強めに引けば泡を引きながらダイブ！弱めならユラユラと静かにダイブしてくれる。活性に合わせた選択を！

**ペンシルベイト**　ペンシルベイトで首振りが出来れば、トップの8割はOKと言わしめる基本のタイプ。一つは持っておきたい

## 一度ハマるともうやみつき！

バイトする瞬間が丸見えで、ド派手な水しぶきが炸裂！　楽しさ満点、エキサイティングな釣りがトップウォーターだ。通年楽しめるが、特に夏場は水面を飛び交う虫が多くなるのでトップへの反応も良好！　スプーンやクランクに反応しなくなったトラウトも、トップを投げればガボンッ！　なんてこともあるので、ボックスにいくつか忍ばせておきたい。

トップといっても、その種類は多く、ペンシルベイト、ポッパー、ダーター、スイッシャーなど形状によって役割があり、その操作も変わる。ルアーは水面にあるので、自分でそれを見ながらいろいろと操るのも楽しいだろう。釣果はもちろんだが、トップで重要なのは、まず楽しむこと。ドキドキワクワク、好きに動かしてバイトを待とう！

さらに、ビギナーにはちょっと難しい？　とされるのがトップルアーのアワセだが、何もしなくてもハリ掛かりしてしまうことも40～50%の確率であるのもこの釣りの特徴。少し待ってからアワせたり、あるいはバイトの瞬間、ガボっと出たタイミングで間髪入れずにロッドでアワせた方がいいパターンと両方があるが、掛からないときは何をやっても掛からない……、そんな不思議な面があるのもトップウォーターの釣りの醍醐味だ。

スプーンやクランクベイトと異なり、ガポッと水面に魚が出た！　というだけで初心者釣り人のテンションは上がるもの。結果釣れなくてもその醍醐味を味わうだけでも楽しいのがこの釣りだ。

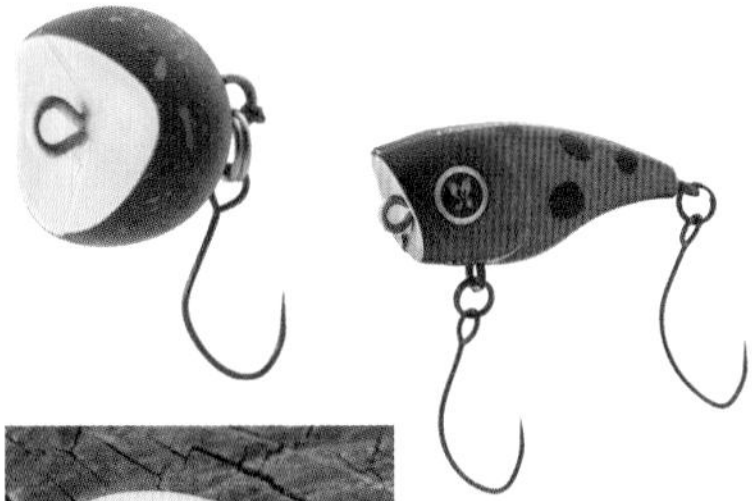

トップウォータープラグにはひょうきんな形状からガチトーナメントで勝利できるアイテムまでさまざま

クリアベースのカラーに薄いピンク、オレンジなどもよく釣れる色

操作して『釣れた感』を味わえるのがトップの魅力

## アクションの基本はペンシルの首振り

### これができればトップの８割はOK！

トップウォーターの種類は多々あるが、上手くなりたいと思うのなら、ペンシルベイトで首振り（ドッグウォーク）を練習しよう。これさえ出来れば、トップの８割のアクションはできたも同然。コツは手の甲を上にして人差し指でロッドを叩くようにアクションさせること。ロッドティップを振りつつ、ラインを張ったり緩めたりしてルアーを動かすのがキモ。練習あるのみ！　巻きアワセを心がけたい。

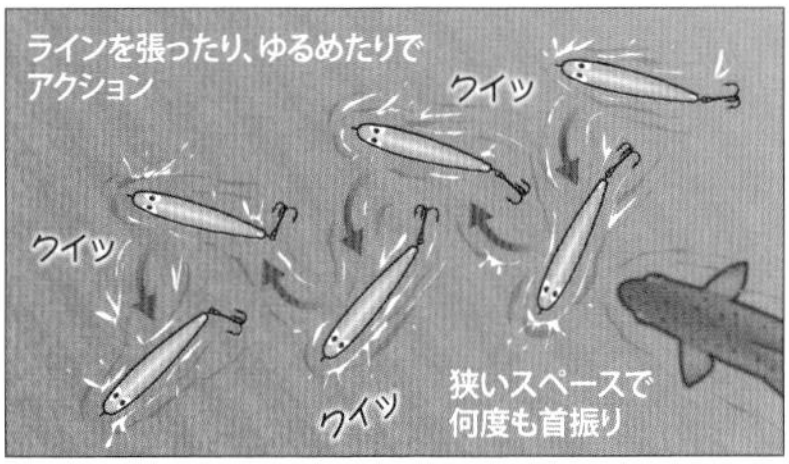
ラインを張ったり、ゆるめたりでアクション
クイッ
クイッ
クイッ
狭いスペースで何度も首振り

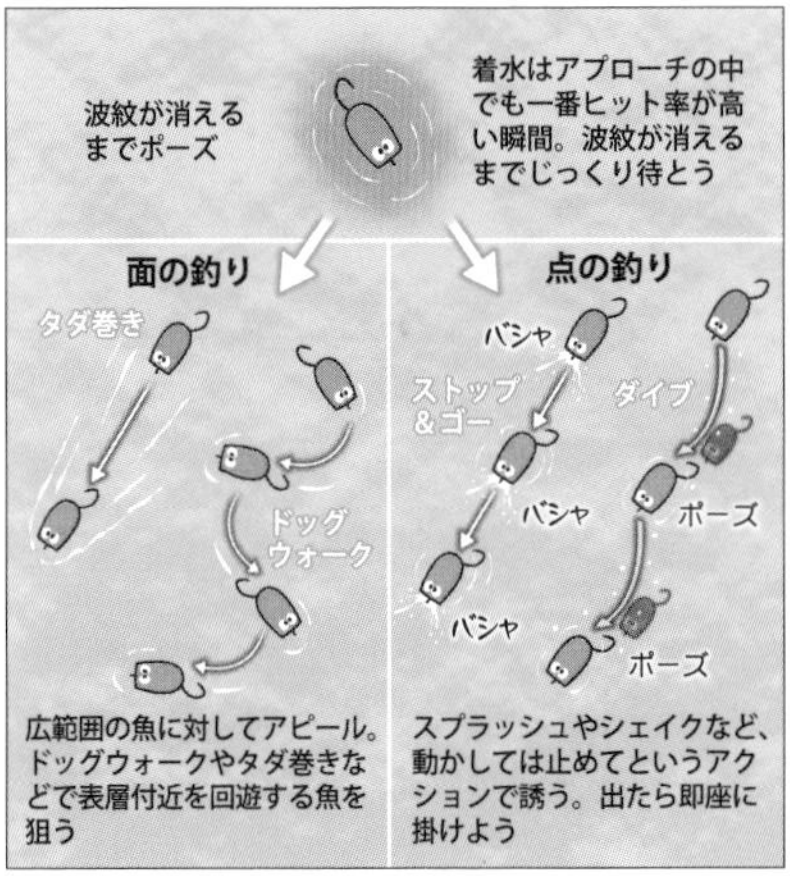
波紋が消えるまでポーズ
着水はアプローチの中でも一番ヒット率が高い瞬間。波紋が消えるまでじっくり待とう
面の釣り
タダ巻き
ドッグウォーク
点の釣り
バシャ
ストップ＆ゴー
ダイブ
バシャ
ポーズ
バシャ
ポーズ
広範囲の魚に対してアピール。ドッグウォークやタダ巻きなどで表層付近を回遊する魚を狙う
スプラッシュやシェイクなど、動かしては止めてというアクションで誘う。出たら即座に掛けよう

## アワセは巻きアワセが基本

### １日釣りを楽しむためには数も必要

水面を割って出たバイト。ついつい強くアワせてしまいがちだが、これはご法度。トップの場合、１回目のバイトでフッキングしなくても、２回目、３回目のバイトが期待できるのだ。逆に１度目のバイトで強いアワセを入れてしまうと、ルアーが大きく動き、その後のバイトに続かなくなってしまう。そのため、ロッドを下に構えたまま、リールを１～２回強めに回す巻きアワセを心がけたい。

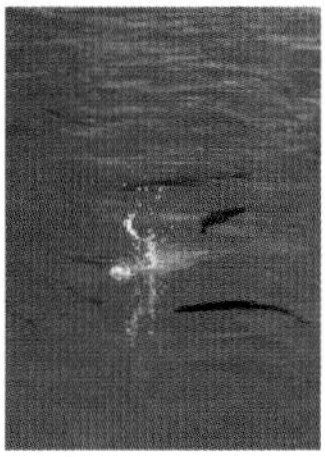

# ボトムルアー Bottom Lure

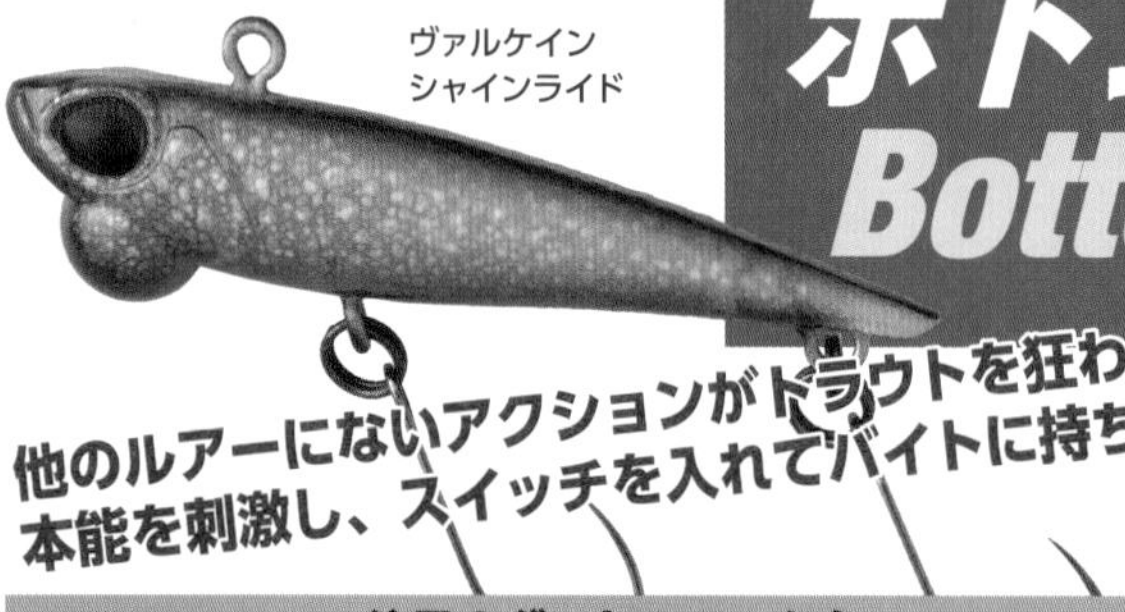

ヴァルケイン
シャインライド

## 他のルアーにないアクションがトラウトを狂わす！本能を刺激し、スイッチを入れてバイトに持ち込む

**主に中層を狙うスプーン＆クランクベイトに加え、表層や水面を狙うトップウォーターと真逆のルアーがボトムルアーだ。ここでは代表的なボトムのダート系ルアーを紹介しよう。**

### 注目のダートルアーたち

スミス
ボトムノックスイマー　エリア

ティモン　ダートラン

ロデオクラフト
カムー

### 喰わせのタイミングは魚が計る

**変化を入れて間を与えよう！**

激しく動くものには喰わせの間が必要になるのだが、意図して入れると見切られることが多々ある。ボトムで底を取りながら使う場合は、着底の瞬間という間が自然と出来るが、中層で使っているときが難しい。そんなときはダート中に、少し大きめのダートを入れてみよう。すると、動きの幅が広がり、その瞬間が魚の喰うタイミングに繋がるのだ。

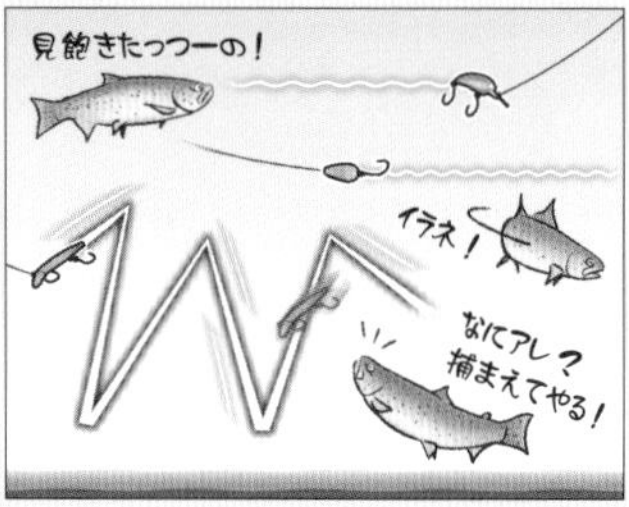
見飽きたっつーの！
イラネ！
なにアレ？
捕まえてやる！

### 日中の活性が落ちたときに投入！

**ダレたときこそ目先を変えよう**

ダートルアーの使いどころとしては、スプーン・クランクで獲れる魚を釣り上げてからがオススメ。特に日中暑くなってきた時間帯などに投入したい。これまでスプーンやクランクの一定巻きを散々見てきた魚たちは、ダートルアーの動きに興味津々！ぼ〜っと浮いていた魚の本能に急にスイッチが入り、いままで見たことのないヒットシーンが拝めるかも!?

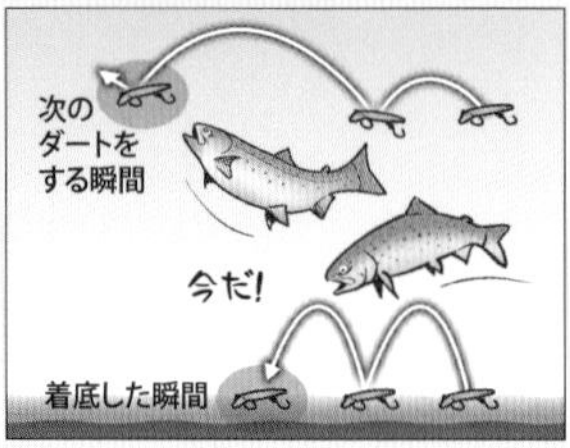
次の
ダートを
する瞬間
今だ！
着底した瞬間

### あらゆるターゲットに効く！

主にトラウト管理釣り場のボトムを攻略するダートルアー各種は、もともとはソルトゲーム用として販売されていたルアーだった。管理釣り場のニジマスにも効くと評判になりジワジワと注目されはじめ、各メーカーから管理釣り場用として発売されるようになった。もちろんボトムだけでなく、中層をダートさせてもよく釣れるが、トラウトでの基本はボトム（底釣り）に特化したルアーということになる。

これらのルアーのアクションは、ミノーのトゥイッチやジャークとも違い、右に左に、さらには上に下にとポンド内を縦横無尽に駆け回るアクションでターゲットを翻弄する。こんな速い動きにトラウトが追いつけるの？ と思いきや、スプーンやクランクに喰ってきた魚とは別魚種!? と思ってしまうぐらい果敢にアタックしてくる。

いわゆる、ルアーの動きにトラウトの本能を刺激する要素があって、まさにスイッチを入れてバイトさせる……という狙い方だ。時にその様は

もはや「トラウトが狂う」という言葉が当てはまるほど必死なもので、これまでダートルアーを使ったことのない人は、見たことのないトラウトのチェイスに驚くことだろう。

ボトム系のルアーはダートルアーのほか、ボトムバイブレーションやメタルバイブ、ボトム専用スプーンなどがある。また、ボトムルアー全般に言えることとして、これをやり続けることで徐々に水中のトラウトたちの活性が上がり爆発的に連続ヒットに繋がることもある。ボトムの釣は苦手……とするのでなく、積極的に練習して得意分野にすることで、エリアゲームのレベルアップに繋がる。

## 変幻自在のダートが本能を刺激する

**誰でも簡単に驚異のダートが演出できる！**

驚異的なダートを演出させるために必要なこと。これはただロッドを軽くシャクりながらリールを巻くだけで OK。もし大きな動きで喰いそこねるようなら、シャクリを小さくしてやればダート自体がコンパクトになるはず。大きく小さくを織り交ぜながらアクションするだけで、目の前のトラウトは狂って追ってくる。下図をイメージしながら、ポンド中を攻めまくろう！

本能を刺激されたトラウトが猛追。一瞬の隙をついてバイト！もはやルアーだとはこれっぽっちも思っていない

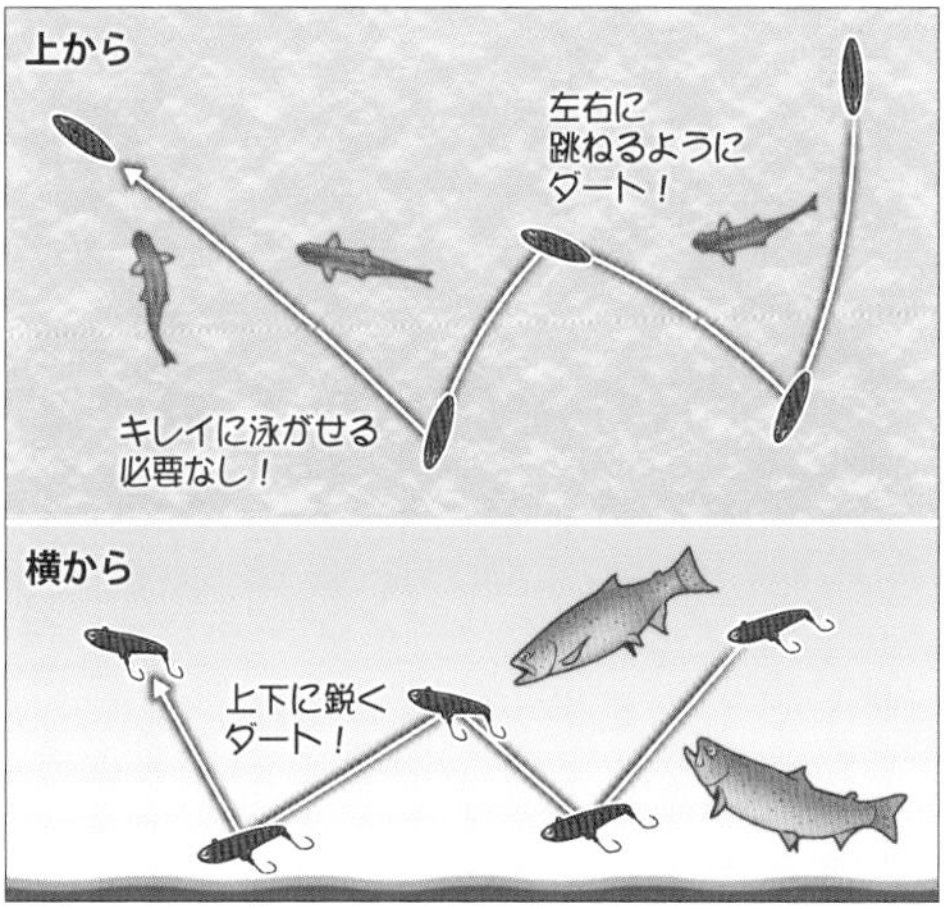


## ダート系以外にもボトムルアーは多彩にある

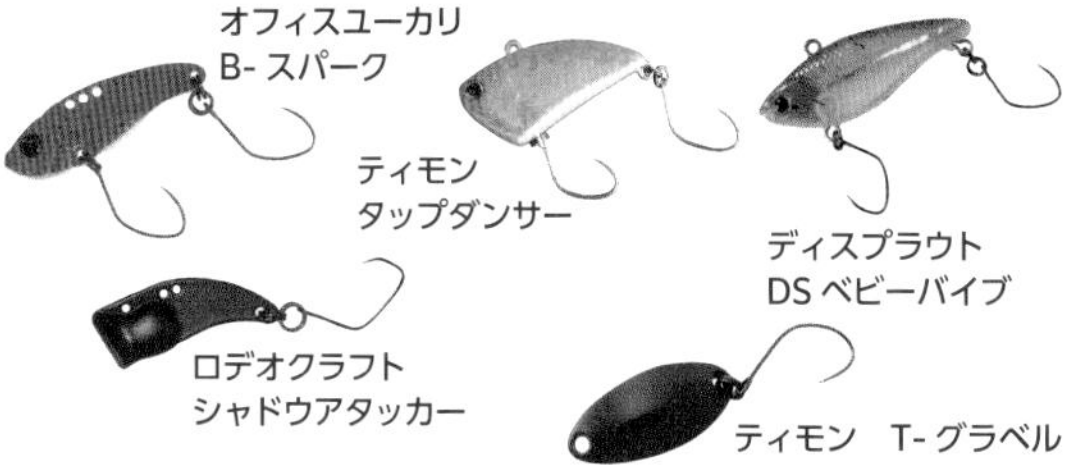


**樹脂性のバイブレーションと金属のメタルバイブ**

ダート系ルアー同様に、ボトムを狙うルアーの代表格がバイブレーションプラグとメタルバイブだ。同じようにボトムを探れるルアーだが、バイブレーション系は高く跳ね上げることでボトム以外の中層にいるトラウトにもアピールしやすくバイトに持ち込みやすい。

# お助けルアー Useful Lure

ビギナーからベテランであっても、ど～しても釣れない！ そんな時間がある。もしくはその日によってポンドが静まり返り、どんなルアーを投げても反応しない！　そんな場面は多々あるものだ。そんなときこそ活用したいのがいわゆる『お助けルアー』たちだ。

## 釣れないときの切り札ルアー トラウトがガマンできずに飛びつくぞ！

**ロブルアー／アラベスクシリーズ**

投げて落として、そのまま放置！ もしくは、ちょっとずつリールを巻くだけ。ロッドの扱い方がうまくできないお子様でも、逆にそのイレギュラーな操作が魚に口を使わせてくれる。まずは大きめのデカベスクから投げたい。

**エフライズ／魚卵フック Type- II・魚卵テール**

トラウトは卵のように丸いものが大好き。その習性を利用したのが魚卵シリーズだ。クリアポンドで使えば、着水と同時に何匹もの魚が大集合！ 魚卵テールは、揺らめきでアピールするフェザー付き。投げたら放置。たったそれだけで魚が釣れる。これはもう反則でしょ !?

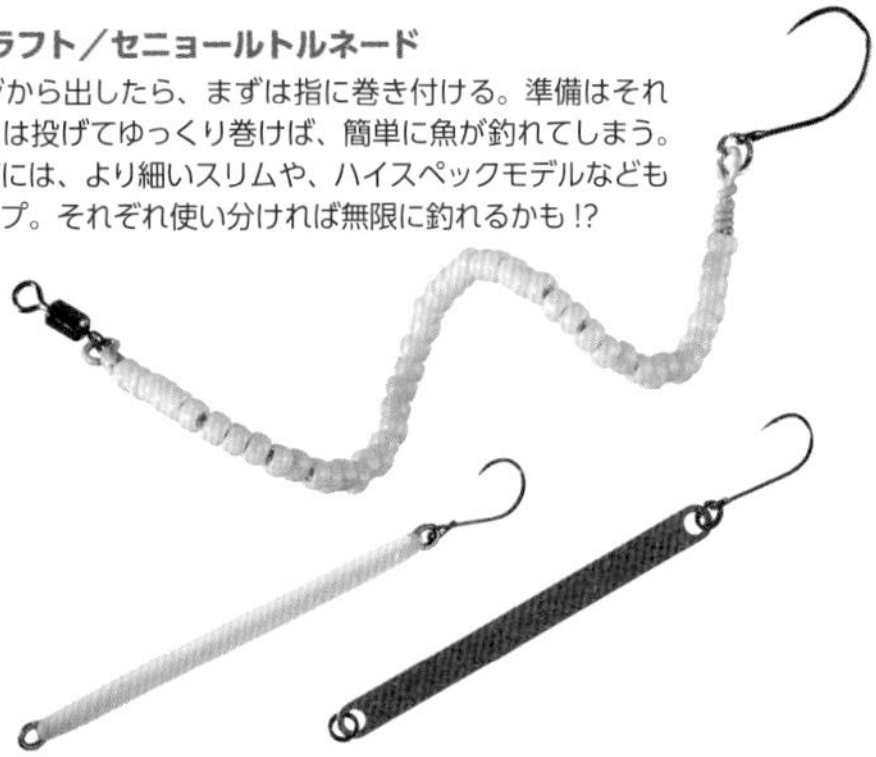

**ザクトクラフト／セニョールトルネード**

パッケージから出したら、まずは指に巻き付ける。準備はそれだけ。あとは投げてゆっくり巻けば、簡単に魚が釣れてしまう。同シリーズには、より細いスリムや、ハイスペックモデルなどもラインナップ。それぞれ使い分ければ無限に釣れるかも !?

**ダイワ／鱒ノ華**

養魚場で与えられているペレットと同じようなスピードでフォールさせるために研究を重ね完成した救世主ルアー。投げたらロッドを縦方向に動かすだけで OK。大型トラウトの口も貫通させるサクサスフックが、どんな魚もフッキングに持ち込んでくれる。

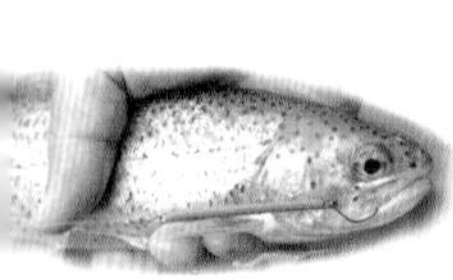

### どうしても釣れないときはコレ！

いくら管理された釣り場といえども、生き物を相手にする以上、不測の事態というのはある。友達や彼女を釣りにハマらせようと釣れてきたはいいものの、何をやっても沈黙……このままでは釣りがキライになってしまう！ そんなときに投入したいのがいわゆるお助けルアーだ。

これらはれっきとしたルアーなのだが、これまで紹介してきたルアーとは一線を画すもので、その釣力たるや、これまでの沈黙はなんだったんだ？と思うような釣れ方をしてくれる。その威力はとんでもなく、釣り場によってはレギュレーションで禁止されているところもあるので、使用の際は釣り場に確認したうえで使いたい。使い方は簡単なものばかり。こっそりボックスに忍ばせておいて、ピンチを乗り切ろう！

　そしてこれらお助けルアーたちは、場合によって『邪道』よばわりされてしまい、エキスパートアングラーやそれなりの経験を積んだ釣り人からも忌み嫌われる……あるいはちょっと小馬鹿にされる……、そんな日陰の存在であったりもする。

　釣りは所詮遊び……、そう考えればどんなルアーで釣ろうが構わない……と思うのが一般論だが、こだわりを持つようになると、どうしてもこのルアーじゃなきゃ！　あの釣り方でなくちゃゲームフィッシングじゃない！　という風潮が漂ってくる。ただ、釣り場のルールでそれが禁止ルアーというなら使用することはできないものの、レギュレーションでそれが許可されているならば、誰にもそれを咎める理由はない。

　どうしても難しい状況はいくらでもある。また、女性やお子さん、あるいはビギナーアングラーは1尾でも多く魚を釣って、その釣れる感覚をやしなってこそ、次のステージへステップアップできる。もしもに備え、さらにはこんなに釣れるルアーがあるのか？　という事実確認の意味でも、お助けルアーを積極的に活用しよう。

## フェザー系ルアーとは？

### 鳥の羽、繊維系のルアー

釣り場によってルール（レギュレーション）はさまざまだ。まずは行こうとするエリアの決まりは十分確認して釣りを開始したい。そんな中で使用禁止ルアーの『あるある』のひとつに「フェザー系ルアーの使用禁止」というのがある。いわゆる鳥の羽だったり、ナイロン繊維、毛糸（ヤーン）を使ったルアーの使用禁止というのがありがちなので覚えておこう。基本、フライフィッシングではそれらの素材を用いた毛鉤がよく釣れる。もしどうしてもフェザー系アイテムで釣りたければ、フライフィッシング なら OK という場合も多い。

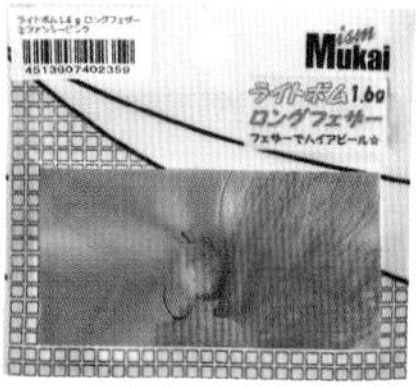

ムカイフィッシング
ライトボム

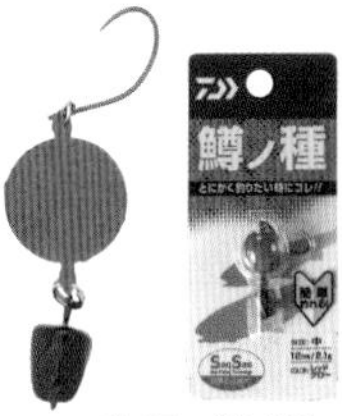

ダイワ　鱒ノ種

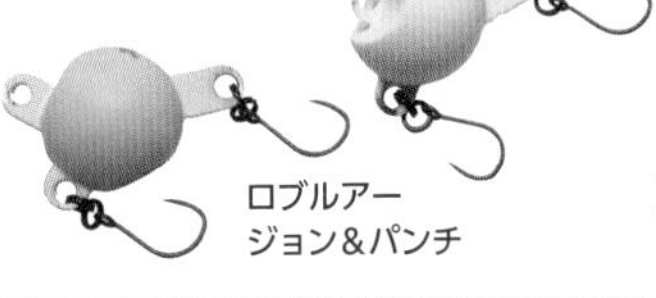
ロブルアー
ジョン&パンチ

バスデイ
ペレットペレット

ロデオクラフト
RC アシカちゃん

## 釣りすぎ注意！　マナー違反からくる禁止ルアー

### 釣れすぎるからこそ、魚を労ろう

多くの管理釣り場は釣り客にいっぱい魚を釣ってもらいたい……と思っている。釣れないで不機嫌になって帰宅する釣り客を見るのは、釣り場のスタッフとしてもいたたまれない気持ちであろう。また、反面釣り場のスタッフさんは、自分の管理するポンドの魚たちにも愛着と誇りを持ってアングラーに釣ってもらいたい……そう思うのが自然だ。仮にお助けルアーを使用して1投1尾で釣れる状況、そしてその釣れたトラウトたちを雑に扱う釣り人がいたら、たとえお客さんだとしてもいい気分はしない。くれぐれもそういったルール内なら何をしてもイイ！　ではなく、気持ちのこもったマナーを心がけて管理釣り場を楽しみたい。

使用禁止の釣り場では
使わないこと！

＼もっともっと釣りを知ろう！／

# 管理釣り場のルアーフィッシングをレベルアップ！

**ざっくりとルアーフィッシングがどういった釣りであるのか？　道具や装備面はどういったものを扱うのか？　がわかったと思うが、ここからはさらに進めてもっと突っ込んだ内容でエリアフィッシングのレベルアップを目指そう！**

**キャスティング編**
**リトリーブ、ファイト＆ランディング編**
**レンジとスピードの概念**
**ルアーカラーについて**
**もっと釣りたい！　スプーン編**
**もっと釣りたい！　クランクベイト編**
**もっと釣りたい！　ボトム攻略編**
**もっと釣りたい！　ミノープラグ編**
**もっと釣りたい！　トップウォーター編**

**投げる！　巻く！　取り込む……**
**より深〜くルアーの関連性も抑えていこう！**

釣りをレベルアップさせればこんな大物が自在に釣れる？！

## 見よう見まねでもなんとかなるが……

実際に釣りに行ってみただろうか？　とりあえず難しいことは省いて、楽しいか？　楽しくないか？　それを判断するべく、何も知識をもたないまま釣り場に行ってみるのもまた正解だ。

特に釣りを職業とするわけではなく、あくまでも遊びの範疇でこの世界に入ってくるならば、最低限のルールを守って1日楽しく管理釣り場で釣りしちゃう！　これは手っ取り早い学習法と言える。しかし、そこからが問題だ。まず1尾釣れたら感動！　と思えるのは最初の1〜2回、その後はどうしても欲が出てくるはずだ。

釣り場代もお金がかかるし、さらにもっと釣りたい！　と思ったら道具にもじゃんじゃんお金をつぎ込んでし

レギュラーサイズの数釣りも、細かい知識を積み重ねて経験するから可能になる

大きな釣り場ではより遠くにルアーを投げられる方が有利

まう。そのスパイラルにハマったらもういっぱしのアングラーと呼ぶにふさわしい。だからこそ、その状態にあるうちに、基礎からさらにその上の知識を身につけておきたいもの。見よう見まねはいいが、どうしてもおろそかにしてはいけない部分がある。基礎のさらに細かい部分プラス、ステップアップ講座でレベルアップしよう！

最終的にはパワーがその根本となるが、その力の入れ具合、入れ加減が重要

## ロッドは釣り人の体の一部

### 釣り竿＝ロッドと仲良くなろう！

魚釣りで使う釣竿＝ロッドは、魚が掛かったときにやり取りを行うために必要不可欠なほか、魚を釣るためにルアーを一定距離投げるためにも必要になる。また、魚をヒットさせるためにルアーを巻いてくるときの操作性、ルアーを喰わえた時にハリ掛かりさせるフッキング性能もロッドの重要な役割だ。そのロッドを自分の手足のように扱えるように、まずは基本を押さえよう。

## 人間の体力、運動能力は人それぞれ

### 一定の距離を正確＆継続的に

人間の体力はひとそれぞれだ。腕力がある人、瞬発力のある人、持久力のある人、またその逆もある。だから皆が同様にひとつの形を覚えるのではなく、その人にあったスタイルでキャスティングやルアーフィッシングそのものがあるべきだ。野球のピッチャーもバッターも、皆同じ構えやスタイルではない。独特で特徴的なピッチングやバッティングをする選手がいるように、人それぞれにあった形がある。ただし、目的はひとつで、釣りをするために必要な距離を正確に投げてルアーを送り届けること。また1日釣りをしていても持続できるキャスティング方法をマスターしよう

もちろん、女性ならではの体力とサジ加減で釣りに向き合えばOK

常にロッドと友達感覚でいることも必要

ロッドのグリップは何よりも大事

安定して魚を取り込むのも経験と慣れが必要

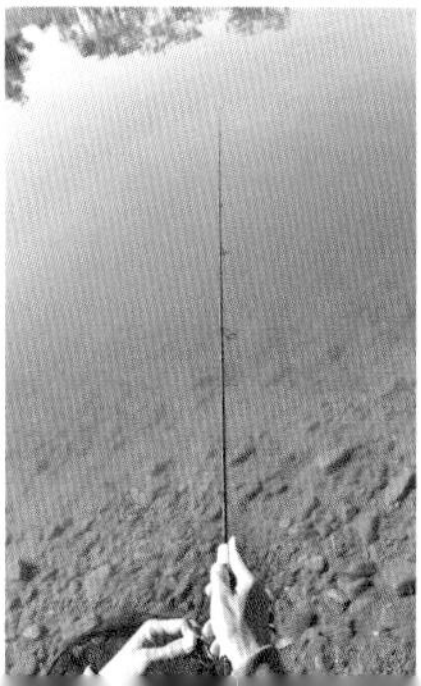

キャストしたルアーを巻いてくるにもある程度のパワーが必要

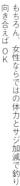

# もっと楽しむための<br>ルアーキャスティング

**ルアーを投げる！　そのことをキャスティングという。キャストする……という使い方もある。エリアトラウトでは極小で超軽量のルアーを近距離キャストする場面と、ある程度大きな湖のようなトラウトポンドで、より遠くにキャスティングしなければならない場面があるので、しっかりマスターしたい。**

## より力を込めれば飛ぶ！　だがしかし……、力の入れ具合こそが重要ポイント

### ロッドの握りとフォーム

まずはロッドをしっかり握る（力強くではなく）ことを覚えよう。しっかりした握りができていないと、投げることも魚がヒットしたときのやり取りもうまく行えないので非常に重要だ。よく自己流の握りで釣りを初めてしまうと、後で修正するときに苦労する。最初から正式な握りで釣りをスタートさせる方がのぞましい。

ベースとなる握りは、利き手（右利きの場合）でロッドを握るが、リールフット（スピニングリールがロッドと接続されている足の部分）を薬指と中指の間に挟んで、ロッドグリップを包み込むように手のひらを添え、親指はロッドの上部、人差し指は下方を向けてフリーの状態にしておくのが基本となる。

場合によっては、リールフットを挟む指を、小指と薬指の間としてもよいが、それ以外の握りは全てよくないので、ただちに持ち方を修正したほうがよい。よくあるダメな例として、

ロッドグリップの後ろの方（グリップエンド）を持ってしまうやり方はNG。正式な指でリール挟んで握ろう

ロッドグリップのエンド部分を持って、リールフットにまったく指を挟まない持ち方……、これはテレビのバラエティで魚釣りを扱うとき、釣りを知らない芸能人などがそう持つことから『芸能人持ち』と言われたりする。

　また、リールフットを挟んでいるようではあるが、中指と人差し指というケースもよくない。スピニングリールの場合、人差し指は握ってキャストするさいに、ラインを摘んでホールドする役割があるため、人差し指以外の指が全部リールフットの後方にあると、安定した握りが得られない上、ラインを摘んでホールドする場合も距離があるのでスムーズに摘むことができないのだ。

## 正しいグリップがキャスティングをレベルアップ！

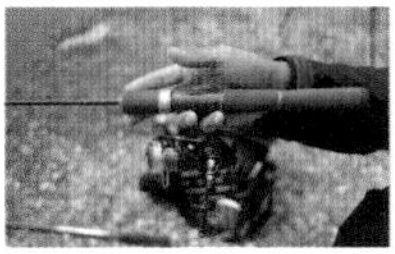

ロッドの握りで大事なことはギュっと強く握りしめ過ぎないこと

女性やお子さんなど非力な人はこの持ち方がベター

通称「芸能人持ち」とよばれるグリップで、非常に具合が悪い

## キャスティングもリトリーブも握りは優しく

### ロッドグリップの握り

　利き手でロッドを握るとき、力を入れ過ぎないように注意しよう。これはキャスティングのときや、実際にルアーをキャストしてリトリーブする際にも重要になる。力の入れ過ぎによって、キャストのタイミングが大きくズレたり、一定にルアーを巻いてこなければならないときにも、力の入れ過ぎでぎこちなくなってしまうので注意したい。ギュッと握るのではなく、ロッドのグリップを手のひらで包み込むように持つのが理想だ。また、ロッド～リールをセットして構えるとき、スピニングリールはロッドの下にきて、ラインが巻かれたスプールやベールアームが前方を向くように構えよう。タックルを買ったばかりのビギナーが、釣場でアベコベのセッティングで始めようとする光景を見かけることがあるので注意だ。

キャストするとき同様、リトリーブのときも正式なグリップが安定した動作を可能にする

### ラインローラーの位置

　キャストする際には、リールを巻いてきてベールとラインローラーの位置が必ずロッド側の真上にくるように調整してキャストをスタートしたい。これが真下にあって逆になると、人差し指でラインをひっかけられないのと、リリースのときにベールにラインが引っかかる恐れがあり、ミスキャストになるケースもあるのだ。

リールフットを薬指と中指に挟むか、小指と薬指に挟むようにしてロッドグリップを握るのが正しい持ち方

### ツーフィンガー&スリーフィンガー

　リールフットを薬指と人差し指の間に挟んでグリップするのをツーフィンガーグリップ。小指と薬指の間に挟む場合をスリーフィンガーと呼ぶ。このどちらが理想という明確な理由はないが、必ずこのどちらかで握るようにしよう。体力のない子どもや女性には、スリーフィンガーがオススメとも言われるが、持ちやすい方で構わない。とにかくダメなのは、リールフットを挟まず、人差し指まで全部リールの後方を握るケース。投げる時に人差し指でラインをつかめないので、この握りは必ず修正しよう。

より正確に、より遠くに投げる！
基本フォームがもちろん大切だ！

# ルアーを投げる＝キャストする

**基本となる握りを覚えたら、今度はルアーを投げる動作＝キャスト（キャスティング）を覚えよう。ルアーフィッシングの場合は、エサ釣りと異なり、投げて巻くを繰り返す釣り、魚を釣るためにはキャスティングが上手であるに越したことはない。**

## まずはオーバーヘッドキャスト

ルアーフィッシングは、ルアーを生き物のように見せて魚にアピールする必要があり、投げて巻く……、巻いたらすぐに投げる！　の連続動作の繰り返しになる。

1日のキャスティング回数も相当な数になるが、逆に言い返せばより多くスマートにキャストした方が、魚を釣る確率とチャンスを上げてくれる。釣り場の規模によって、より遠くにキャストした方が有利という場合と、なるべく近くにキャストした方が効率よく数を伸ばせる場合もある。

投げ方の種類はオーバーヘッドキャストを基本に、サイドキャスト、バックサイドキャスト、アンダーキャストなどのバリエーションがあるが、まずは基本となるオーバーヘッドキャストからしっかり練習したい。

10時の方向までロッドを振り上げ、2時の方向でロッドを振り下げる。それと同時にラインを指から離し放出させるのがキャスティングの基本だ

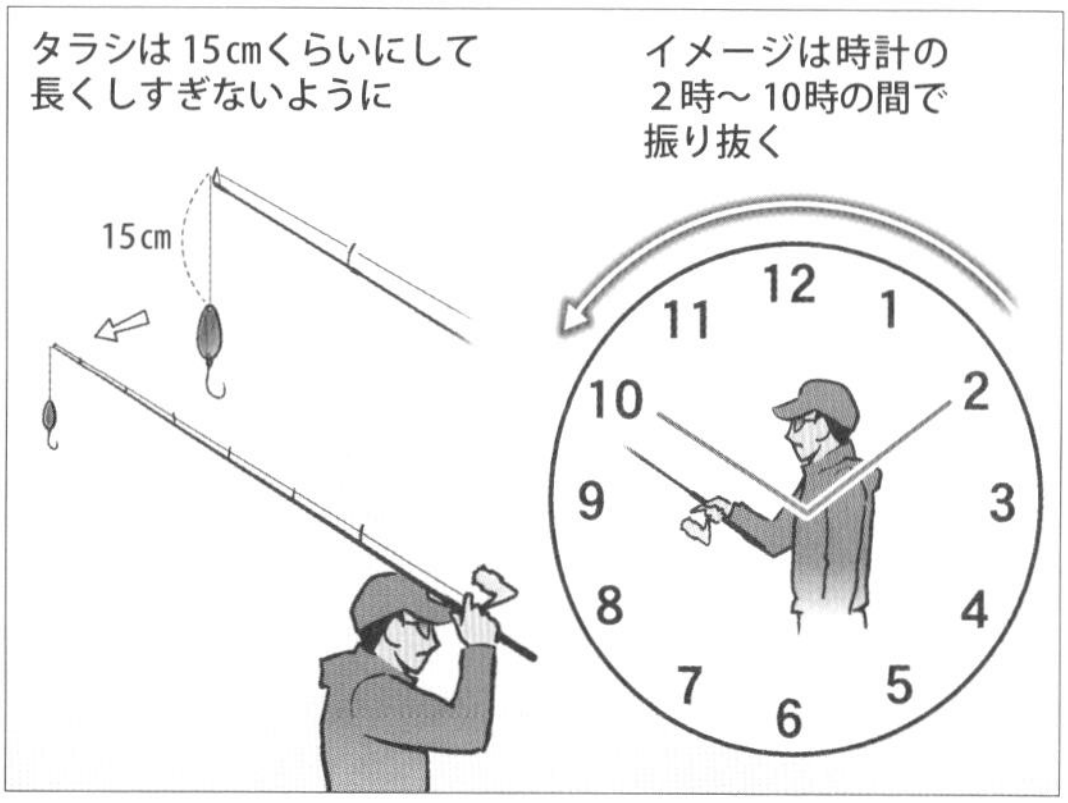
タラシは15㎝くらいにして
長くしすぎないように
15㎝
イメージは時計の
2時～10時の間で
振り抜く
12
1
2
3
4
5
6
7
8
9
10
11

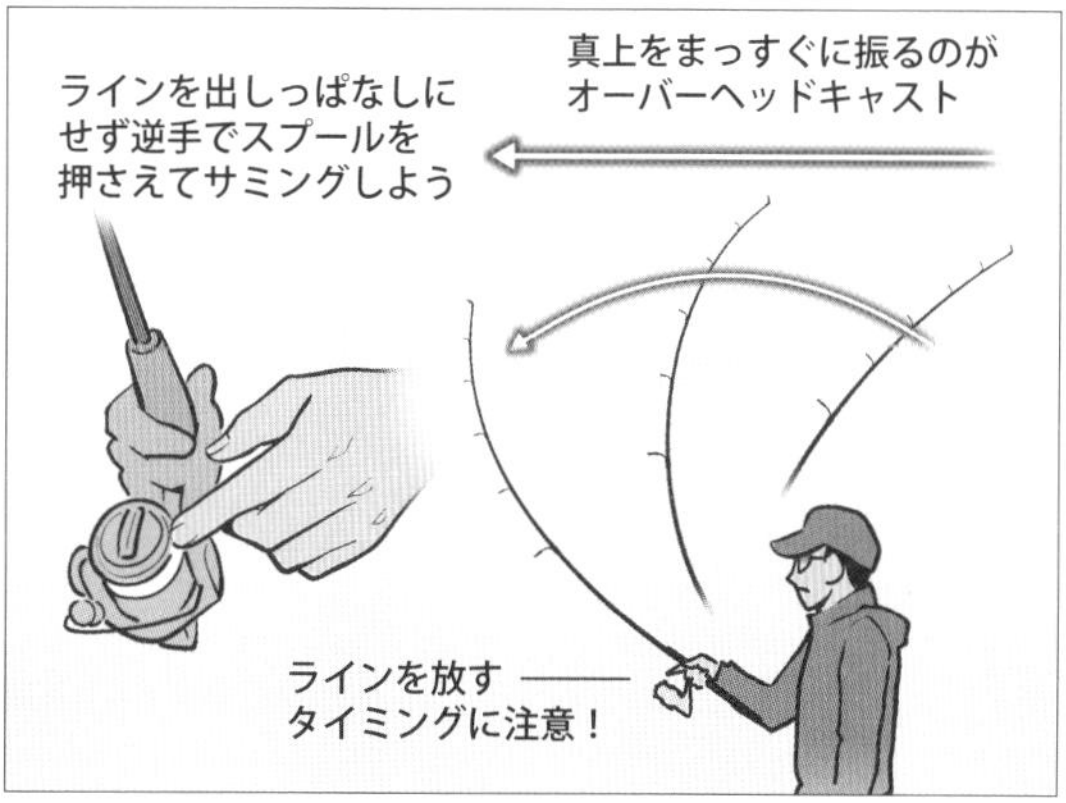
ラインを出しっぱなしに
せず逆手でスプールを
押さえてサミングしよう
真上をまっすぐに振るのが
オーバーヘッドキャスト
ラインを放す
タイミングに注意！

## 後方の安全確認

キャストする際には必ず周囲の安全確認を行おう。とくに管理釣り場は多くの人が釣りを楽しむ場所であり、背後を他のアングラーが通過することもしばしばだ。ロッドを振り抜き、ハリの付いたルアーを飛ばすワケだから、それを誰かにヒットさせては大怪我になってしまう。投げる前の安全確認、背後を一瞬でも見て投げ始める習慣をつけよう。

## ルアーのタラシ

ロッドの先端（トップガイド）からルアーまでの、余分に出ている糸の部分を『タラシ』という。この部分が長すぎても、短すぎても具合が悪いので、必ず10～20㎝程度の間で調整するようにしよう。

15㎝ほど

## ミスキャスト

投げるときに力みすぎて失敗する……、狙ったところに飛んでいかない、高くフライになってしまう。手前にポチャンとルアーが落ちてしまう……などなど、失敗の投げ方をミスキャストという。

練習こそ全て！　と言いたいところだが、キャスティングはあくまでキャスティングであり、これが上手だからといって、魚がいっぱい釣れるとも限らない。もちろん、失敗キャストが少なく、より効率的に釣りを継続できれば、魚が釣れるチャンス＝確率は高くなることに違いない。

ではなぜミスキャストしてしまうのだろうか？　まずはまっすぐにロッドを振れていないケース。風もないのに、左右どちらかに飛んでいってしまう場合は、体が飛ばしたい方向に向いていないという場合が殆どだ。まずはまっすぐに正面を向いて、近距離を狙って投げ、徐々に遠くに飛ばすようにしてみよう。

次に投げたルアーが高くフライになってしまうケースや、手前にポチャンと落ちてしまう場合だが、ラインを離す人差し指のタイミングが早すぎたり、遅すぎたりするからだ。これを修正する場合は、狙った位置に向かって腕を伸ばし、その位置で人差し指で指を指す動作で練習してみよう。これだけでかなりのミスキャストが起こらなくなるはずだ。

自分の正面に投げるコツは「指差し確認」。投げる方向に人差し指を向けるようにキャストしてみよう

イチ、ニッ、イチ、ニッ……リズムをマスター

キャスティングのリズムを大事にしよう

ロッドの『弾力』を
利用してキャスト
リールを上下
アベコベに
付けないように
グリップは
力を入れすぎない！

### キャスティングのリズムを確認！

まずは力ではなく、ロッドの弾力を利用してルアーを投げるよう意識するのが重要だが、実際にロッドを振らなければキャストは成立しない。そのキャスティングのリズムを養うようにすれば、変な力みがなくなる。そのリズムとは、イチ、ニ！　という、２段階の動作でロッド振り抜くことを基本としてみよう。前に構えた状態から、イチの動作でロッドを後方に振りかぶり、ルアーの重さで十分にロッドに負荷を掛け、ロッドを曲げることが大切だ。その重み（曲がり）を感じたまま、ロッドを前方に振り抜く。振り抜いた瞬間、人差し指に引っ掛けているラインをリリースしてルアーを飛ばす。このタイミングが悪いと、上手に飛ばないので、力の入れ過ぎに注意することと、ラインのリリースのタイミングに注意しよう！

キャスティングが原因でライントラブルを起こしてしまうので注意だ

## キャスティングとライントラブル

キャスティングだけの問題ではないが、キャスティングとその後のライン処理、釣りの動作に移るまでのタイムラグが多いビギナーほど、キャスト後にラインを絡ませてしまうトラブルに陥りやすい。

エキスパートともなれば、キャスティングからの一連の動作を無駄なくスムーズに行えるため、ほとんどトラブルに見舞われることは少ないが、それでも強風やラインの劣化などによっては、キャスティング時のライントラブルを引き起こすことだってある。

スピニングリールは構造上、糸が飛んでいく方向のちょうど直角にラインを収納するため、投げて巻く……を繰り返すだけで糸は徐々にヨレを作ってしまうのだ。回転しながらスプールに糸を巻き込むし、小さい径のスプールにラインを巻き込むから、クルクルとラインに巻き癖が付いてしまうのも避けられない。

こういった状態にあるラインを使ってキャスティングを行うと、かなりの高確率でライントラブルに見舞われる。そのためにも注意したいのは、キャストしてルアーが着水しラインをリールで巻き取り始めるときに、手元のラインに注目する。もし、リールのスプールからロッドの根本のガイドまでのラインが、ダラ～んと弛んでしまっていたら、それをそのままリールで巻き始めてしまうと、リールのスプールに巻かれるときにグチャグチャになってしまうので注意しよう。

リールのベールを返し、弛んだ糸を逆の手でひっぱりテンションを保って巻くようにしよう。しばらく巻けば余分な糸はスプールに収まり、ルアーの重みを感じられるようになれば通常通り巻いてこれる。キャストしたときに多く糸フケを出しすぎたり、風で押し戻されたり、ミスキャストで余分な糸が出過ぎたりしたときほど、トラブルになりやすいので注意だ。

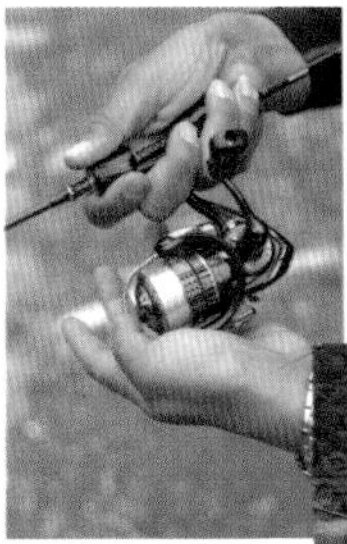
指で行うやり方もあるが、逆手でスプールを抑えてラインの余分な放出を防ぐ

ルアー着水後にラインを出しっぱなしにしない。通称サミングを行う

魚を釣る！

# リトリーブがルアーに命を吹き込む

**実際に魚を釣ってみよう！　今さら……かもしれないが、ここまではとにかく、ルアーをつけてなんとなく投げて、一連の動作を繋げれば魚がそれに喰いついてくるかもしれない……。それで釣れてしまえば一応ルアーフィッシングの目的は達成される。しかし、やはり意図して、狙って釣ってこそゲームフィッシング。準備や装備、あるいはキャスティングまでも重要だが、投げたルアーを引いてくる動作、ここがこの釣りの革新部分であり、自分で釣った！　という感動が得られる最重要要素だ。**

**リールを巻いてルアーを動かす**
**ルアーのフック（ハリ）を口に掛ける！**

## キャストしたらルアーを引いてくる＝リトリーブ

キャストしたらリールを巻いてくる動作のことをリトリーブという。着水後、糸フケが出過ぎてないか？　を確認し、ライントラブルの心配がないようならリールハンドルを回転させて巻いてこよう。

　このときに重要なのは巻く速度とロッドの角度だ。それぞれのルアーによって、このスピードは異なり、なおかつやや速い速度から遅い速度まで幅もあり、そのときのトラウトの活性に応じて『最も喰ってくる速度』で巻く必要がある。

　ルアーを引いてくるときのロッドの角度は、高いポジションで引いてくる場合、水面と並行くらいにロッドを倒して巻く場合、ロッドの先を水面近くまで下げて巻く場合などがある。また、ルアーに対してラインが真っ正面を向いた状態でリトリーブするケースや、左右どちらかに傾けることもあるほか、一定巻きだけでなく変化をつけたり、止めたり誘ったりしながら巻くケースなどさまざまあるのだ。

　エリアフィッシングではトップウォーター（水面）やボトム（底）の

まずは一定巻きが重要

どの速度で喰ってくるのか？　常に探りながらリトリーブする。加えてロッド角度も重要だ

釣りの場合、意図的にロッドで変化をつけることがあり、スプーンやクランクベイトは変則的なリトリーブをすることは少ない。スプーンやクランクベイトが最も「釣れる」誘い方は「タダ巻き」や「スローリトリーブ」となる。まずはこれを意識してリールを巻く練習をしよう。一定巻きに慣れてしまえば、意図的にスピードの変化をつけることは簡単にできるようになっているはずだ。そのときにロッドのブレにも注意しよう。ロッドを構える高さや角度は状況に応じて変えるワケだが、ロッドの先端がブルブルしたり定まっていないと、せっかくリール を一定に巻いても水中のルアーはキレイに泳がないことになるので注意だ。

## リトリーブ時のロッド角度

リトリーブ時のロッド角度は、ルアーをどのくらいの層を泳がせたいか？　あるいはスプーンの場合、大きくアピールしながら泳がせるか？　それともチラチラと優しい泳ぎにするのか？　クランクベイトはロッドを高く構えれば深く潜り、ティップを下げてリトリーブすると、より深い層を泳ぐことになる。

スプーンを使って高く構えてリトリーブする際は、表層レンジを狙うときの構えに加え、スプーンが立ち気味に泳ぐことになって、魚に対してスプーンの面を見せつつ、チラチラした泳ぎで誘っていることになる。一方ロッドを下げれば、スプーンが本来持っている左右にお尻をよく振る激しいアピールで誘うリトリーブになる。

### ルアーの基本巻きスピード

スプーンにもクランクベイトにも基本となるリトリーブスピードが用意されている。ただ、そのベーススピードからやや速くしたり、遅くしたりの幅もあったりする。スプーンの場合、まずは足元でちょっと泳がせてみて、チラチラとお尻を振る限界速度が最も遅いスピード、そこから少し速くして、お尻を振りつつなおかつ浮きも沈みもしないで一定の層を維持できる速度が基本スピードとなる。速くすれば徐々に浮いてきてしまい、さらに速くすると振り幅が大きくなって破断してしまう。遅い場合はスプーンが動かず、ゆらゆら沈んでしまうのだ。

さまざまな種類のルアーがあって、それぞれに適正速度と巻き方がある

### リールの回転を一定に巻いてくるリトリーブ

エリアトラウトの代表的ルアー＝スプーンと、よりビギナーにオススメなクランクベイトの基本リトリーブは『一定巻き』となる。巻きにムラがないよう、速くなったり遅くなったりせず、まずは一定巻きをしっかりマスターしたい。

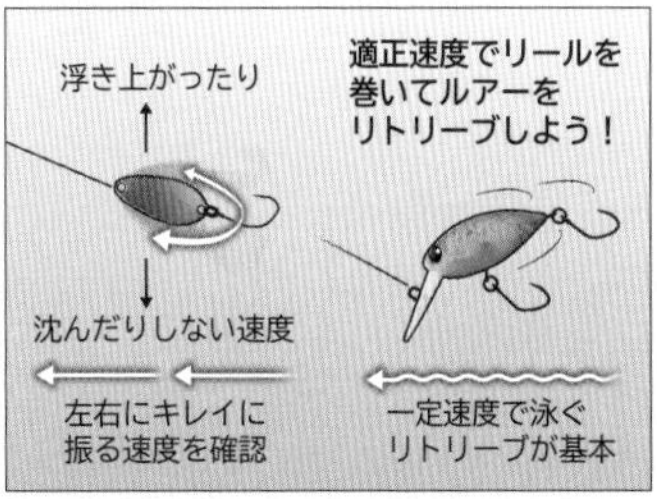
浮き上がったり
沈んだりしない速度
左右にキレイに
振る速度を確認
適正速度でリールを
巻いてルアーを
リトリーブしよう！
一定速度で泳ぐ
リトリーブが基本

### 左右にロッドを傾けると

リトリーブのときに、上下の高さの違いで、ルアーが魚に与えるアピールが異なるのだが、一直線に引いてくるのがいい場合と、左右どちらかに傾けた方がいい場合とがある。釣り人とロッド、ライン〜ルアーまでが一直線だ。

# リトリーブからのアタリ、そしてフッキング

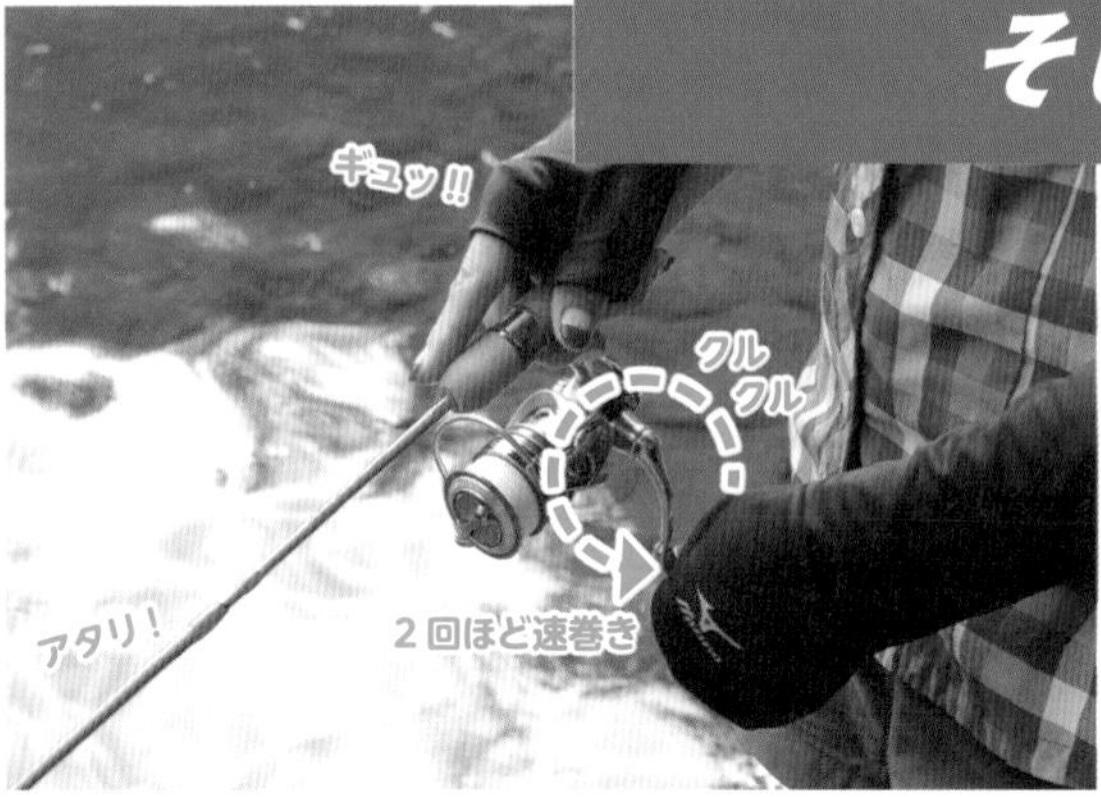
ギュッ!!
クル
クル
アタリ!
2回ほど速巻き

一定巻きは正直難しい。ビギナーにとってはハードルとなるが、この精度があがるほど、トラウトのヒットチャンスは上がる。そしてそのリトリーブの最中に、魚がルアーを咥え、釣り人に待望の『アタリ』が伝わってくる。リトリーブからフッキング、魚を取り込む＝ランディングまでを確認しよう。

## トラウトがヒット!フック(ハリ)を口に掛けるには?

魚がルアーに喰いついたら、素早くロッドを使ってアワセという動作を行い、トラウトの口にハリを掛けてやらなければならない。確かに正解なのだが、いつもアングラー側からこのアワセの動作を行わない限り、フッキング(ハリを掛ける動作)が決まらないのか? と言えばそうでもない。

むしろ、今使っているルアーが魚の活性に合っていて、レンジやスピードもビンゴ! トラウトが捕食したくてしょうがない状況からのバイトは、何の疑いもなくハリ掛かりを完了させてくれる。すなわちアワセの動作はほぼ必要とせず、オートマチックにハリ掛かりする。ただ、いつもそうとは限らないので、ちょっとしたズレがある場合はロッドによる軽い操作(＝アワセの動作)で補助するか、リールを少し速く巻いてハリを貫通させるごとく、フッキングを行うようにする。

### アワセとは?

**魚の口にしっかりとフックを貫通させる!**

初心者の多くは魚からの反応であるアタリを感じると、ロッドを大きく動かしてアワセてしまう。これは「びっくりアワセ」と言って、あまりよろしくない方法だ。というのもこの方法だと、ルアーが動きすぎてしまうため、喰い損ねだった場合、魚がルアーを見失ってしまうからだ。エリアの釣りでの正しいアワセの基本は「巻きアワセ」。これはアタリがあった場合、ロッドをあまり動かさず、リトリーブの速度アップでアワセる方法だ。これだと、仮に喰い損ねた場合でも、ルアーの位置は上下左右に大きく移動しないため、2度目、3度目のチャンスがある。小さな動作で的確に掛けるのが正しいアワセなのだ。

沖のアタリは
身体も使ってアワセる
身体をひねる
沖でアタリ
巻きながら

沖でのアタリはラインの伸びなどの理由で巻きアワセだけでは不十分なこともある。その場合は、巻きアワセと並行して身体を使ってルアーを動かしフッキングをサポートする

## ハリ掛かりして、バラさず寄せるには？

　魚の口のいいところにフックが刺さり、しっかりとしたフッキングが決まってさえすれば、通常サイズのトラウトの場合はそうそうバレることもない。むしろバレそうと感じたり、実際にバレてしまうのは、フッキングの良し悪し以前に、魚がルアーに対して違和感や疑いを持って喰っているケースが多く、喰いがイマイチなのでバレてしまうという考えが昨今の主流だ。

　大物がヒットしたものの、それでもなんとか魚をキャッチしたいのが普通で、途中でバラさないように慎重に行いたい。大物の場合はとくに、リールのドラグを利用してやりとりを行う。走る魚を無理に止めようとせず、アングラーと魚が正面を向いたときに一気にリールを巻いて間を詰める。

　魚はバックで泳げないので、こちらを向いているときがチャンスになるのだ。そのままの状態で、ネットに入れる際にも魚の頭からすっぽり入れるように注意したい。尾っぽから入れようとすれば追いかけっこになってしまい、最悪の場合はランディングミスしてしまう。

### ドラグ調整

　リールのドラグ調整は重要だ。ビギナーの場合はどの程度の硬さにすればいいのか？　なかなか悩むので、オーソドックスな設定方法を覚えておこう。ドラグをほどほどの硬さにして糸を持ち、リールを下にしてぶら下げた時、適度なスピードでゆるゆると落ちていく程度にドラグノブを回転させて調整しよう。これができていれば、あとは大型の魚がヒットしたとき、レギュラーサイズを素早く取り込みたい時などに応じ、少し強めたり、弱めたりして調整すればよい。

ギュ〜
ジジジ……

ドラグノブを回転させて、出ていくラインの強弱を調整する

## ファイト～ランディング

### 掛けた魚をしっかりとキャッチしよう！

　釣りに「バラシ」は付き物であるが、自分の巻くルアーに反応してフッキングした魚はしっかりとキャッチしたい。ただし、釣ったあとで逃がされることを知らない魚は必死。とにかく逃れようと暴れまわる。アングラーは、そのファイトをいなし、バラさないようにネットインさせなければならない。バレやすいシーンは「ヒット直後の激しいファイト」「ジャンプ」「ネットイン直前のラインテンション抜け」など。これらを防ぐには「無理に巻かない」「テンションを緩めない」のがコツ。バラシにくいファイト&ランディング方法をマスターすれば、これまでに以上に釣果はアップ。魚とのファイトを楽しみつつ、キャッチ数を確実に伸ばしていこう！

無理は禁物！
テンションをキープしながら
寄せてくる

### 魚が一番暴れるのはヒット直後

　アワセを入れた瞬間に魚は暴れる。このタイミングで強く巻くとバラシが多発。最初の数秒は強く巻かずにテンションをキープ。強い暴れが収まってから徐々に寄せてこよう

### 掛ける前からネットインの意識を！

　大事なのは、いつでもヒットからキャッチまでのイメージができていること。急にしゃがむとラインテンションが緩みバラシの原因となる。寄せてきたら早めにしゃがんでファイト。ネットインに備える。ネットは必ず手の届く位置に！

偶然ではない1尾を釣る！

# ゲームを組み立てるベースルアーとレンジ攻略

**管理釣り場の釣りをステップアップさせるのに、なくてはならない作業が『サーチ』。すなわち今、目の前のポンドがどんな状況で、トラウトたちはどんなルアーに喰いつきそうなのか？　それを知ることが最も大切だ。それら実践的なゲームを進めるのに必要な作業を抑えておこう。**

## これを覚えて脱ビギナー！ 基準となるスプーンを持とう！

まずはベーススプーンで状況を探る

### 基準となるスプーンウエイト

基準となるルアーで釣り場の様子や魚の状態を見極めることが大事で、まずは1・5～1・8gというエリアの釣りでは標準とされるウエイトのスプーンを用いることになる。それら標準的スプーンは比較的、派手に大きく泳ぐタイプのスプーンがベターだ。

このタイプのスプーンを使いこなし、釣り場の状態や魚の活性を把握することが上達の第一歩。「釣れた」ではなく「狙って釣った」を増やすためにも、標準ウエイトのスプーンをベースとした釣りでポンドの状態や魚の活性を把握したい。

ベースルアーとは、その名の通り、基本となるルアーを示す。どこの釣り場へ行っても、最初に投げ、その釣り場の状況を把握するためのルアーになる。ウエイト的には1・5～1・8gのいわゆる標準ウエイトのスプーンがベースになる。このベースルアーでまずは上のレンジから速めの巻きでスタートしてみる。続いてそのレンジ、アクション、スピードでの反応を確認していく。反応があったり、釣れればその釣りでしばらく釣り、このチェックで反応がなければそれはそれでOKだ。『反応がない』というのも有益な情報といってよいのだ。

どの速度で喰ってくるのか？　常に探りながらリトリーブする

どこの釣り場でも、どの季節でも、まずはベースルアーで確認をする。それで得る情報が、その後の展開のキーになる。だから、必ずベースルアーから始めて釣りの軸を作る。それが偶然ではない1尾を釣り上げる基本となる。

### ベースルアーの条件

1.5〜1.8gの標準ウエイトならば、どんなスプーンでもベースルアーになるわけではない。ベースルアーという重責を担うには、それに見合う条件がある。基本的にはアクションが一番強いタイプがベース向き。そのうえで、同じアクションで、さらに重いモデル、さらに軽いモデルのラインナップがあるか？　また、カラーのラインナップも重要だ。反応のいいカラーを詰めていくのに、カラーの選択肢が極端に少ないのでは手数が増えずに困ってしまう。ベースルアーで得た反応から、もっと重く、もっと軽く、そしてカラーの正解も詰めていくことができる幅広いラインナップがあることが、ベースルアーになり得る条件といえる。

### ベースルアーですべきこと

ベースルアーですべき最も重要なことは、そのルアー自体の確認だ。たとえば水深2mの場所では何カウントでボトムまで落ちるのか？　自分のベースルアーとなるモノのアクション、フォール速度、リトリーブ速度による動きの変化などを確認したい。ルアーのポテンシャルをアングラー自身が把握してなければ状況チェックはできない。水深2mの釣り場で、ボトムまでのカウントが10秒ならば、およそ1秒で20㎝のフォール速度。それを把握してこそ、レンジのチェックができるようになる。

## レンジを探る

エリアの釣りでコンスタントに釣果を得るのに、最も重要なのが「釣れるレンジ」を探すことだ。そもそもエリアと呼ばれる管理釣り場には非常にたくさんのトラウトが泳いでいる。しかし、そのすべてが果敢にルアーにアタックしてくるわけではない。

たいていルアーに対して好反応な魚は同じレンジ（層）に集まっている。だからこそ、エリアの釣りで爆釣と言われる連発を味わうには好反応な魚が多くいるレンジを見つける必要がある。

その見つけ方は先に述べたベースルアーを使って、上から下まできっちりレンジをキープして反応を探ってみることになる。いうなればレンジを探っている途中で釣れてしまい、仮に反応のいいレンジを見つけてしまっても、まずは上から下まで引いてみる必要がある。そのうえで、好反応だったレンジをベースルアーやその他のルアー、さまざまなカラーで重点的にチェックしながら『爆釣パターン』を探り当てるのだ。

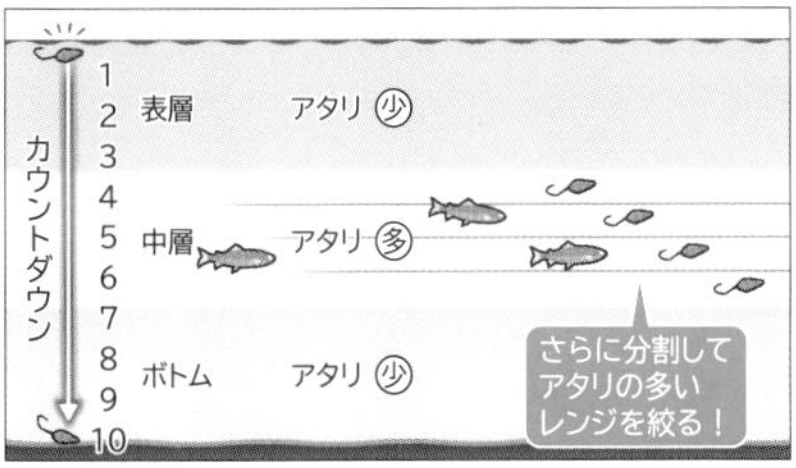


まずはベースルアーで着底までのカウントを計り、水深を「表層」「中層」「ボトム」の３分割にする。それで、各レンジを引いて反応を探り、反応の濃いレンジをさらに分割。こうして当たりレンジを探っていく

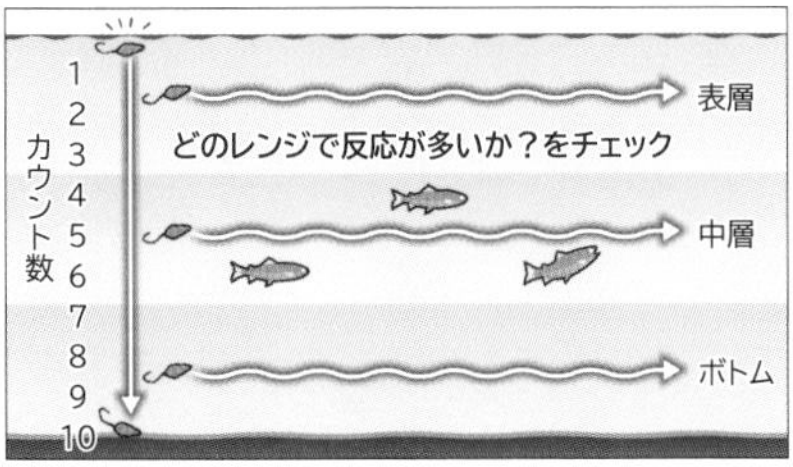


カウントダウンとはルアーが着水してからボトムに着底するまでのカウントを数える作業。着水してから 1、2、3……と数えて 10 カウントなら水深を 10 等分に分けて考える。そして上から 1 〜 3 を表層、4 〜 6 を中層、7 〜 10 を底層とレンジを区切ってイメージできるようになる

# 狙うレンジを引きやすいルアー そしてそのスピード

ウエイトやカラーのほかにルアーの「動きの質」で魚の反応が変わるケースもある。強めのアクションでの反応が鈍ければ、動きの弱いスプーンでも試してみよう！

**今トラウトがいるレンジをしっかりとスプーンを通す……というのがセオリーだが、さらにそのレンジ攻略にもいろいろな注意点がある上に、そのレンジと相対関係にあるスピードについても考慮してリトリーブしなければならない。**

## レンジにマッチしたルアーをチョイス

反応する魚の多い「当たりレンジ」を探るのは標準ウエイトのスプーンだが、上から下までチェックしたあとは、当たりレンジを無理なく引けるルアーも使いたい。というのも、水面に近い浅いレンジをゆっくり引くなら、重いスプーンよりも軽いスプーンのほうが引きやすいからだ。同じ理由でボトム近くを攻めるなら、速く沈む重いスプーンが有利。ただ、深い場所で軽いスプーンのスローな動き、浅い場所で重いスプーンの速い動きが効果的になる場合もある。ただ、まずはそのような特殊状況ではなく、レンジに合った引きやすいルアーをセレクトできる基礎力を高めたい。

## 巻き上げと巻き下げ

一定にレンジをキープして巻いてくるのが基本といったが、時期によったりトラウトのコンディション次第ではポンド内の魚のレンジが定まらないこともある。そんなときはボトムに沈めたスプーンをあえて浮いてくるように斜めにリトリーブしたり、あるいは表層レンジから徐々に深いレンジに潜らせるやり方だったり、いわゆる巻き上げと巻き下げのリトリーブが有効な場面もある。

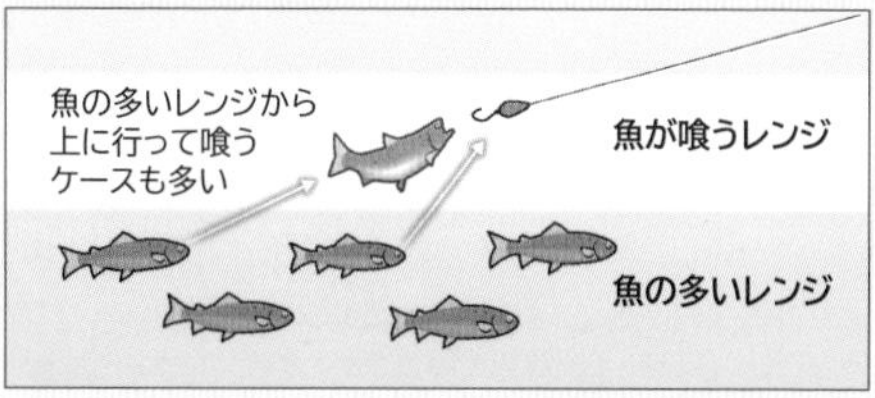

魚の多いレンジから
上に行って喰う
ケースも多い
魚が喰うレンジ
魚の多いレンジ

## スプーンを引く速度

スプーンを引く速度のこれが正解！　というのは正直ない。つまり、釣り人自身、それぞれの基準で巻きやすい速度というのがあると思って大丈夫だ。もちろん、各種スプーンにはその形状とウエイトに応じて『速度領域』というものはある。遅すぎてスプーンが泳がなくなる低速限界と、泳ぎが破断してクルクル回ってしまう高速限界だ。

その範囲内であれば各アングラーの基準で巻いてイイことになる。ただし、最初のうちはスプーンを使用するときの速度を、ベーススプーンとなる1・6g前後としてハンドル1回転につき1秒くらいを意識して巻くとよいだろう。

さらに朝イチなどでトラウトがより高活性なら、より速いほうがベターだ。一応ここでも自分の基準となる速度を決めておき、それより速くか？　あるいは遅くか？　を固定化することが大切となる。もちろん、スプーンのウエイトがより重くなれば速い速度よりにしか巻けなくなり、よりウエイトの軽いスプーンは、低速で巻くのが得意となる。

トラウトたちは例えば放流直後は勢いよく猛スピードで回遊すること

がある反面、活性を失うとまったく泳がなくなって定位し、速いスピードのルアーを追うこともできない状態もある。リトリーブはレンジの次にこのスピードの見極めが大事なのはそのためで、なおかつ自分の基準となるスピードを意識することで、ゲームに再現性が生まれ釣果も上がるのだ。

スプーンをリトリーブするレンジ同様に、スピードもシビアで重要になってくる

エリアに放流が入ったら、専用のスプーンでスピードを意識して攻略し楽しみたい

## エリアの放流を釣る!

エリアトラウトの管理釣り場では、定期的に新しい魚の放流がある。主に営業時間中にそれを行う場合は、フレッシュな魚が入って釣り客がバンバン釣れるサービスタイムとなるケースがほとんどだ。

先にも述べたとおりに、この放流魚を狙う場面で強いのがそれを得意とするウエイトとカラーを持ったスプーンになる。放流されてまもない魚はポンド内をグルグル勢いよく回遊すると述べたが、このスピードよりも遅いリトリーブだと、スプーンを追い越してしまうからバイトに至らないのだ。

時間の経過とともに放流魚は落ち着き、速い速度で泳がなくなり、周囲の魚と混じってスローになるため、釣り人も徐々にスローにリトリーブできるスプーンにチェンジする必要がある。

### 放流スプーンの動きとカラー

放流直後の魚は活性が高いため、スピードだけでなく動きも色も派手なスプーンのが効果的だとされている。動きが派手でキラキラした目立つカラーだとスプーンから遠くに魚がいても好奇心で寄ってくる確率が高いのだ。また、その放流タイムは多くのアングラーが同じようにスプーンを投げているので、周りの釣り人よりもより目立ち、派手な動きも見せるスプーンが有効とされる。

### 放流パターンを楽しむコツ

❶放流カラーのスプーンを速く巻く
活性の高い放流魚は泳ぐスピードも速い。速いリトリーブでルアーを見切らせずに誘う!

❷手数を多くして魚の足を止める
放流魚は回遊しやすい。その足を止めるためにも手返しよくキャストして魚を集めよう

❸カラーチェンジのタイミングを見極めよ
深追いせず、アタリの頻度が落ちたらすかさずにルアーチェンジ。タイミングを逃すな!

### 放流パターンの落とし穴

❶すぐに爆釣しないこともある
釣り場によっては、放たれた魚が水になじむまではあまり口を使わないケースもある

❷放流魚=高活性でないことも!
長距離移動のすぐあとに放流された魚は、体力が戻るまで数日かかるなんて場合も……

❸赤金&オレ金が効かないことも!
自分の場所まで回遊してくる間に赤金&オレ金に見飽きている場合も。その時間差に注意

## 色の違いで釣果は変わる？

# 色数は手数！ルアーカラーを考える

**エリアトラウトフィッシングの一般的なスタイルは、釣り場について場所を決めたら、基本は目の前を釣ることになる。左右が空いていたり、頻繁に場所移動可能な平日の釣りはともかく、週末や休日の管理釣り場は自分の正面以外の釣りは周囲の迷惑となってしまう。その目の前のトラウトを飽きさせず、時間が経過してもルアーで騙し続けるためにも、ルアーそのもののローテーションと、カラーの違いでヒットにつなげる戦略は非常に重要になる。**

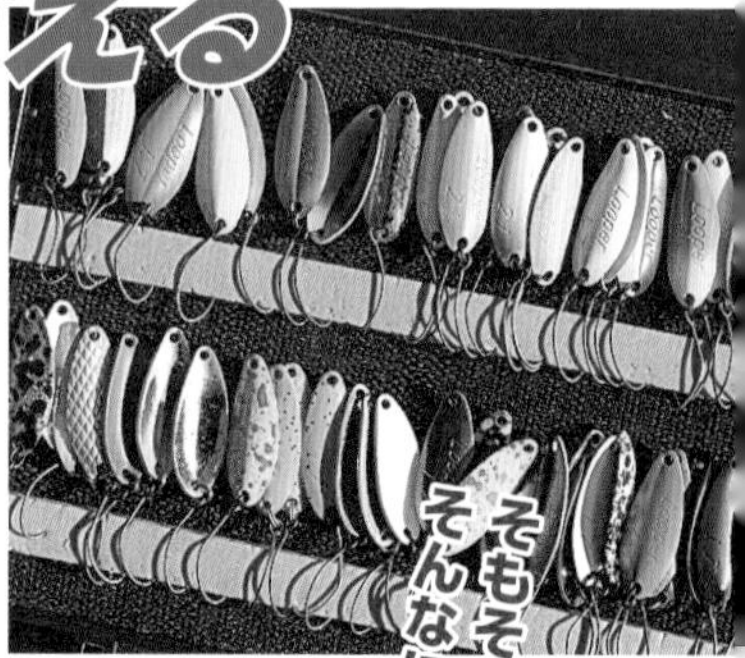

## そもそもカラーってなんだ？ そんなに必要なのか？

スプーン＆プラグにも本当に多くのカラーが存在する

### 基本カラー＋ご当地カラー

管理釣り場は、限られたエリアの中で、いる魚をどう釣るかを目的とした釣り。そのため、ルアーの色数はイコール手数に繋がる。これが湖や海であれば、同じ魚に会う確率は限りなく低いだろう。しかし、管理釣り場の場合、四方八方からルアーを投げ込まれ、逃げ場のない魚たちはもう飽き飽き……。そんなとき、見たことのない色のルアーが目の前を泳いでいたら？ そんなルアーが多いほど、釣れる可能性は広がるわけだ。

まずはどんなカラーのルアーを投げるべきか？ そこでも悩んでしまうところだが、基本的には最初はやや派手カラー、目立つ色からチョイスするのがセオリーだ。金や銀などメッキを使った派手に光るカラーや、蛍光色のグリーンやオレンジ、ピンク、赤などがそれに当たる。

その後、そういった派手カラーからは一歩下がった中間のカラー、淡いピンクや暗いイエロー（カラシ色）淡い水色、少し明るめの茶色、ダークグリーンなどがその次の基本色。さらにはそれらをもっと暗く落としてダークブラウンやダークオリーブ、ダークグレーなどが最も目立たず落ち着いたカラーといえる。

この3つのパターンを基本のアピール系、中間色、喰わせ系カラーなどと表現したりする。一方、必ずその3パターンだけで色の違いを出すのか？ と言えばそんなこともなく、それらの組み合わせでアピール系ながらも喰わせ要素のあるカラー、あるいは喰わせ系ながらも反対面に明るい色を用いて明滅アピールを狙うカラーなどもある。

　さらには、その釣り場や地域に特化した色というのも存在する。ある特定の釣り場で、そのエリアのスタッフやそこに通い込んだアングラーが実釣の中からよく効くカラーを見つけ出し具現化したカラーで、それは釣り場やショップのオリカラ（オリジナルカラー）として販売しているケースがあるのだ。

　中には非常にレアで手に入りづらいアイテムまであるほどだが、そういった一点突破型の特殊カラーも多数あって、ここ一番！　というときの頼りになる武器になったりするので覚えておこう。

## 色の大切さはあるものの……

　ここでは色の解説が中心ではあるが、実はルアーの色よりも釣果を得るために優先すべきはレンジであり泳ぎなのだ。簡単にいえば、その日のアタリカラーを知っていても、魚のいないレンジを引いていては釣れないということになる。

　まずは魚のいるレンジを探し、反応するアクションを探し、そこからカラーへと進むのが正攻法であり、すべきことの優先順位といえる。もし周囲のアングラーにアドバイスを求めるのであれば、レンジは？　アクションは（スプー

### アピール系・中間色・喰わせ系の3種

　釣具店にはさまざまなカラーのルアーが並んでいるが、まず揃えたいのは、下に紹介した３種類のカラーだ。アピール系ならオレ金や蛍光色、チャートや黒など。中間色はカラシやライトブラウン、肌色など。喰わせ系はオリーブやブラウンなどだ。自分のワレットを見て、もしこれらのカラーがなかったら……あなたはこれまで損をしていたのかもしれない!?

**アピール系**
活性の高い状況や放流シーンで活躍するハイアピールカラー。赤金やオレ金、蛍光色などがここに入る

**中間色**
カラシ、肌色、ピンク、ライトブラウンなどの膨張色系。どんな状況でも活躍してくれる便利カラーだ

**喰わせ系**
養魚場のトラウトがエサとして食べていたペレットを模したカラーがこちら。管理釣り場のマッチ・ザ・ベイトだ

### それぞれでアピール力が変わる！

　単色で塗られたもの、表裏別色のもの、色がたくさん入ったもの……同じスプーンでも、色のパターンはさまざまだが、これはズバリ、アピールの違いといえる。どのアピールがいいかは一概に言えないが、単色は正攻法でアタリカラーを探していくときに便利なカラー。表裏別色は単色の選択肢を増やしつつ、明滅効果もプラスしたカラー。複合色は、色の判別をつきづらくさせることで、追わせて喰わせるカラーとなる。純粋に色を探すなら単色だが、限られた時間を楽しむなら複合色がオススメだ。

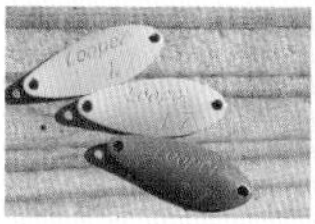

塗りの違いでアピールが異なるのは、スプーンもプラグも同様

ポンドに放流が入ったときの定番カラー＝オレンジ金は、派手で目立つ動きのスプーンと組み合わさって最強となる

ン or クランク）？　そしてカラーは？という順番になる。

　もちろん、最終的にカラーが合わないと釣果は伸びないので「色は重要ではない」という意味ではない。まずはしっかりと魚のレンジを見極め、アクションを探り、そこからカラーローテーションを行うことが必要だ。

　また、管理釣り場にトラウトの放流がある場面を想像してみよう。冒頭に述べたとおり、まずは養殖場やストック池から放流されたばかりの魚はルアーを見たことがないし、基本的に人間に釣られてしまう……という警戒心を持っていない。ペレットを与えられて育ってきただけだ。だが、とにかく派手で目立つものへ吸い寄せられ口にしてしまう傾向が強いのだ。

　そこでアングラーが選ぶカラーがゴールドをベースにした赤金、オレンジ金などだ。昔からいわれるように、高活性なトラウトを獲るには派手なもの……という通説の通りということだ。そのなかでも赤や金というカラーはトラウトを興奮させる色として認知されている。

　また、赤金やオレ金といったメッキ系カラーは放流シーンに滅法強い。さらにそこにスプーンそのものの『派手なアクション』が加わることで、そういったルアーを繰り出すアングラーに全て持ってかれてしまうほど効く場面がある。こういった放流シーンでは、派手な色＋派手なアクションを意識してルアーを選択するのが鉄則といえる。

**放流カラー**

赤金やオレ金といった派手+派手な色がベスト。ただし、シルバーは同じメッキでも金とはまったく違う役割があるので、放流一番手には向かない

## プラグの色選び

**自塗り**

ボトムプラグで圧倒的に効くとされる『アースカラー』すなわちポンドの底と同系色でいわゆる茶系のカラーは最も出番の多いカラー。これらは非常に需要も高くあるいは専用のプラモデルの塗料を使ってルアーを自塗りするエキスパートも多い。

ボトムの色＝ポンドの水底のカラーは茶色やダークオリーブ。そういったアース（地面）のカラーに似せたカラーを自塗りするエキスパートも多い

**明るいか暗いかが基本**

スプーンよりもアピール力の強いクランクベイトの場合、カラーを細かく区切るのではなく、明るいか暗いかの2パターンに絞って揃えたほうがわかりやすい。明るいルアーは、釣り人の認識を高めつつ、アピール力で魚を寄せる。暗いものは、弱アピールで喰わせの要素をプラス。クランクは、両極端で色を揃えていくのがオススメだ。

クランクベイトはまず、明るいか？　暗いか？の色選びから

## クランクベイトの効くカラーはスプーンのそれとも異なる？

　エキスパートアングラーのカラー選びに、スプーンでは派手なメッキ系（金や銀）カラーや蛍光色に始まり、徐々にトーンを落としていくローテーションが基本と思われているが、クランクベイトやプラグ類は必ずしもそうならない……と分析するアングラーは多い。

　基本的に金属であるスプーンに対しクランクベイトなどのプラグルアーは樹脂製。金や銀のメッキを剥き出しにした独自のカラーは存在しない。また、スプーンに比べボディシルエットは大きく、そもそも遠くからでもルアーの存在をトラウトに識別させやすいという特徴から、目立つカラー＝高活性に効くという理論が当てはまらないことの方が多い。

　役割としてスプーンの後にプラグ……となりやすいが、スプーンのセオリー通りのカラーローテーションを行った後に、クランクのカラーが順番通りに効くというより、一風変わったカラーや塗料を施してあるルアーが効くとされるケースが多い。スプーンはやはり『勝負が速い』利点から、セオリーのカラー術がよく効き、その後の展開には中～低活性の中でトラウトが口を使いやすい変化球カラーがいいという考えがあるのだ。

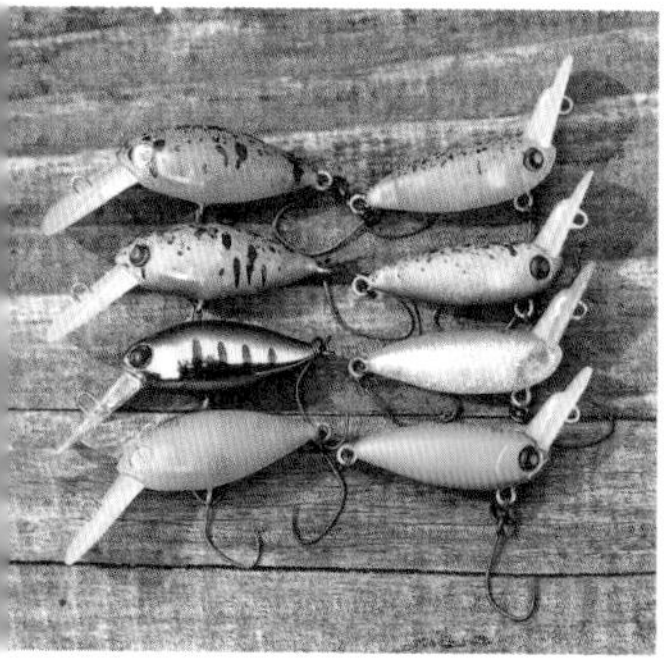

塗りのカラーでなく、特色的に効果を発揮するカラーがクランクベイトやプラグ系統によく効く

**レッドグロー**

　グリーングローと負けず劣らずの人気を誇るレッドグロー。レッドグローもグリーングローと同様に寄せと喰わせを両立するカラーとして認知されている。背中は飛ばしカラーも喰わせに寄せるほか、お腹にも、喰わせの茶色を塗り、その上からブルーパールをわずかに吹いているスペシャルカラー。

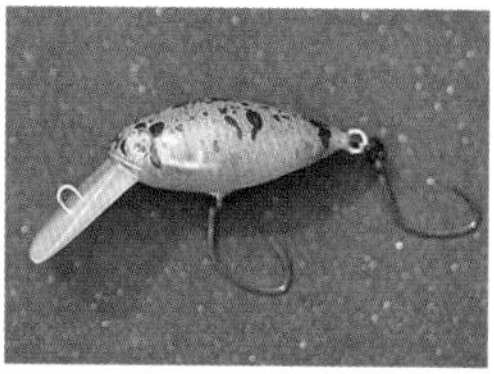

**グリーングロー**

　グリーングローは寄せと喰わせの融合が完璧な状態で調和しているカラーとして人気が高い。また、ベース色のグリーングローに対して、背中に飛ばしを散りばめているのも、トラウトがプラグを上方向から見下ろしたときに、ポンドのボトムの色に溶け込ませるカラーに仕上げることで違和感なくバイトに持ち込める効果が期待できる。

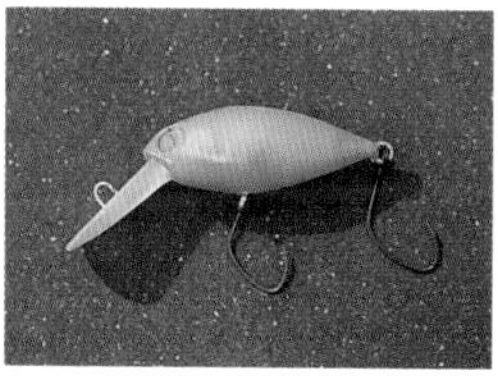

**ケイムラ**

　グリーングロー、レッドグローに代表される夜光系塗料でアピールするカラーに加え、アングラーからは視認できないが圧倒的に喰わせる要素に長けているのがケイムラ。金メッキのキラキラ系とも異なり、ケイムラはグローに近い光り方で雨や曇り、晴れなどの光量によって光り方が変化するとされる。

**金メッキ**

　グリーングロー、レッドグロー、に加え注目したいのが金メッキ。このカラーは背中がライン状の茶色になっており。メッキはかなり強い存在感を放つ。が、上からと下から見たときは喰わせの茶色で、全てメッキに仕上げてしまうよりもそういった喰わせ要素を残すことでより長い時間連れ続くカラー。

タダ巻き+αがカギとなる！

# スプーンをとことん追求する！

**エリアフィッシングの上達において必要なこと……、そのひとつに『得意分野を持つ』とよくいわれる。それは各ルアーの使い方やメソッドで、自分が他のアングラーよりも優れたテクニックを有している……というものだが、例えばクランクベイト、ミノー、ボトムといったものでもいいが、スプーンの巻きが得意で好き！　というアングラーほど、全般をそつなくこなす傾向が強いのだ。**

## 奥深い『巻き』のスプーン

他人と比べて、釣果にこれほど差が出るルアーはない！と断言できるほど、腕の差が出るルアーがスプーンだ。一見すると、ただの金属片なのだが、引くスピード、泳がせるレンジ、カラー、フックの大きさ、ロッドの角度など、さまざまな要因によってアピールが変わる。上手い人ほど、自分の愛用するスプーンの特性を理解し、状況に合わせて使い分けている。

　こう書くと「スプーンって難しいんだ」と思うかもしれないが、どんなに上手い人も最初は初心者。管理釣り場に通うなかで、隣は釣れているのにどうして自分は釣れない？という悔しい思いをしたはずだ。しかし、その「どうして？」という疑問が上達の一番原動力となる。

　一定巻きでしばらく釣りをしたら、ここに紹介しているテクニックを試してみてほしい。幸運なことに、魚は確実にいるのが管理釣り場。何がダメで、何がよかったか。試行錯誤してるうちに、あなたはスプーンが好きになり、スプーンが上手くなっているはずだ。

　先述のとおりスプーンは巻き続けな

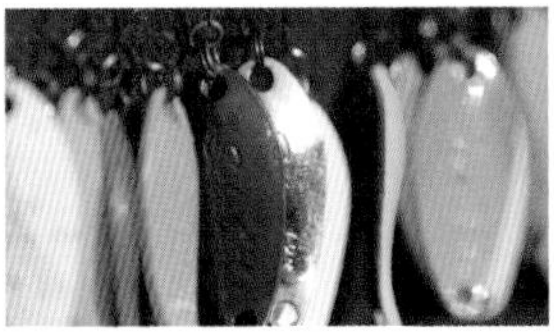
腕の差が最も顕著なスプーンゲーム

動きを止めたら沈んでしまう。そのことを十分知った上でこれを操る

エキスパートはスプーンの引き方のバリーション、引き出しの多さがビギナーと異なる

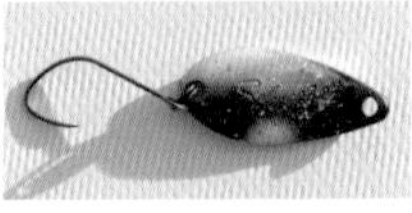

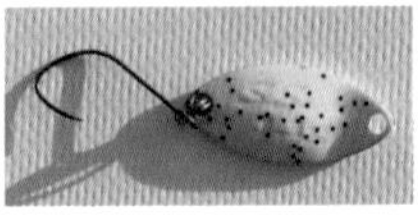
一定巻きにおいても種類やウエイトの異なるスプーンで水中をくわしく探る（サーチ）必要がある

ければ威力を出せない釣りであるが、キャストしてフォール中や、意図的に巻きを止めたりスピードに変化をつけたときにもよくバイトの得られるチャンスタイミングとなる。一定のタダ巻きがあくまでもベースであり、その精度が高い人ほどこういったイレギュラーの誘いのテクニックが生きてくる。スプーンでキャスト&リトリーブを繰り返し、何度となくトラウトからのシグナルを得て、多くの巻き方やパターンに触れるたびに、それがアングラーの引き出しになる。「あのとき、これで喰ってくるトラウトがいた……」その組み合わせ、情報量の蓄積がアングラーを極限に成長させる。

## すべてはアングラーの意思次第。だからスプーンはおもしろい！

ボディに浮力を保持しているプラグと違い、一枚の鉄板であるスプーンは、アングラーが巻かないと当然のように沈む。さらに言うと、スプーン本来の適正速度よりも遅く巻くと「巻き下

### フォール＝落ちるものへの興味を利用しよう

魚は水面から落ちてくるものに対しての興味が強く、スプーンのフォールそのものが魚への強烈な誘いになっていることも。フォール中のアタリを取るために、ラインを張りながら沈めるのが有効で、水面から40〜50㎝ほどラインを出し変化に注目しよう。ラインを出す部分が短ければ、注視するところが少なく済む。魚がアタると弛む、水中に入る、走るなどの変化を見せるので、その瞬間にアワセを入れよう。慣れてくると、スプーンをくわえただけの小さなアタリも分かるようになる。アワセは巻くなり手前に引くなりすればOKだ。

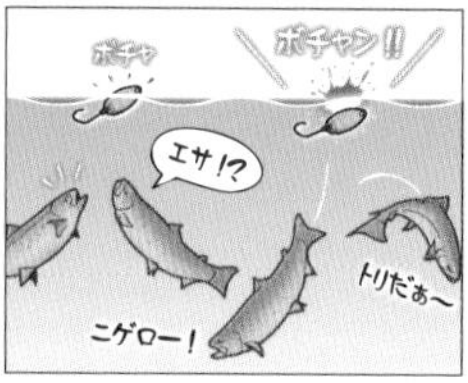
ポチャ
ポチャン!!
エサ!?
トリだぁ〜
ニゲロー!

表層で反応するときは山なりにキャストしポチャンと落とせば着水音で興味を惹き付けられる。逆に叩き付けるように着水させてしまうと怯えてしまうこともあるので注意

### タップ＝タダ巻き中の変化がバイトを誘発！

タダ巻きで喰わないときに試したいのがタップ。これはスプーンのアクションをわずかに乱す技で、トレースコースほとんど変えずに誘えるのが利点。数ある誘いの中でももっともアピールが小さい技だ。その方法は、タダ巻き中にロッドを持つ手の人差し指でグリップを側面からトントンと叩くだけ。これにより生まれるスライドが魚の興味を誘い、バイトのきっかけとなる。タップの回数は、1度の誘いにつき3〜4回が目安。誘い終わったら通常の巻きに戻し、魚のバイトを待とう。

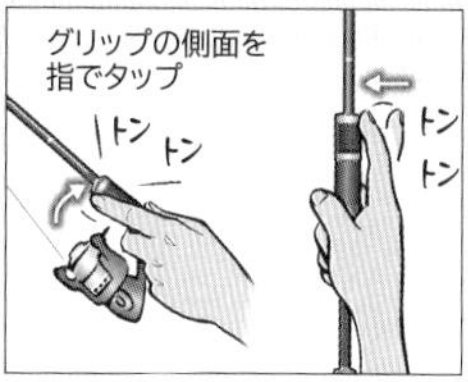
グリップの側面を指でタップ
トン
トン
トン
トン

指先でグリップの側面を叩くのがコツだ。縦に叩いてもスプーンが軽くお辞儀をするだけで魚に対するアピールは少ない。横から叩くことでより大きなスライドが出せるわけだ。（水面付近を探る時は上から叩くのが有効になることもある）

### 状況を問わず使える誘いのひとつ＝フリップ

竿先で小さな円を描くように誘う技がフリップ。手首を返す程度の小さな動きでクルッと回転させるのがキモ。スプーンはゆらっとスライドし、再び元の位置に戻り泳ぎ始めるため、喰い損じも少なくより深いバイトが得られる。魚の活性やレンジを問わずに使えるオールラウンドな技だが、特にショートバイトが多発するときや追うのに喰わない状況で威力を発揮する。アピールの強さは、タップとカットの中間といったところ。多用は禁物ながら、魚の反応に合わせて回数を増やすのもあり。

竿先を時計回りにサッと動かす。描く円はできるだけ小さく、動作はスムーズに行うのがこの誘いのキモ。他の誘いと同じく、最後はタダ巻きで喰わせよう。フリップを入れるときは、巻き速度や竿先がブレないように注意する。竿の動きで大きくスライドしたスプーンがいち早く安定した泳ぎに戻れるようにしてやればミスバイトはほとんどないはず！

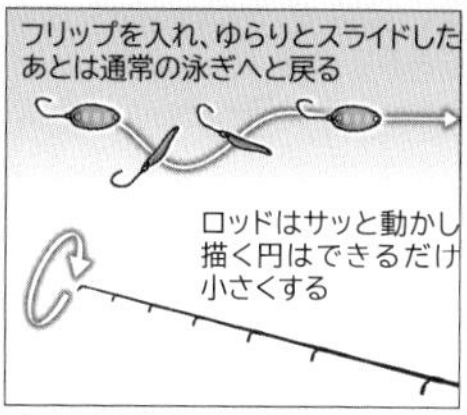
フリップを入れ、ゆらりとスライドしたあとは通常の泳ぎへと戻る
ロッドはサッと動かし描く円はできるだけ小さくする

### 一定巻きをあえて崩す！＝速度変化

初心者が時折ベテランを上回る釣果を叩き出すことがある。それは、一定巻きではなく、ムラのある巻きが魚に対して効果的な誘いになっていると考えられる。それを意図的にしたのが速度変化だ。誘うときはハンドルの巻き上げを速く、巻き下げを遅くするのがコツ。巻き上げたときに浮き上がり、巻き下げで元の泳層に戻るを繰り返し、ふらふらと泳ぎ続ける。これを5回転ほど繰り返し、魚のバイトを誘おう。なお巻きにメリハリを付けすぎるとスプーンが暴れ、かえって魚が怯えてしまうので注意。アタリはあるのにフッキングしない状況でぜひ試してみてほしい。

がる」し、速く巻くと「巻き上がる」。そして「適正速度内」で巻くと、一定レンジをキープすることができる。

ようするに、すべてアングラーの意思次第ということだが、アングラーがどうしたいか？　という意図を的確に伝えることができるのがスプーンといえる。逆に言うとアングラーに、どうしたいか？　という意思がないと、迷子になってしまう可能性もある。自分は今、このスプーンを使って何がしたいのか？　そして、今、自分はこのスプーンを使って何をしているのか？　アングラーの意思と現実のスプーンの動きがリンクしたときこそスプーンゲームの楽しさは加速する。楽しさが加速すれば、自然とステップアップも可能なはずだ。

スプーンは難しい。という印象を持っているビギナーが多いのも事実だが、難しい以上にスプーンは楽しいルアーだ。苦手意識のある人はひとまずそれを忘れ、気軽な気持ちで、楽しみながらステップアップを目指そう。

素速く巻き上げ、ゆっくり巻き下げるを５回転ほど繰り返し、上下のふらつきで魚を誘う。この技もレンジをほとんど変えずに探れるのが魅力。喰わせるときは通常のタダ巻きで喰わせよう

## 難しいと言われることが多いスプーンだが、これなら「できそう」という工程をおさらい

### その１ サーチ

その日のトラウトの状況を調べる作業。レンジは？　スピードは？　アクションは？　好みのシルエットは？　カラーは？　同じ管理釣り場でも、トラウトの状況は日々変化している。釣り場に到着したら、まずは今日のトラウトはどんな感じなのか？　と探るところからスタート。探り(サーチ)も多くの場面でスプーンを使って行う。

### その２ 喰わせ

サーチで大まかなトラウトの状況が把握できたら、その情報を元にして、どうしたらトラウトに口を使わせることができるか？　を考えよう。今の状況にマッチしたスプーンは何か？　予測をして、喰わせる戦略を考える。慣れない間はトライ&エラーの繰り返しでOKだ。慣れてくると、自分で考えた戦略が驚くほどハマるようになってきてそれがまた楽しいはずだ。

### 1投目になにを投げ なにを調べればいいのか?

探り（サーチ）とは、釣り場についてアングラーが最初に行うこと……なのだが、「朝一番で放流が入った」など、いわゆる「放直情報」がある状態からの釣りの場合、ここで言うサーチの意味からは、少しだけズレてしまう可能性がある。

放流がある場合は、放流メソッドを適応した釣り方になることが多い。そのため、ここでいう純粋なサーチとは意味が変わる。サーチとはなんの事前情報もなく、釣り場に到着して、なにも分からない状態から、1投目になにを投げて、なにをどのように調べていけばよいのか？　という進め方になる。

サーチでは主に、どのレンジを、どんな速度で巻くと反応があるのか？　などを調べることになる。そのため1投ごとにカウントを取って、反応があるレンジ、ないレンジを把握していくことが大切だ。さらに反応の種類を分析して、先述した「喰わせ」の数々のテクニックを実践すると効果的だ。

熟練のアングラーになると、スプーンの浮遊姿勢なども変えて、より正確なデータをサーチすることもできるが、まずは反応レンジと速度、動きなどをサーチできるようになることが大切になる。

#### 巻き続けるから見えてくる

もっと上手くなりたい！　そう思うアングラーは数多くいる。実践を通し、フィールドでの時間を費やした分だけ、アングラーは成長していく。トラウトに対するアプローチもさまざまあるが、何よりも成長に欠かせないことがスプーンを巻き続けることだと言われている。何千、何万通りとある巻き方のバリエーション、こう巻いたら釣れた、こんな風に引いたら釣れなかった……、その1つひとつがアングラーの引き出しとなり、より成長させてくれるのだ。

#### 地味に、丁寧に、情報を分析する

これをやれば驚くほど釣れる！　このスプーンを巻けば誰にでも簡単にトラウトが釣れる……、そんな魔法のような話しはありそうでない。情報化社会、釣れるという噂はSNS上に飛び交い瞬く間に広がっていく。だからといってその釣れるルアーが本当に答えなのか？　それは非常に怪しい。何がいいたいのか？　と言えば、『必釣のパターンを見つけた』という事実より、遠回りになったとしても着実にスプーンで繋がりを見つけていく方がトラウトたちとリアルに触れ合える。地味な作業ではあるが、スプーンをキャストして巻く、そこから得られる情報を丁寧に分析し、次のキャストへつなげることこそ、真のトラウトアングラーへ成長させるのだ。

## スプーンよりスロー それだけじゃない！

# クランクベイトはゲームの関連性が命！

リアクション要素で喰わせる！
クランク＝スローの風潮は危険！

**活性の高いトラウトを先にスプーンで釣る。その後スプーンの速度に反応しにくくなったトラウトをクランクベイトで一網打尽に……そんな王道の使い方は、今でももちろんそれに当てはまることもあるが、多くの場合それだけではクランクのポテンシャルを存分に発揮しているとはいえない。**

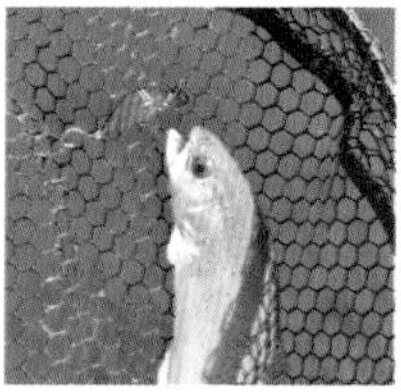

### クランクベイトは再現性が命！

釣り人の技量が直結するスプーンとは違い、ルアー本来のポテンシャルが高く、誰もが一定の釣果を上げることのできるルアーがクランクベイトだ。スプーンと対比的に扱われることが多く、スプーン好きからはスプーンで釣りきったあとのフォローベイト的な見方をされがちだが、最初から最後までクランクベイト一本！という人もいるので、固定概念にとらわれずに使うことが上達の近道となる。

また、クランク＝スロー、スロー＝釣れるという風潮があるが、決してスローだから釣れるわけではない。ときには速巻きや土埃を上げてのボトムノックなど、いろいろと試して、トラウトの状況に合ったメソッドを繰り出す必要がある。そういったリアクション的クランクベイトのパターンも、一度ハマってしまうと手がつけられないほどの連チャンモードとなることがある。

また、もう一つのクランクベイトの特徴に『再現性』というのがある。再現性とは何か？ といえば、スプーンと同様にどのレンジをどのくらいのスピードで、あるいはどのコースだったり、トラウトの居付きの場所、回遊コースを何回ハンドルを巻き、どれくらいのスピードで引いてきたかをしっかりと把握し攻めることで得られる釣果のことになる。

これはエキスパートアングラーがスプーンでやるゲーム、サーチから水中のトラウトの様子を探って次につなげるのと同じように、クランクベイトを同レンジや同条件にトレースすることを意味する。これができることで、ただ闇雲にクランクベイトをキャストして巻いてくるのとは異なり、練習し、それらを意識して使うようにすることで、クランクベイトの再現性が生まれるのだ。

## クランクのアクション、スピードとシルエットがリンクして釣果となる

クランクベイトの基本は適正速度で巻くだけで釣れること。つまりはクランクベイト自身の性能で釣りをする側面が強い。そのため使用するクランクベイトの特性を理解して、状況に応じ

## クランクベイトの3大要素

### ボディ／シルエットで変わるアピール

クランクベイトは容積の関係で、ボディが大きいほど水を押す力が強くなり、アピール力も大きくなる。逆に小さいボディのモデルは水を押す力とアピール力が抑えられる分、喰わせの能力が高くなる。そしてボディの大きさだけでなく、断面形状によってアクションの質も変わる。断面が円に近いとローリングのアクションが加わりやすく、楕円状だとウォブリングが加わりやすい。自分の好きなクランクの形を見て、どういった性質を持っているのかをまずはチェック！

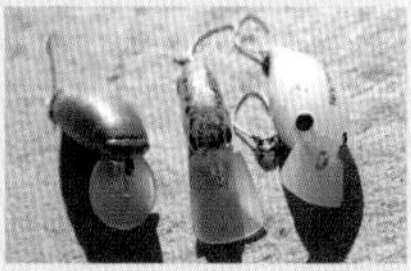
ボディサイズだけでなく、断面形状もアクションに影響することを覚えておこう！

ボディが大きければアピールも大きくなり、ボディが小さければ喰わせの意味合いが強くなる

### リップ／アクションと潜行レンジがこれで変わる！

クランクベイトは水の抵抗を受けるためのリップというパーツを持つ。このリップの大きさや長さ、角度がクランクの動きをつかさどる。基本的にリップが大きいほどアクション、そして潜行深度への影響が大きくなる。そしてリップの角度が立っているほど、ルアーをアクションさせる力が大きくなるのだ。ボディ形状とともに、このリップの大きさ、長さ、角度がクランクのポテンシャルに影響を与えているということを知っておこう。

同じボディをもってしてもリップのサイズが異なれば、潜行深度と動きの質が変わる

### 浮力／容積とウエイトバランスで浮力が決定

浮力にはボディの容積、つまり大きさが大きく関係している。だが、それだけではない。内蔵されるウエイトやフックやアイ、それにスプリットリングなど金属パーツなどの重量も浮力に影響する。ボディの空気室の大きさと、これらのパーツのウエイトバランスが浮力を決める。浮力の大きなモデルほどキビキビとキレのいいアクションで泳ぎ、浮力の小さいモデルほど、デッドスローで引いても浮き上りにくいクランクになるというわけだ。

リップの角度が立ったモデルほど、抵抗が大きくルアーを動かす力が大きく働く

### 浮力を使って効率よく探ろう！

クランクはスプーンにはない浮力がある。当然、攻略のときも浮力を使ったテクニックが有効。そのやり方は簡単。タダ巻き中に止めて浮かせて、また潜らせるだけ。これだけでレンジを広く探ってくることができる。このときのバイトは、浮き上がりと潜り始めに出ることが多く、ラインが弛んでいるとアタリが取りづらい。浮き沈みでの糸フケを出さないために、潜らせるときはロッドを下げ、浮かせるときは巻きながらロッドを上げる。少し難しいかもしれないが、そうしてテンションを保つことができればアタリも明確に分かるはずだ。

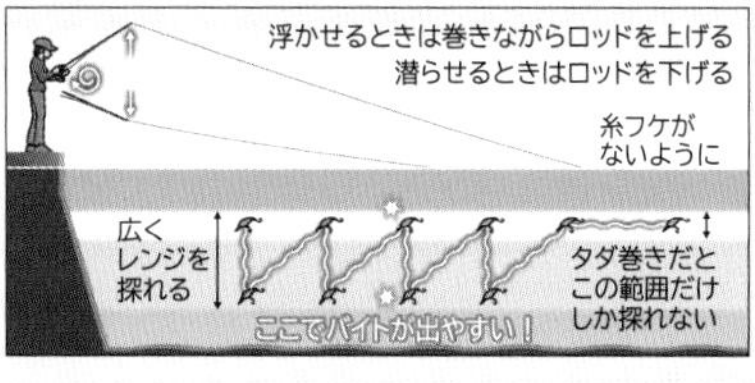
浮かせるときは巻きながらロッドを上げる
潜らせるときはロッドを下げる
糸フケがないように
広くレンジを探れる
タダ巻きだとこの範囲だけしか探れない
ここでバイトが出やすい！
リール操作だけでは、ラインが弛んでせっかく出たアタリも取れなくなってしまう。ロッドさばきを入れることがバイトを効率よく獲る秘訣

た的確なルアーセレクトが釣果を伸ばすカギとなる。

　では、クランクベイトの特性とは何か？　大別すると「❶レンジ」「❷アクション」「❸スピード」「❹シルエット」「❺カラー」に分類することが可能。これらの個性を把握した上で、状況に応じたクランクをチョイスするのだが、実際の釣りの現場では「❷アクション」「❸スピード」「❹シルエット」は互いに影響を及ぼしあって「総合的なアピール力」となる。アングラーはトータルのアピール力として、クランクベイトの特性を判断することが多い。

　また、スピードに関して補足すれば、クランクベイトの巻き速度は原則スローリトリーブが基本。しかしながらその『スロー』というのは非常にファジーな表現で、アングラーによってその速度はマチマチといってよい。

　例えば、フローティングの場合ゆっくり巻き過ぎると浮き上がってしまい、逆に速く巻きすぎると潜行しすぎてレンジを外したり、ときには回転してしまうこともある。つまり、クランクベイトにおける適正速度とは、浮き上がりもせず潜行もせずに、同一レンジを真っすぐに進む速度と言える。

　このことを踏まえ、クランクベイト

## クランク＝スローではない！

**高活性なときは速巻きを試してみよう！**

　クランクというとスローな攻めをイメージしがちだが、時には速巻きが有効な場合もある。その例が何かしらの理由でスプーンに反応しない放流魚などだ。こんな魚たちに対しては、速めに巻くのが有効だったりする。しかも、速い泳ぎで口を使ってくれれば、フッキングもカウンターで決まりやすくキャッチ率も高い。逆にタフなコンディションではスローやデッドスローでの巻きが有効。この場合は、浮力を抑えたスローフローティングやサスペンド、スローシンキングを使うのがオススメ。

## 使っているボディサイズでアワセは変わる！

　ボディの大きいクランクの場合、魚がバイトして反転する際、ルアーの受ける水の抵抗である程度のハリ掛かりはする。そのため、アングラーとしてはバイトを手元で感じてからしっかりと巻きアワセをすればOK。逆に小さいクランクを使っているときは、状況もタフなことが多く、しかもルアーが受ける水の抵抗も小さいため、ラインの変化に対して瞬間的なアワセを入れていくほうがいいケースが多くなる。使っているクランクのサイズや状況で、アワセのスタイルも変わってくるというわけだ。

大きめのクランクを使っているときならば、手元でアタリを感じたら、そのまま巻きアワセ。クランクが小型なら速いアワセを！

## 底を小突く「ボトムノック」を実践せよ！

　タダ巻きでキレイに泳がせるだけがクランクベイトではない。ときには底をリップで小突くようにアピールさせるボトムノックが高い効果を発揮することがある。これを実践するには、いち早くボトムまで到達する高い潜行能力とボトムで砂埃を巻き上げるワイドな泳ぎ。そしてボトムに刺さりすぎないリップ形状がルアーに求められる要素。そして忘れちゃいけないのがルアーを引くときのロッドの高さ。普通の高さで構えて引くだけでは浮き上がってしまうので、ボトムノック実践時はロッドは必ず下方向に構え、水深次第では水中にロッドを突っ込むリーリングを行おう。

砂埃をあげながら引いてくるボトムノックはかなりの高アピール。リップが岩などに当たった際に出るイレギュラーアクションが魚のバイトを誘発してくれる。ただし、底に障害物が多いポンドでは根がかりの危険性も。あらかじめ釣場のスタッフに底がどういう状態になっているか確認しておくと安心だ

ロッドは下に。
水中に入れる
ニーリングもアリ
コッ
コッ
ガッ！

の使い分けが可能になるといって間違いない。さまざまなアイテムがあって、それぞれの特性を生かしたり相関関係を理解した上で使用する必要がある。

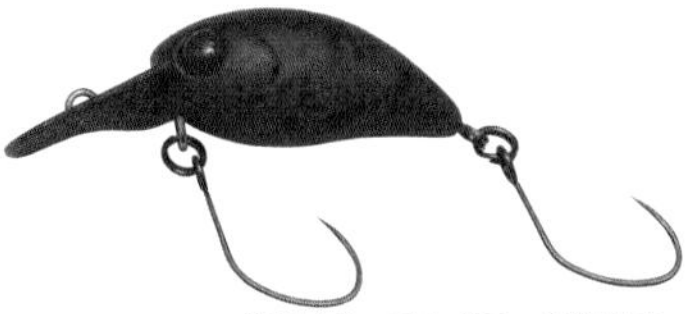

塗りカラーでもグローを追加することで反応が異なる

樹脂製のプラグならではのクリアをベースにしたカラー展開が効く

## 膨大なカラー数からどれを選ぶか?

カラーにおいてもその日、その釣り場で効くとされる定番カラーから、アングラーが頭を捻って悩み抜き、なんとか答えに結び付けていくカラーと両極がある、ただ、ベースとなる考えはスプーンと同様で、地味系、派手系、クリア系の3本柱から派生させることがキモになると考えよう。

現在、各種ルアーカラーバリーエーションを全てそろえられるアングラーはそうそういないと思われる。まずは明るい色と暗い色が必須。派手なカラーだから釣れない……、とは決してならないので、必ず持っておきたい。そして明るい色は視認性が高くルアーの動きとトラウトの反応を確認しやすいという特徴もある。

そのほかプラグならではのクリア系も大切で、その透け具合もいろいろある。グローを交ぜて透けさせるのか？ もしくは単色のグラデーションで透けさせるのか？ 厳密に透け具合によっても反応は大きく異なる。それを踏まえて派手系、地味系、クリア系の3本柱は最初にそろえたい。

### 空気抵抗、引き抵抗

クランクベイトに求められる性能に、やはりキャストのしやすさは重要項目の一つだ。小粒で一口サイズはトラウトが捕食しやすい面もあるが、フィールドで少し強い風が吹けばまともにキャスティングできないし、ボディが小さければリトリーブのときの引き抵抗も弱まり、どこを引いてるのか？ ビギナーにはなおさらわかりづらくなってしまう。フルサイズとよばれるややシルエットの大きいクランクをベースに、その使いやすさだけでなく、デメリットも考慮して各種抵抗面を加味しての使い分けが重要となる。

キャストしやすく
シルエットのある
クランクベイト

## レンジ、アクション、シルエット、カラーを考慮し クランクベイトのゲーム構築を！

### スプーンのようにパターンにハメるクランキング

スプーンのようにパターンにハメるクランクベイト……、と考えるよりは、スプーンで得た情報を確実にクランクベイトに移行しつつ、ゲームを構築するといった方が正解かもしれない。つまり、スプーンで得たレンジ、スピード感がまず第一となるが、クランクベイトにはスプーンにない存在感、シルエットと波動が武器にもなり弱点にもなることを忘れてはならない。波動の大きさは遠くの魚を寄せやすい上にレンジの違いも寄せる可能性を持つ。一方、波動や速いスピードを嫌がるトラウトも少なくないし、時間帯によってはまったく口を使わなくなる。このことを踏まえてクランクのゲーム展開を構築したい。

# オールシーズン有効！ ボトムゲームは操作系の極意！

粘り強くアピールして連続ヒット！
スピードと移動距離がカギ！

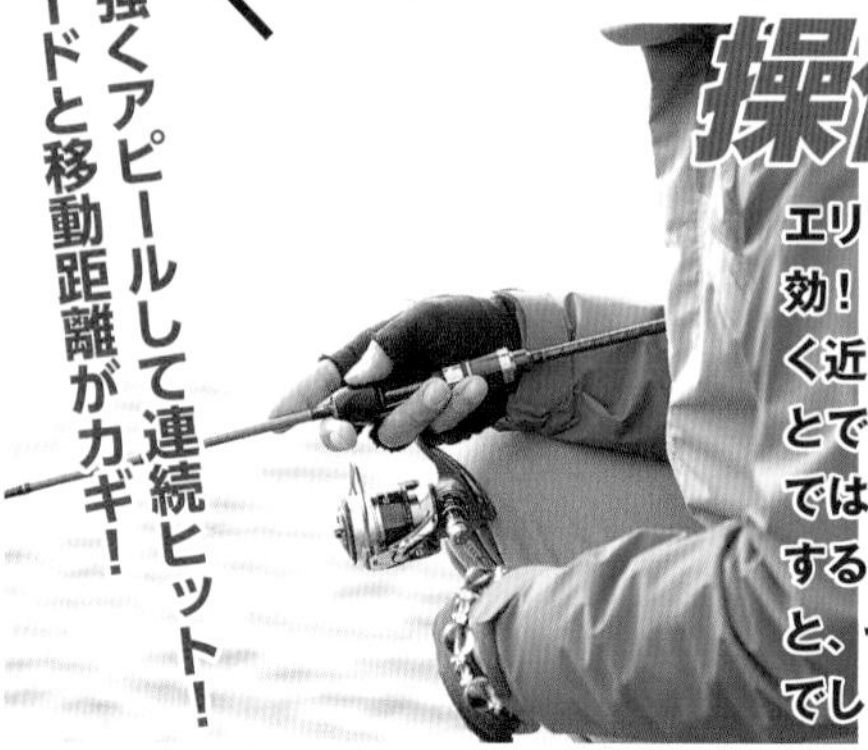

**エリアトラウトフィッシングでボトムの釣りが有効！ となったのは昔からの話ではない。ごくごく近年、このアプローチがよく効く！ ということで普及したマル秘テクニックだったのだ。今では多くのアングラーがそのアプローチを実践するが、これができない！ 苦手だ！ というのと、そうでないのでは釣果は雲泥の差となるのでしっかりとマスターしておきたい。**

## ボトムフィッシングの優位性

エリアトラウトに限らず、ネイティブ河川のヤマメ、イワナといった渓流魚のエサ釣りでは、基本的にエサを底付近に漂わせて釣ることが多い。ポンドタイプのニジマスメインの管理釣り場でも、そのような攻略で釣れるのでは？ と考えるのは当然の流れだったかもしれない。

トラウトたちは養魚場でペレットを食べて育ってきた。そのペレットは浮くタイプのものや沈むタイプ、中層でサスペンド（静止）するタイプなどさまざまだが、沈むタイプのエサならば、当然ボトムに着いたものを捕食するケースもある。そういった育った環境もあるが、ボトム攻略はどんどん進化を続け、各種専用アイテムが流通している。ボトムルアーの元祖は、ボトム専用に開発されたスプーンに始まり、その後樹脂製のルアーでダート系ボトムルアー、ボトムバイブレーション、さらにメタルバイブレーションなどがある。

それらボトムルアー各種を用いて、ボトムフィッシングで必ずマスターしておきたいテクニックがいくつか存在

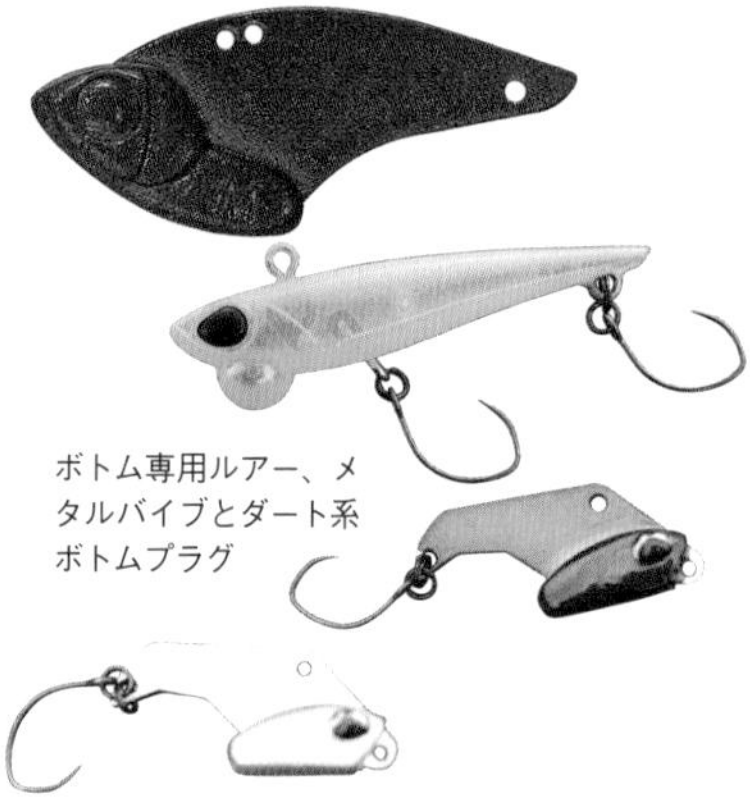

ボトム専用ルアー、メタルバイブとダート系ボトムプラグ

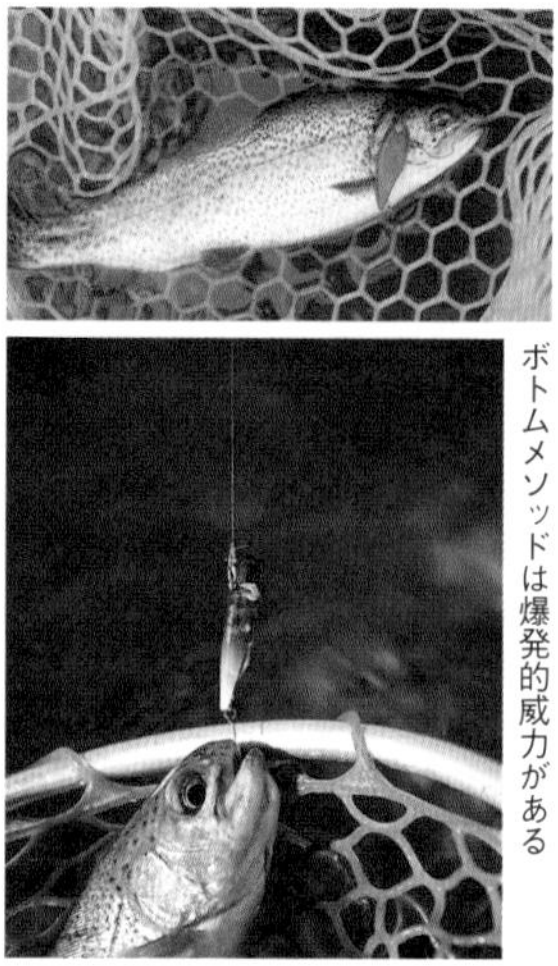

ボトムメソッドは爆発的威力がある

する。ボトムに限った技としてではなく、表層ルアーのテクとしても応用できるので、しっかり練習しておきたい。

　まずは『デジ巻き』。名前は聞いたことがある人も多いかもしれないが、さまざまなボトムルアーやトップルアー、シャッド（ミノー）などでも使われるリトリーブ方法だ。

　ルアーをキャストしてボトムを取ったら、ロッドの位置を固定してリールハンドルの回転でアクションを行い、リトリーブする。リールハンドルの巻きは、2分の1回転、4分の1回転、あるいは1回転などさまざまだが、状況に応じてその幅を調節する。メリハリの効いた、回してピシっと止めるを意識すると、このデジ巻きはキレイに決まる。

　デジ巻き以外には、ボトムズル引き、ボトムシェイク、ボトムトレース（ボト

### デジ巻き&リフト&フォール

　当初ボトムゲームの主流であったボトム専用のスプーンは、基本スプーンを沈めてズルズルとゆっくり引いてくるか、もしくは止めてそのまま放っておくか……、そういった見せ方でアプローチするメソッドだった。それらがもっと意識的かつ攻撃的にトラウトにアピールできるように開発されたのが『デジ巻き』だ。動いては止まる……そんな機械的な動きがデジタルに見えたことからデジ巻きと命名されたのだろう。それと対局をなすボトム操作が『リフト&フォール』で、ボトムバンプとも言われる。ロッドを上下に動かし、水中のルアーを縦に操作してトラウトにアピールするメソッドになる。

しっかりとボトムをキープしながらズル引いてくる

### 効果的にボトムで喰わせるには？

　よりスロー展開に有利なルアーと言えるのがボトムバイブレーション。反対に、スピーディにリアクションバイトに持ち込みたいならダート系のボトムルアーが有効だ。ダート系ルアーは左右のダートアクションに加え、さらにフォールアクションを交えた動きも見せて、バイトに持ち込むことが可能だ。一方、ボトムとはいえトラウトの活性がイマイチでルアーへの反応がシビアなときは迷わずバイブレーションルアーでスローにねちっこく攻める方が有効とされる。またボトムを絡めたフォールの動きで魚の本能を刺激することが多い。活性が低くてもボトムをしつこく攻めることでトラウトのスイッチが入って猛烈バイトになることもある。アクションはロッドをチョンチョンと上下に煽ることで左右にダート、フォールしてボトムに着底した瞬間にラインが弛むので次のアクション。そしてこのフォール中にバイトしてくることが殆どなので、フォール中に重みを感じるときのアタリに備えよう。

ボトムバンプやリフト&フォールも最重要メソッドだ

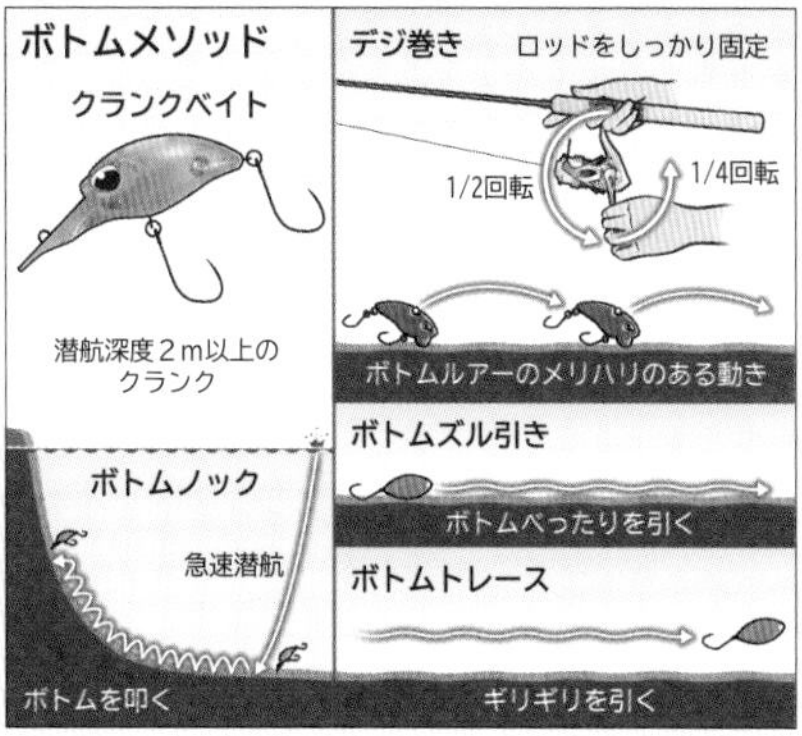

ムギリギリをリトリーブするメソッド）がある。いずれも最初は難しいと感じるかもしれないが、練習次第で誰にでも使いこなせるテクニックとも言える。

ボトムをズル引いてくる専用スプーン

樹脂製のボトムバイブレーションプラグ

## 精度の高いデジ巻き

デジ巻きは有効なアプローチとわかっても、単にそれを機械的に行っているだけでは効果が得られないことも多い。重要なのは『止めの間隔』をどの程度とるのか？　ということに集約される。止めを長く取ってトラウトにじっくり見せ、バイトに持ち込むアプローチが非常に効くこともあれば、その逆にあまり見せずにテンポよくリズミカルに動かす方がよい場合もある。同じルアーでボトムを攻略する場合の夏と冬を比較し、止めの間は倍程度異なり、冬場は遅い。リトリーブはリールハンドルを使ったデジ巻きを行うが、デジ巻き４分の１回転＋２秒ポーズという動かし方がよいようだ。水中のイメージとしては、デジ巻きでボトムをズルズル……、ルアーは一瞬浮き上がって動くが、止めの２秒でしっかりボトムに着底させ、しっかり見せる。このときのルアーはボトムで休んでるイメージだ。その後またズルズル！　っとデジ巻きで小さくアピールし、止めの間でしっかり見せることを繰り返すと、動き出そうとする瞬間にバイトが出る……と言ったイメージだろう。バリエーションを効かせてトライしよう。

ジョイントプラグのボトムアイテム

樹脂製のバイブレーションの元祖は、ブラックバス用のルアーから流用し、ボトムの釣りの火付け役となった

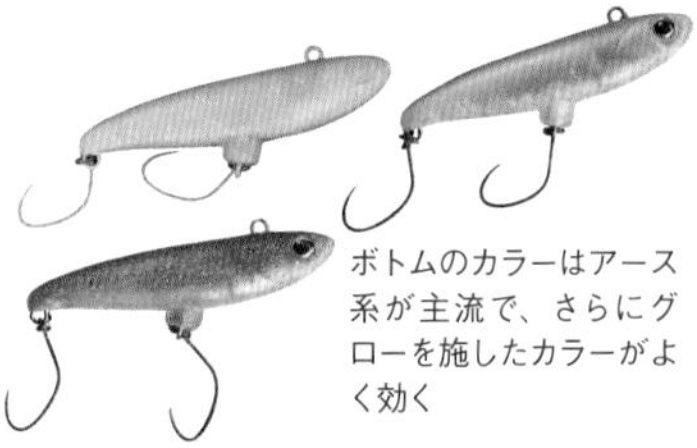

ボトムのカラーはアース系が主流で、さらにグローを施したカラーがよく効く

## ボトムルアーのカラーを選択

ボトム攻略のカラーについては、通常ボトムの色を意識し、それと同調するようなカラーを選択するのがセオリーだ。また、そのボトムのカラーよりも１段明るめのカラーをチョイスすることで、同調しながらもボトムで存在感を発揮するというのも気に留めておこう。さらにはボトムの様子をパイロット的にサーチする場合は、ボトムと同系色にグローを絡めたカラー、ワンポイントパールを吹いたカラーなどを織り交ぜると効果的な場面もある。グローについて補足すると、グローはグリーングロー、レッドグローの２種類の使い分けが主体。細かくいうとピンクグローなどもあるが、反応はレッドグローとさほどの違いは見られないのが一般的。グリーングローは比較的強く光り、対するレッドグローは少し弱めに光る感じで喰わせ系のイメージ。寄せのグリーングロー、喰わせのレッドグローと覚えておこう。

## ボトムを得意にすればレベルアップに繋がる

まだボトムフィッシングがそれほどポピュラーでなかった時代は、ボトムを操作するメソッドはズル引きやシェイク引きの２つくらいに限られていたが、その後数々の操作方法が考案され、現在に至っている。

先にも述べたデジ巻きしかり、ボトムの操作は多岐に渡るが、スピード面を考えたときに、通常のスプーンの巻きやクランクベイトと比較してやや遅

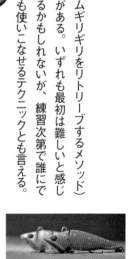

い釣りになりがちだ。そのため、同じボトムのズル引きでも高速で引いてくる巻き方や、スプーンの巻きの延長でボトムを引いてくるボトムトレースがあるのだが、これはスピード調整を誤るとボトムから浮き気味になってしまい効果が得られないので非常に高度なテクニックといえる。

また、ポンドのトラウトが寒さで超低活性、ルアーへの反応が著しく悪い状況で、よりスローにボトムをトレースする。いわゆるアンダー1gのマイクロスプーンを用いてボトムスレスレをしっかりリトリーブしてくるなどは、神業の領域といっても過言ではない。

それだけでなく、クランクベイトの頁でも述べたが、クランクによるボトムノックの釣りも革新的なメソッドだ。ハマれば連続ヒットも可能なうえ、スピーディで手返しもいいというメリットもあるため、数々のトラウトトーナメントのウイニングパターンになることも多いメソッドなのだ。

ボトムの釣りが好きか嫌いか？　よく釣れるのでボトムは大好き！　というアングラーも多いが、ちょっとボトムは苦手……、あるいはやはり巻きの釣りにこだわりたい！　という理由でボトムを敬遠するアングラーもいるのも事実だが、トーナメントなどの競いごとを考えたとき、苦手の釣りがあるとどうしても上位に食い込むことが難しくなる。

また、ボトムに絶対の自信があるからといって、そればかりになってしまうと、それ以外のパターンが勝負を決める……といったケースで不利になる。ボトムは常日頃から、いつ何時その場面が訪れるかもしれないという意識を持って練習し取り組んでおく必要がある。一定レベル以上にこなせるようにしておくことが望ましいだろう。ボトム一辺倒になる必要もないのも事実だが、例えばある特定の釣り場のように、クリアでボトム形状がボトムフィッシングにマッチした釣り場の試合など、勝敗を分けるのがボトムテクニックになることを覚えておこう。

### ボトムノック

クランクベイトの中でも深く潜るタイプのアイテムを用いて、ポンドの底をゴツゴツと小突きながら引いてくるメソッドがボトムノックだ。アイテムとしてはクランクベイトの先端部分のリップの大きいモデルが、いわゆるディープクランクとも呼ばれるが水深1.5～2mほど潜ってボトムを取りやすい。高速で巻けばボトムクランクは左右にイレギュラーにアクションし、ボトムの障害物などに接触しさらにトリッキーな動きとなってトラウトにアピールする。ポンドの底がフラットな形状でも威力を発揮するほか、ポンドの岸に近い側のカケアガリでヒットすることも多いので、ルアーのピックアップ間際も油断しないようにしたい。

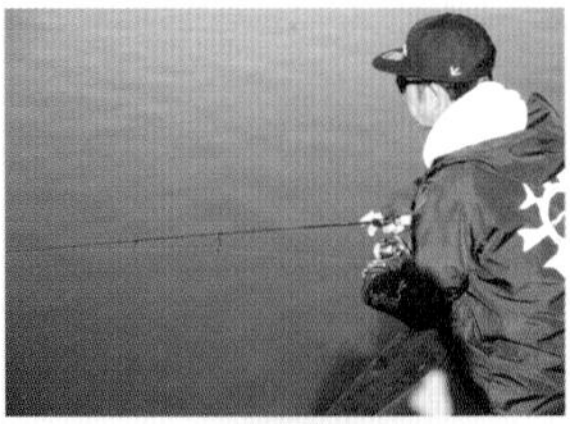

ロッドを下げてクランクベイトが底を叩きやすいようにリトリーブ。クランクベイトのリップ部分が底を小突き、ボディは少し浮いている姿勢になる。基本的に根掛かりはすくないアプローチだ

# ニジマスのミノーゲームと大物&イロモノ狙い

今最も熱いジャンル！

浮上系のアプローチと左右へのダートメソッド

**ミノーと一口に言ってもさまざまなルアーやテクニックが存在し、大きく3つに分けて分類される。まずはイロモノ狙い（ヤマメ系/イワナ系）、次にマジックジャークによるニジマスの数釣り。そしてビッグフィッシュ狙いの3つをある程度切り分けて考え、それぞれに踏み込んだ解説を進めよう。**

## さまざまなミノーゲーム

ヤマメやイワナといったいわゆるイロモノと呼ばれる魚には、左右へのトリッキーなダートアクションが有効。ロッドティップを鋭く動かしてチョンチョンとアクションを付け、ミノーを左右に横っ飛びさせて狙っていく。

ラインスラックをパンパンっと叩くイメージで動かすと、ダート幅が大きくなり、沖の表層、岩などの障害物狙い、ボトムのどこを狙うかでルアーをチョイスしアプローチする。狙う魚種はヤマメやサクラマス、コーホサーモンなどで、沖の流れの中を泳ぎ回るターゲットを狙う。小さく首を振らせるイメージでやや直線的にコントロールするのが動かし方のコツとなり、50～60㎝前後の標準的なエリアトラウト用の万能ミノーが主力となる。

また、大岩や配管周りなど、見えている障害物狙いに使用するミノーは、強めにジャークすると左右にキレのあるダートを出せるのでイワナやブルックなど障害物に定位する魚を狙いやすい。

さらにはボトムにへばりついたブラウントラウトはリップレスミノー（ダー

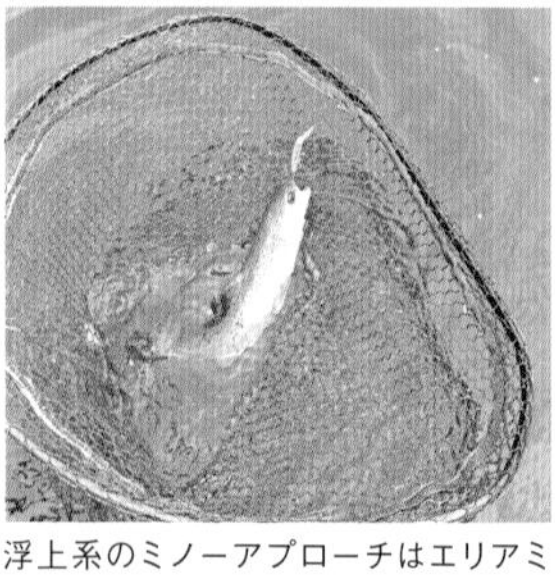

浮上系のミノーアプローチはエリアミノーイングのゲームチェンジャーとなった

トルアー）で攻略する。ピョコピョコ跳ねさせたり、シェイクしたりとその日の反応がよいアクションを見つけてアプローチするとよいだろう。

## 大物は魚種ごとに性格が異なる

大物専用タックルではなく、一般的なエリアタックルで扱い切れるルアーを中心に解説すると、エリアトラウトのビッグフィッシュとしてはニジマス、ジャガートラウトなどのF1系、イトウあたりがメジャーターゲットとなる。

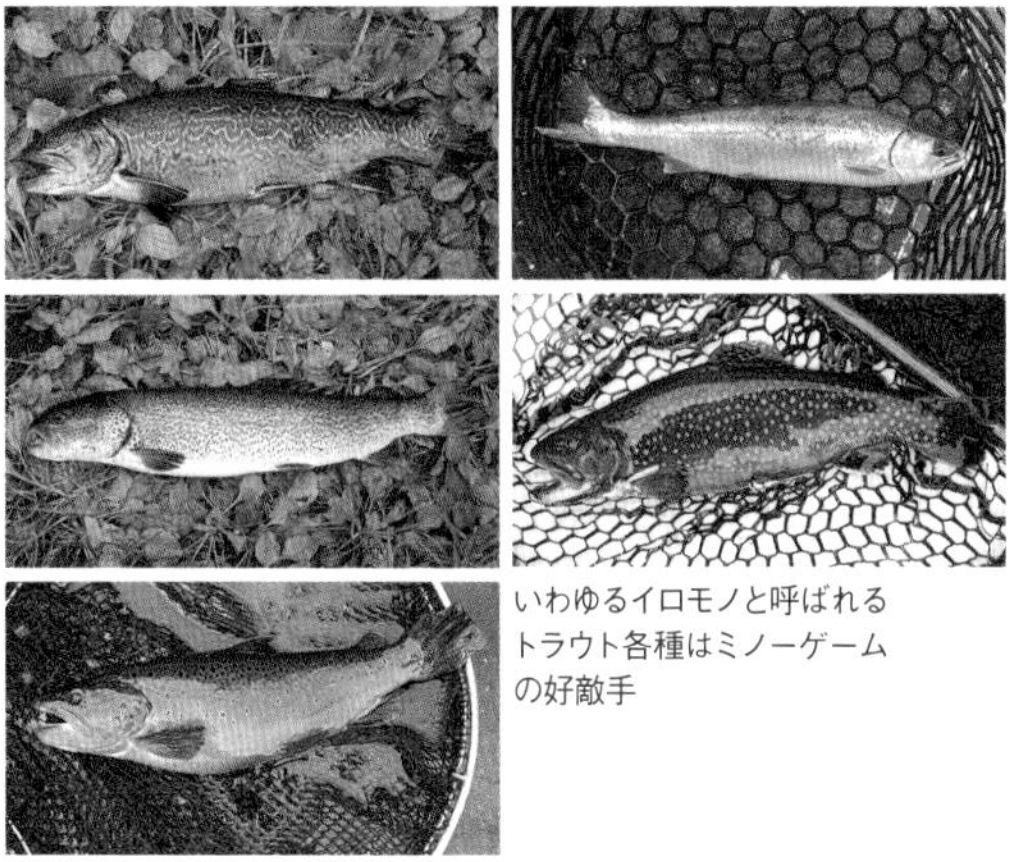
いわゆるイロモノと呼ばれるトラウト各種はミノーゲームの好敵手

ニジマスはサイズによる食性の変化はそれほどなく、数釣りの延長線上の釣り方が基本となる。数を釣る中に大物を混ぜていくのがメインの狙い方だ。ボトム付近を回遊する個体が多いのと、賢い個体をバイトまで持っていくためにボトムを使うのも有効だ。

ジャガートラウトはイワナ系の性格を色濃く受け継いでいるので、障害物周辺を左右へのダートアクションで攻めていくのがメインとなる。イトウは定位型と回遊型の2タイプがいて、定位型は地形変化に流れが絡むポイントがオススメとなり、回遊型はポンドの外周をウロウロ回遊しているので、平日などで釣り場が混雑していない状況なら自ら歩き回って探していくのも有効だ。どちらのタイプもイワナ系と同じく左右へのダートアクションがメインアプローチとなる。

### ラインはやや太目が◎

鋭いアクションを加え続けるミノーイングでは、ラインにも大きな負担が掛かる。良型を確実にランディングするためにやや太目のラインがオススメ。

イロモノやビッグフィッシュ狙いにはPE0.2号にフロロリーダー0.8～1.2号。伸びの無いPEを使うことで、ルアーにキレのあるアクションを与えられる。

マジックジャークではエステル0.4号にフロロリーダー0.8号を使い、強度を保ちつつラインの存在感を薄くしていくのが望ましい。

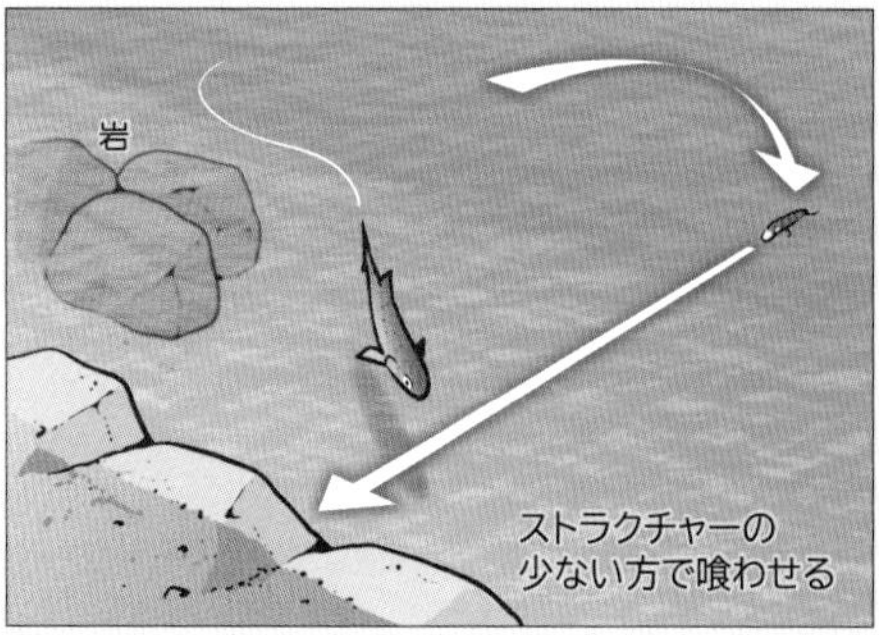

大物やイロモノ狙いのタックルでラインは4ポンド以上の太めがベター

イロモノ＆大物狙いに適したミノー

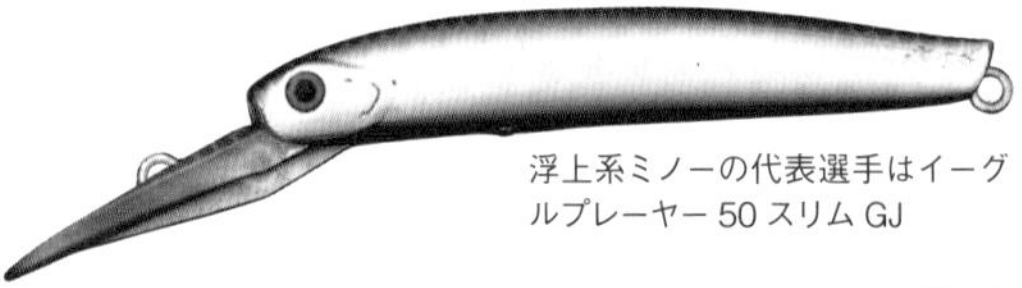

浮上系ミノーの代表選手はイーグルプレーヤー 50 スリム GJ

## なぜミノーが爆発的に流行ったのか？

　やはり、ミノーやシャッドといったプラグの釣りは、ロッドやリールを積極的に操作して操り、狙った状態でトラウトのバイトを誘うので『釣った感』が味わえて楽しいと感じるアングラーが多い。加えて、ニジマスをターゲットにした縦の動きで誘うジャーキングメソッドは、トラウトトーナメントのウイニングパターンになるほどの爆発力を持っている。条件がほどよく揃ったとき、そのチャンスを見逃さずにそれらを繰り出せば、連続ヒットをものにできるはずだ。

## 昨今のミノー事情

　最近大流行のニジマスをメインターゲットとしたときのミノーイングは、一般にスプーンやクランクベイトなどの横方向のアピールで反応が薄くなったとき、さらにはトラウトのレンジが中層から表層付近に集中している場合に、上下という縦の動きでスイッチ入れバイトに持ち込むスタイルだ。あくまでもこのレンジ内に横方向のアピールで喰わないトラウト（ニジマス）が多くなったという状況下で威力を発揮するのが、ミノーの効くパターンと言える。

レギュラーサイズのニジマスが狂ったようにバイトする

ミノーによってポンドを耕す効果も狙える

　また、イロモノを主体としたミノーゲームは、一口に同様な狙い方とはならないものの、魚種別に例を上げるとヤマメを狙うミノーイングが最も難易度が高く、ミノーをダートさせ続けてスイッチを入れまくることでバイトに持ち込むことが可能。その他ブラウントラウトなどは比較的ダートするミノーに対しバイトに持ち込みやすいターゲットと言える。さらに、イワナなどはダートさせつつ止めの間を上手く利用することでバイトさせることが可能になる。

　昨今のミノー事情としては、こういったニジマスをメインターゲットとした縦の動きを演出するゲームと、ダート系のミノーで各種イロモノをターゲットとしたアプローチに大別される。

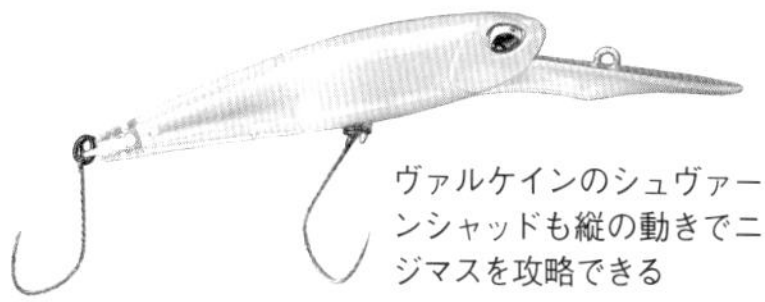

ヴァルケインのシュヴァーンシャッドも縦の動きでニジマスを攻略できる

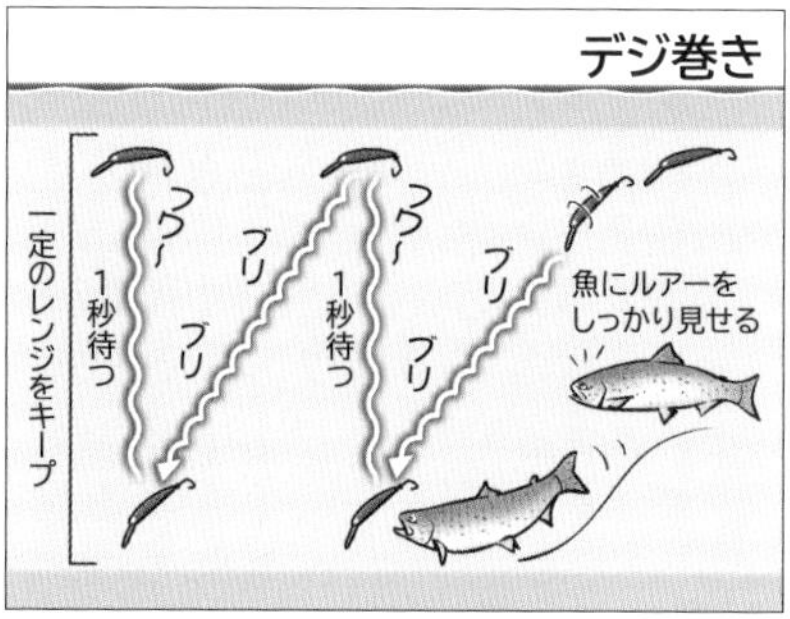


## ポイントを耕すミノーイング

トラウトトーナメントなど、ニジマスの数釣りで最大の武器となるのが、浮上系のジャークメソッドだが、このミノーを使って中層以下にいるニジマスのスイッチを入れ、表層まで浮かせて次々バイトに持ち込むアプローチが『耕し効果』といわれる。キモとなるのはポイントのトラウトをバイトに持ち込みやすくなるよう『育てる』イメージを持つことになる。

まずはミノーを中層以下のややディープレンジまで沈め込んでいき、それをゆっくり浮上させる。そのときに複数のニジマスにアピールさせつつ、レンジ上に引っ張り集めてくる。

ある程度この誘いで浮き上がってきた多数のトラウトは、そこからさらに表層近辺のジャーキングで活性を高められ、最終的にはバイトに持ち込めるのだと言う。また、シミーアクションによって浮上してきたトラウトに対し、それらを効率よく喰わせモードに仕上げるために『喰わせの間＝逃しの間』が重要であるという。

ジャークで誘ってスイッチを入れ、絶妙な『逃しの間』をとって活性をさらに高めるのだ。サイトで狙う場合はその逃しの間によってバイトモードに入ったトラウトから順番に掛けていき、耕されたポイントのトラウトを次々ヒットさせていくことが可能だ。

流れのあるリバーエリアのミノーイングもエキサイティング

### ミノーカラー理論

まずはトラウトのスイッチを最も入れやすいカラーとしてシルバー系が鉄板と言える。シルバーはリアクション要素が強くトラウトにアピールするが、逆にややそれが強過ぎると感じたらゴールド系を挟む。その後それらでも徐々にスレてきたと感じたらクリアベースカラーのミノーに落としていく。その3パターンを軸に、場合によって蛍光色が効くケースやミノーの背中オレンジとテールブラックのカラーが有効になるケースもあるので揃えておきたい。

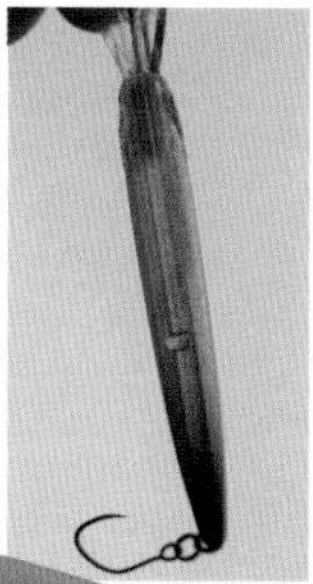

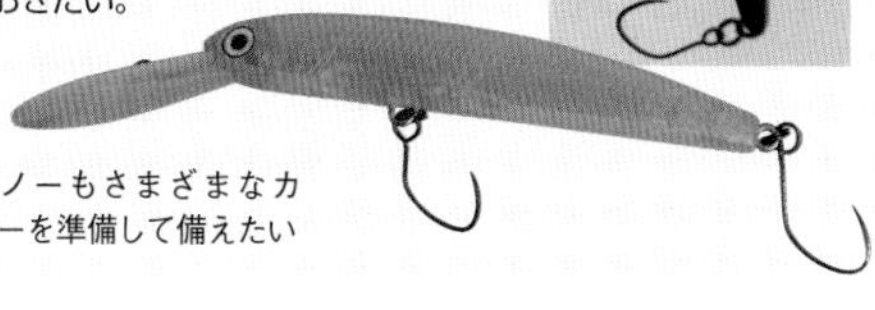

ミノーもさまざまなカラーを準備して備えたい

# 釣果の差が如実！トップゲームのスリルを味わおう！

表層を意識するトラウトは多数
止めの間を上手く活用しよう！

**トップウォータープラグを使ったエリアゲームもそれほど歴史があるわけではない。本来はブラックバスを狙うルアーが原型となっているが、冒頭のページでも解説のように、浮くタイプの毛鉤＝ドライフライにも反応するトラウトは、トップルアーにももちろん反応する。スリル満点のこのゲームは、昨今ではトラウトトーナメントの必勝パターンになることもあるテクニカルなゲームだ。**

## 釣果アップはやはり再現性

エキサイティングかつ楽しい釣りの代表がトップウォーターだ。これはバスフィッシングやソルトウォーターでも変わらない。しかし、管理釣り場においては、楽しいだけのルアーではなく、実は再現性を持った戦略的なルアーであることはあまり知られていない。

ほとんどの人がトップウォーターは趣味の世界のルアー、つまり釣果優先ではなく、水面に出るのを楽しむルアーだと思っているが、反応する魚がいるレンジを把握したり、喰い方の違いを見極めたりすることで、その後も同じように釣れ続くこともできる。さらに、他のルアーのように、スレてくることも少ないので、トップだけで一日楽しむことも可能なのだ。まぁ、あまり釣果を優先しすぎるのもトップでは無粋な気もするが、どうせなら少しの工夫と知識でたくさん釣りたいもの。ここで紹介していることは、そんなに難しいことではないので、トップウォーターを使う上で意識するようにしてみるとより釣果もあがるはずだ。

水面にパシャっと出る瞬間がエキサイティング！　病みつきになりそう！

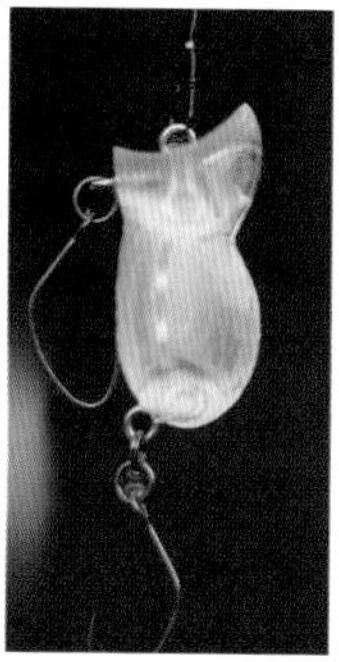

遊び心満載のトップルアーからトーナメントユースのアイテムまで

## 表層意識の魚とポーズの長さが重要

トップで狙うのは表層にいるトラウトはもちろんだが、実はそれだけではない。深い場所にいるトラウトが下から突き上げてきてフックに掛かるケースもある。つまり、レンジは関係なく、表層を意識しているトラウトがターゲットとなるわけだ。

よく釣れるカラーはクリア系

とくにポッパーのようにポンッと音で誘えるタイプの場合、水深のある場所の魚に対してもアピールできる。つまり魚が深い場所に多いからといってトップでは釣れないと判断するのは早計というものだ。

水面に反応するトラウトの有無をチェックするために着水後のポーズは重要な要素となる。そして、アクション中もルアーのポーズがキモとなるシチュエーションは多い。例えば、ポーズ中に寄ってくるけど、ルアーを動かすと帰ってしまう魚。逆に動き続けるルアーには反応するけど、止まると興味を失うトラウトもいる。

また､アクションとアクションの「間」も大事で、その長さやタイミングでバイトしてくるか、戻ってしまうか結果は異なる。動かすか止めるかのどちらを好むかは、着水時のポーズの反応である程度は見極められるので、その点に注目しよう。

### 止めの間の効果を見極めよう

止めたときに寄ってくるトラウトは、動かすと逃げる。動き続けるルアーに好反応なトラウトは止めると去る。どちらのトラウトが多いかを見極めるのがキモとなる。なんとなくその日の状況、例えば天候や光の加減でトップへの反応は大きく変わってくる。基本的には曇り空などのローライトや朝～夕のマヅメの時間などは好活性でトップへの反応がよく、より目立つアクションが有効となる。

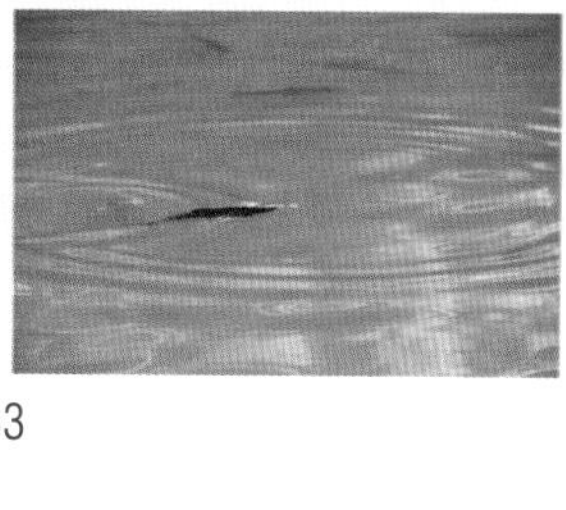

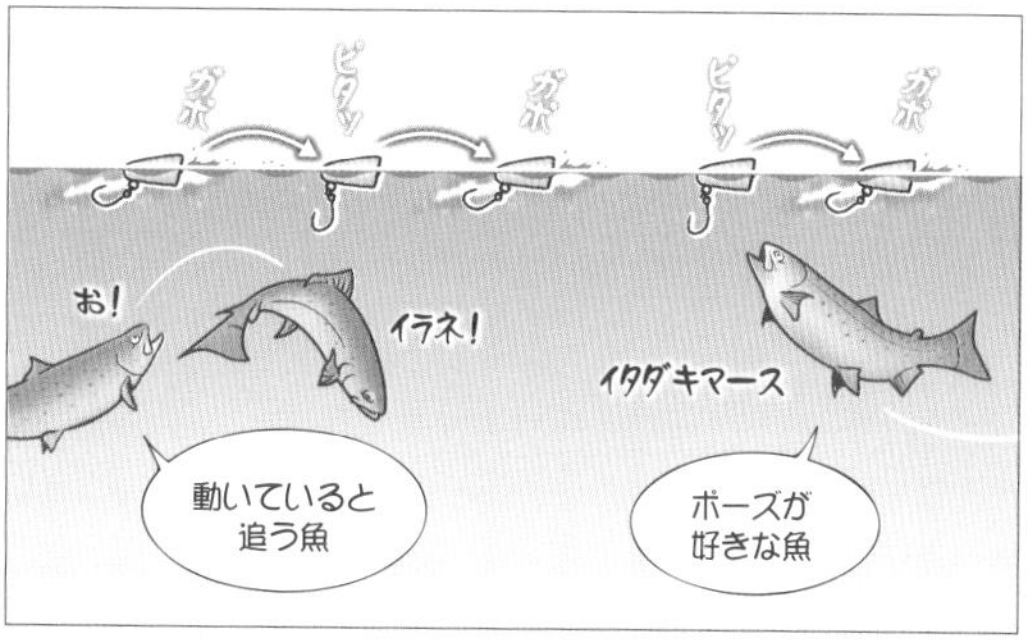

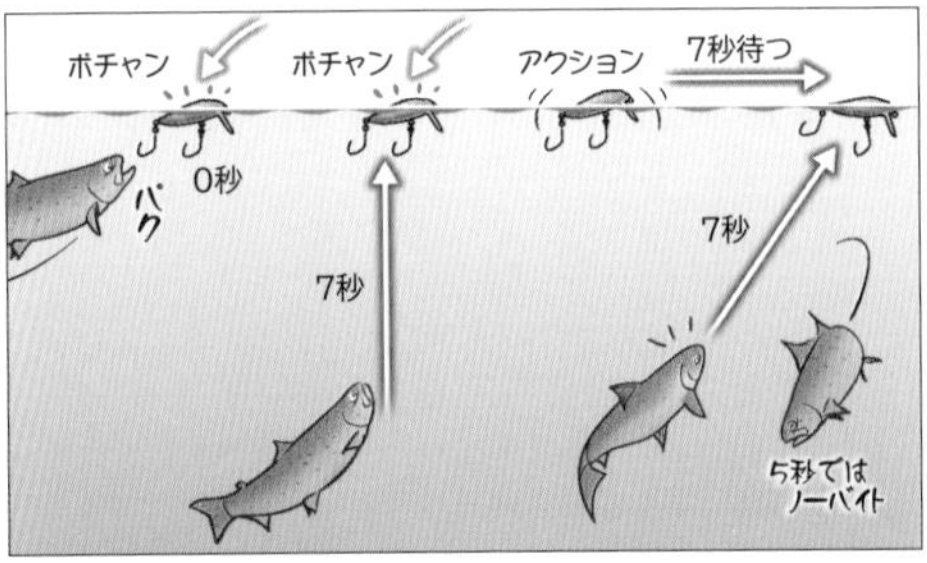


## トップへ反応する魚のレンジ感

スプーンはカウントダウンで魚のレンジを探ることができるが、実はトップにもカウントダウンは有効。その方法とは、着水したらそこから何秒後に魚が出るのかを数えるだけ。ただし、待つのは10秒まで。それを超えるとすでに見切られている可能性が高く、いくら待っても出ないことが多い。もしカウントゼロ（着水直後）なら魚は表層近くに。7秒だとすると、少し下から来たと考えられるわけだ。もし最初に出た魚が喰い損じてもアクション後に再度ポーズを入れよう。ここで先ほど出たカウント分ステイさせる。でないとせっかく上を目指してあがってきた魚に違和感を与えてしまう。これをするかしないかで釣果は雲泥の差となる。

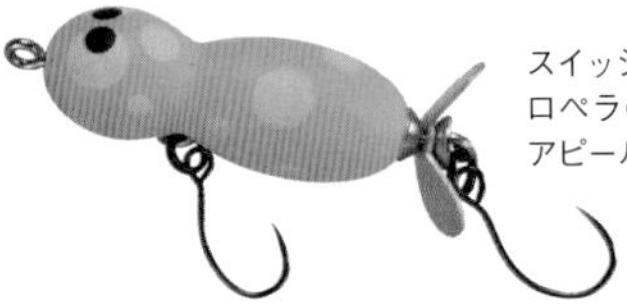

スイッシャーと呼ばれるプロペラの付いたモデルはアピール度抜群！

トーナメンターもこのトッププラグで勝負を掛ける

## 波立った水面でも激しい水しぶきでアピール

春先など強い風が吹き荒れることも多い状況では、水面を静かに泳ぐタイプのトッププラグではアピール不足となるケースが多い。反面、そういった風のときには春先ならではのサクラの花びらや木の実などが舞って水面に落ちると、それを捕食するトラウトが増大する。

決して水面に興味の少ないシーズンではなく、むしろ激アツなのだが、波立つ水面によってアピールの弱いルアーではトラウトが発見できず反応も薄いのだ。

そこで活躍するのがペラでジュッジュッとアピールできるスイッシャーだ。特に水面の荒れたときに有効なのは前後にペラの付いたダブルスイッシャー。強めのストップ&ゴーでメリハリのある誘いを演出しよう。強めのアクションで存在をアピールして、その後のストップで見せて喰わせる。春はダブルスイッシャーをボックスに忍ばせておくとここ一番のときに大活躍する。

遊び心でとことん楽しむスタイルのトップももちろん魅力的

## あえて喰わせないアクション

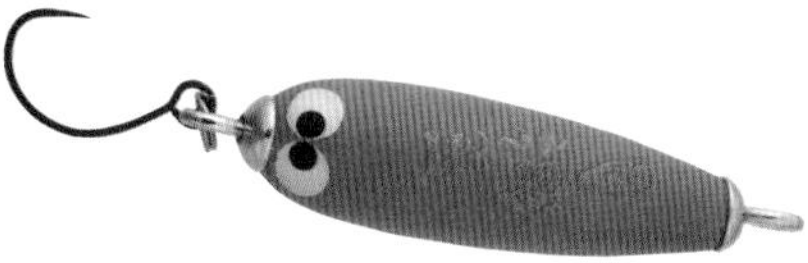

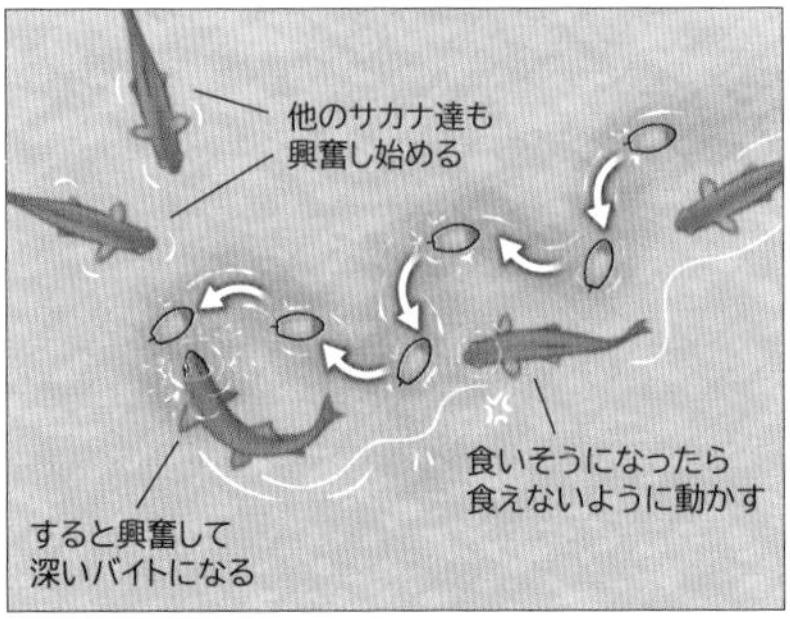
他のサカナ達も
興奮し始める
食いそうになったら
食えないように動かす
すると興奮して
深いバイトになる

ルアーに興味は示すもののバイトにはなかなか至らない魚もいる。そんな思わせぶりなトラウトにスイッチを入れる方法がある。トラウトが寄ってきたら、あえて喰わせないようにアクションをかけ、ルアーを逃がす。また寄って来たらチョンと動かしルアーを逃がす……を繰り返す方法だ。

こうすることによって、最初は軽く触るだけのような寄り方だったトラウトが、急に激しいアタックを見せるようになったりする。しかも、ほかの魚も我先に！のような状態になって、そこだけ激しいボイルになったりとスゴイ状況になることもある。じらしてじらして……がいつのまにかトラウトたちの闘争本能に火を点け、我を争う状態を作り上げるアプローチになるのだ。

これと同じ感覚はエリアトーナメントにおいても活用されるケースがあり、あと1尾を絞り出せば勝利！という状況下でなかなかシブくてバイトの少ない状況のポンドで、トッププラグを見せて、焦らせて最後にスイッチを入れてバイトを誘うというアプローチがあるので、ぜひお試しあれ。

こんな形や色のルアーで釣れたらやはり楽しい！

### ローテーションが全て

スプーンやクランクの場合、狙っているレンジに活性の高い魚がいなくなればレンジを変え、あらたに反応する魚を狙えばいい。しかし、トップでは基本的にレンジはすべて水面。だからこそ、飽きられる前にどんどんルアーのタイプを変えていくことが重要なのだ。レンジを変えられない分、水面での動きに変化をつける。トップウォーターの場合、カラーを替えるくらいならルアーのタイプを替えてしまったほうがスレ防止の効果は高い。

レンジを変えることのできないトッププラグは目先を変えるためにバシバシローテーションを行おう

# 管理釣り場の春

SPRING

## 水温が上昇すれば魚の活性も上昇する！

トラウトの適水温を下回る、一桁だった水温が徐々に上昇していき、二桁になると活性を取り戻してくる。ただし、年間の平均水温が低いエリアでは、春になっても水温が一桁台後半の場合がある。ルアーを活発に追うようになり、エリアフィッシング入門をするには最適なシーズンである。

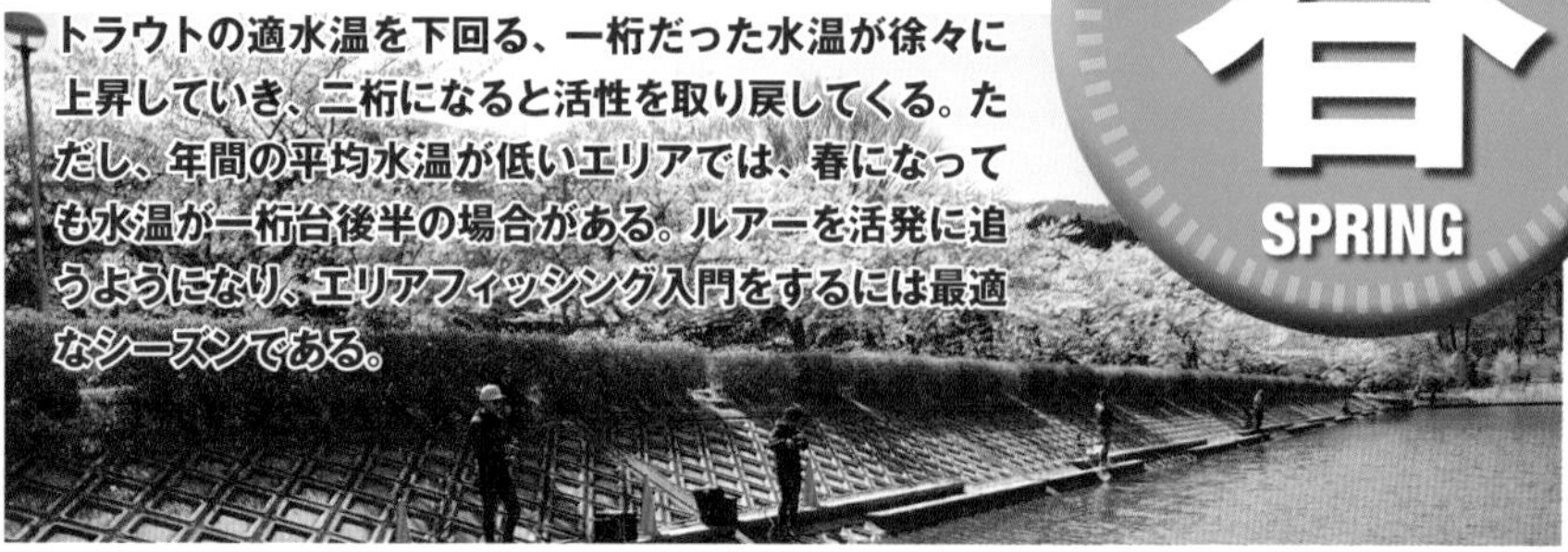

### 春シーズンで注意したいのが三寒四温

春シーズン、少し気を付けなくてはいけないのが三寒四温。暖かい日は好釣果に恵まれやすいが、寒さが戻った日は、冬のパターンに逆戻りしてしまうことがある。このときは冬のパターンに対応した釣り方で対処したい。三寒四温のほかには、雪シロというのがある。これは雪解け水が入ってきて、水温が急に下がってしまう現象のことである。このようなときも、水温が急激に低下し活性が低くなることがあるので、冬パターンを展開した方が釣果を上げやすくなる。

三寒四温や雪シロだけでなく、４月に入って思いがけない降雪もある。こんなときも冬パターンを回帰する

### 寒い地域は低水温でも春がスタート

標高が高く、寒冷地にあるエリアの春の訪れは遅い。山間部にある釣り場の場合、４月になってからオープンする場所も多い。この時期でも水温は５℃前後と低い。一般的なエリアでは真冬の水温だが、山間部の釣り場のトラウトたちはこれくらいの水温でも春を感じはじめて活性が上がってくるのだ。このように春の訪れの遅いエリアでは、低水温でも春パターンに突入する。ただし、活性が上がってきても、ルアーを追うスピードは遅いので、スローな釣りがキモになる。

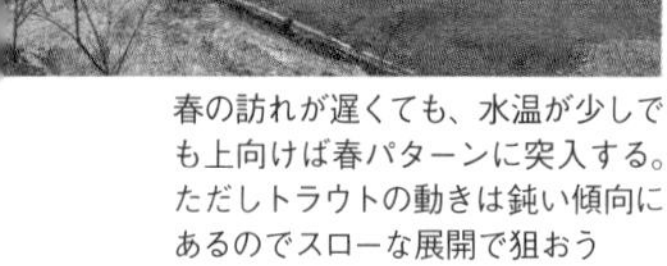

春の訪れが遅くても、水温が少しでも上向けば春パターンに突入する。ただしトラウトの動きは鈍い傾向にあるのでスローな展開で狙おう

## 水生昆虫により表層への意識が高まる

水流の激しいストリームタイプのエリアも、水温が10℃を上回るようになれば春の到来。活性は上がってミノーやスプーン、クランクといろいろなルアーに反応してくる。とくに狙い目となるのが表層系だ。自然に囲まれたストリームでは、水生昆虫たちが羽化のために表層に上がってくる。そのため、トラウトたちの表層への意識もかなり強くなっていくのである。また、落ち込みや淵など、いろいろなポイントでトラウトが釣れるのも春の特徴だ。

冬場、水の動きの少ないディープに集まっていたのが、春になっていろいろなレンジに散って釣りやすくなる

## 冬の水温が温かいポンドは気温に気を配る

地下水が豊富に流入しているポンドでは、一年を通して水温の変動が少ない。冬は暖かく、夏は涼しいのが特徴だ。変動は少ないとはいえ、1～2℃でも水温が高くなれば、トラウトたちは、かなり活発に動くようになる。それまでは、水温が安定していたインレット付近から離れて、ポンド全体に散るようになって、釣りやすい状況になってくる。このように魚たちはポンド全体に散り、同時にアピールの強いルアーへの反応もよくなる。

豊富な地下水が流入するが、春になれば多少の水温の変動はある。それが、トラウトの活性を変える

冬は、水温が安定しているインレットなどに溜まりがち、水温が上がれば広範囲に散っていく

## 他魚種も狙えるいい季節！

### 春のイロモノはミノーに好反応

水温が上がれば活性が上がり、ひいてはトラウトの動きもスピーディになってくる。冬は、ゆっくりとした動きでないとバイトしてこなかったトラウトたちも、春になるとスピーディな動きのルアーへの反応がよくなってくる。また、ミノーやボトムバイブのトリッキーで素早い動きに好反応なときも多くなる春は、イワナやヤマメ、ブラウンといったニジマス以外の魚種、いわゆる「イロモノ」が狙えるようになる。ニジマスの大型を狙いたいときもミノーはマストなアイテムといえる。

イロモノ系はミノーによく反応する。春先は素早い動きのルアーとの相性が最高

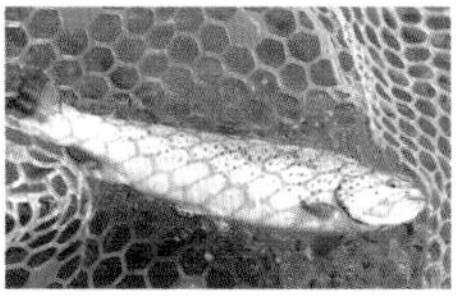

ブラウントラウトなどは春に狙いたい

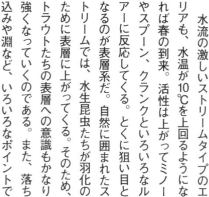

# 管理釣り場の夏

SUMMER

## 冷水を好むトラウトにとっては少々苦手な季節

適水温を上回るエリアも多く、釣り人同様、トラウトたちも夏バテ気味。夏期は休業するエリアも少なからずあり、少々手ごわい季節ではある。しかし、夏のパターンをしっかり把握していれば打開策は必ず見つかる。少々難しい季節ではあるが、スキルを上げるには格好のシーズンでもあるのだ。

### 陽射しと水流に注意してポイントを選定

夏でも涼しい避暑地の高原のエリアは、高水温による影響を受けにくい。山間部にあるエリアなどでは、水温が上がったとしても20℃くらいとベストに近い状態をキープしている。このように水温上昇による悪影響はあまりないが、強い陽射しを嫌う傾向がある。そのため陽射しが照り付けると、それを嫌ってシェード（日陰）に入りやすくなるのだ。その他、水温の上がりやすいエリアでは、放水や水車周辺など、水がよく動く場所にも集まりやすくなる。

シェードは強い日差しを遮り、そこに涼を作ってくれる。サマーシーズンでは小さなシェードにもトラウトは集まる

放水口の周辺など、水がよく動く場所も好ポイントになる。「水が動く＝溶存酸素量の多い水」になるのだ

### ゆっくりと引けてアピールの強いクランクが吉

水温上昇だけでなく水中に溶け込んでいる溶存酸素量が低下するのも、夏にトラウトの活性を落とす要因のひとつ。低酸素状態なので、スピーディな動きや、興味を示したルアーに対して長い距離を追いかけてくることが少なくなる。トラウトたちも少し動くと息切れ状態。ルアーを追うスピードは遅めだ。アピールは強いけど、ゆっくりと引けるクランクベイトがサマーシーズンにはストロングルアーとなる。

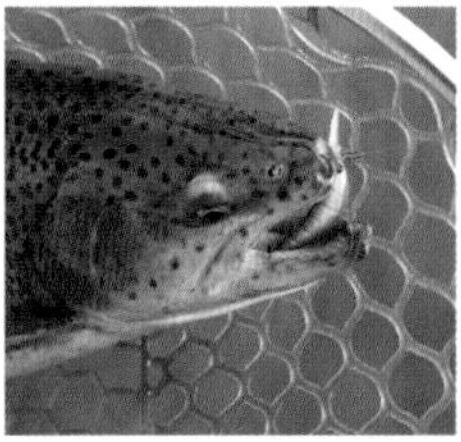

活性の下がったトラウトはルアーを追うスピードも遅くなりがち。ゆっくり引けるクランクは夏の必須ルアー

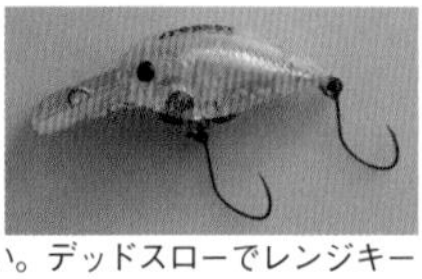

強波動を出すハイアピールだけが、クランクの強みではない。デッドスローでレンジキープできるのも大きな武器

## 虫を意識しているときは表層を狙う

夏は虫を意識して表層に気が向いているトラウトが多い。活性の上がったチャンスタイムは、表層をしっかりと狙える虫系のルアーをセレクトしてじっくり攻略したい。さらに、虫を意識しているトラウトに対しては、シルエットが小さなルアーの方がいいことも知っておきたい。水面でのアクションも重要で、横に引いてきたほうがいいのか、移動距離をなくして一点で動かした方がいいのかを見極めることも大切だ。

ウイングを持ったトップウォータールアー。いかにも虫というタイプ

虫を意識しだすので、虫を模したルアーが活躍するシーズン。横の動きに反応するときはシケイダーなどがオススメ

## トラウトも怖がる雷その影響は!?

夏の風物詩でもある夕立。激しい雷鳴や雷光はトラウトたちの行動にも、少なからず影響を与える。夕方から夜間にかけて激しい雷が鳴ったその翌日は、スッキリと晴れていても釣況に影響が出てしまう。トラウトは、雷におびえるためである。その恐怖心が、翌日の午前中ぐらいまでは残っているという。朝から反応が鈍いときは、前日の天気を疑うべし。強いルアーでガンガン攻めるのではなく、静かに誘ってみるのが効果的だ。

夕方、入道雲が湧いたと思ったら雷鳴や稲光。怖いのは人間だけでなく、トラウトも恐怖心を抱くのだ

## 夏の風物詩・ナイターが楽しい

手元を照らすヘッドライトは最重要アイテム

トラウトの活性も高くなり、パターンがハマれば爆釣する

**爆釣間違いなし！**
**絶対オススメなナイターゲーム**

サマーシーズンになるとナイター営業する管理釣り場が増えてくる。暗い中で釣りをするナイターは、日中とは違ったおもしろさがある。日中の暑さから解放されて、夜になるとトラウトたちの活性のギアは一段上がるのを実感できるはずだ。ナイターでのポイントになるのがルアーのカラーセレクト。蓄光のグローは必須。他にはホワイトやピンクなどの膨張色も用意しておきたい。あとは鉄板の黒も揃えておいて損はしないはずだ。

# 管理釣り場の秋 AUTUMN

## 適水温に戻り、活性が上昇してくる季節

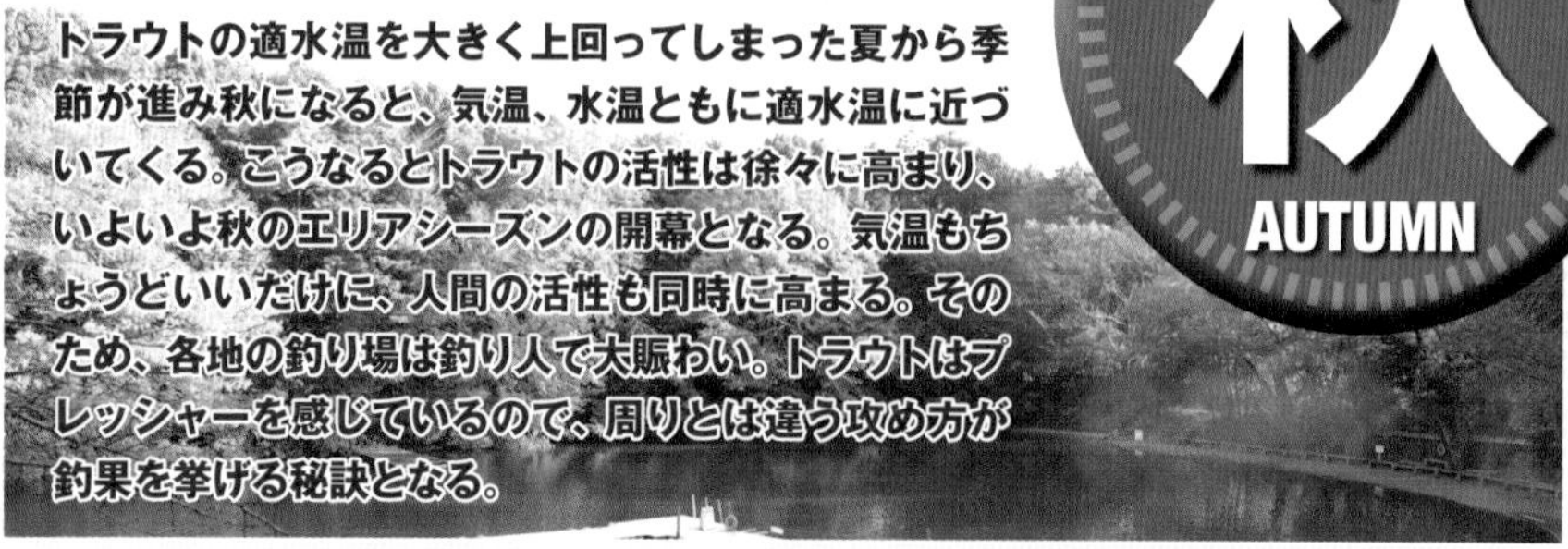

**トラウトの適水温を大きく上回ってしまった夏から季節が進み秋になると、気温、水温ともに適水温に近づいてくる。こうなるとトラウトの活性は徐々に高まり、いよいよ秋のエリアシーズンの開幕となる。気温もちょうどいいだけに、人間の活性も同時に高まる。そのため、各地の釣り場は釣り人で大賑わい。トラウトはプレッシャーを感じているので、周りとは違う攻め方が釣果を挙げる秘訣となる。**

### 適水温オーバーでも秋はスタートする

夏場、ほぼ毎日20℃を上回る高水温エリアの場合、20℃を下回ったら秋シーズンと考えてよい。20℃だとまだトラウトの適水温をオーバーしているが、20℃を切れば確実にトラウトたちの活性は戻ってくる。しかし水温だけで秋の訪れを判断するのは早計。夏場、そのポンドがどれだけ水温が上がっていたかが重要。適水温を超えていても、水温が低下してくればトラウトの活性は徐々に上向き、秋のシーズンが始まるのである。

20℃でも活性は戻ってくるが、溶存酸素の多いポイントやシェードを重点的に狙うようにしたい

### 夏涼しいエリアは秋の訪れが早い

標高が高く、夏の高水温によるダメージの少ないエリアでは、秋は早くやってくる。9月の上旬には水温が20℃を切ることが多くなる。こうなると秋パターンへと変遷していく。活性がぐんと上がり、かなり釣りやすいコンディションになるため入門にオススメといえる。夏場、水のよく動く場所に溜まっていたトラウトたちは、ポンド全体に散っていく。また、レンジも表層から底層付近までいるので、ポイントを絞り込まずに広く狙っていくのがよい。

秋に入るといろいろなレンジにやる気のあるトラウトがいる。底層をしっかりと探れるボトムバイブは用意しておきたい

広めのポンドならば、広範囲を探ることが大切。飛距離を出しやすいタックルやルアーは大きな武器になる

## 産卵を意識するトラウトが増える

「夏の終わりをはっきりと認識できるのが、トラウトをさばいたとき。白子や卵巣が大きくなって産卵の準備に入っているわけだ。これを確認できるようになれば秋パターンに突入したも同然だ。すべてのエリアのトラウトが産卵するわけではないが、活性が上がるシーズンなのに、今ひとつパッとしないときは、産卵を意識したトラウトの割合が多いと考えられる。こういうときはミノーなどのリアクションの攻めがよい。

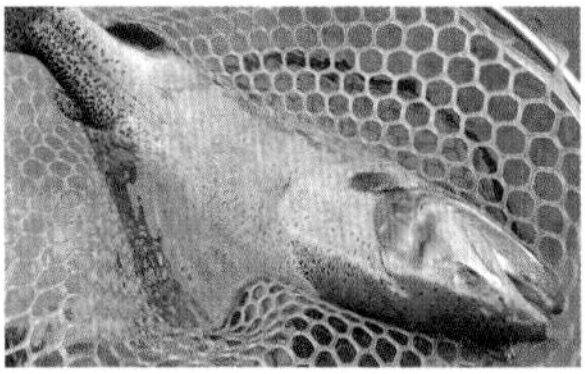
ミノーを使ってイレギュラーアクションで誘う。喰い気ではなく、トラウトの縄張り意識を刺激してバイトさせる

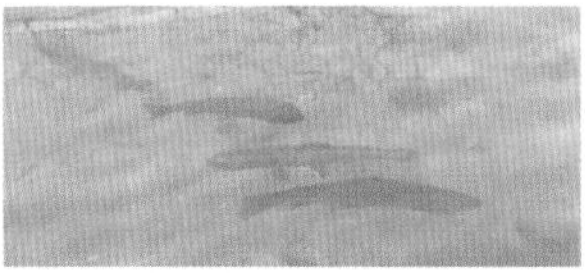
水中に目を凝らすと、2尾のトラウトがじゃれあっていることがある。これはオスとメスとが産卵を意識している証拠

## イロモノ系はド派手カラーのミノーが有効

自然の渓流を利用している釣り場は、そこに放たれているトラウトたちもネイティブ色が強くなり産卵を意識しだす。特にその意識を強くするのがヤマメやイワナで、気難しくなってルアーへの反応が悪くなる。派手なカラーのミノーを使い、イレギュラーな動きでイライラさせてバイトさせるのが、ヒットの早道になってくる。ちなみに、レギュラーサイズのニジマスはあまり産卵を意識しないので、こちらはスプーンでも釣果は安定する。

自然渓流を利用したストリームエリアでは、放流されたトラウトもネイティブ化しやすく産卵を強く意識する

## 小魚のいるポンドでは表層狙いが鉄則

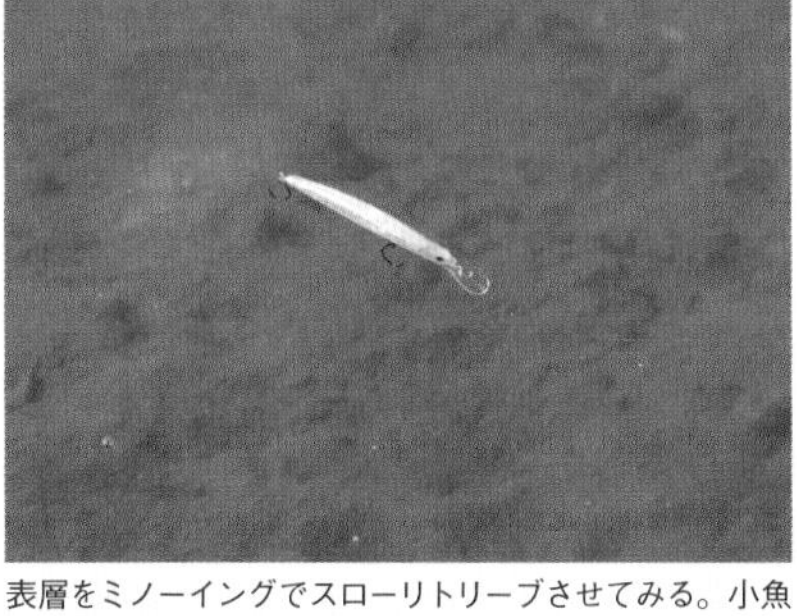
表層をミノーイングでスローリトリーブさせてみる。小魚に意識が向いているトラウトには効果的

### マッチ・ザ・ベイトを意識しよう

河川から水を流入しているエリアでは、小魚が紛れ込んでいるポンドも多い。トラウトにとってはエサとなるベイトフィッシュになる。こういうポンドでの秋パターンは、ズバリ表層狙いである。秋になって水温が下がると、それまでディープにいた小魚が表層付近をうろつくことが多くなる。それを意識してトラウトも表層のルアーの反応がすごくよくなることが多いのだ。

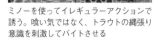

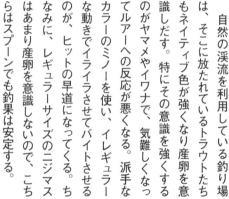

# 管理釣り場の冬 WINTER

## 寒さで自分の活性を落とさないように注意

冷水系のトラウトといえども水温が一桁に入ってくると、その動きは急に緩慢になってくる。活性が低下してきた冬のトラウトたちを攻略する前に、寒さでアングラーの活性を落とさないことが大切。防寒対策を万全にしてから、冬のトラウトを狙っていこう。

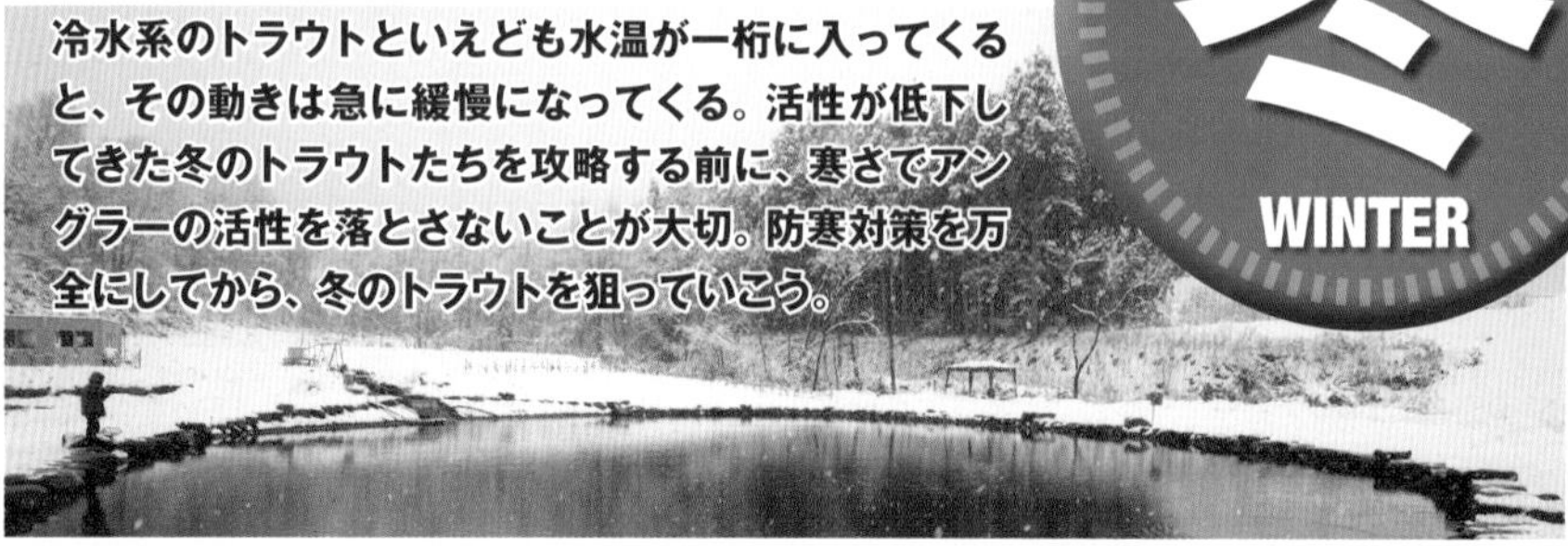

### 冬は水質がクリアになりがち

敷地内に2つ以上のポンドを備えているエリアは多い。隣接していてもポンドによって釣り方が変わる。例えばAの池は表層がいいのに、Bの池は中層から底層が狙い目、といった具合だ。このように冬になるとポンドごとのヒットパターンの違いが、より顕著になる場面が多い。その理由として考えられるのが水質。冬は、春から秋に比べるとクリアになりがちだ。この澄んだ水質が、釣り方の違いをいつも以上に大きくさせるようである。

春から秋は薄濁りだが、冬場になるとクリアになりヒットパターンが変わってくる

### ディープに優しくルアーをアプローチ

ストリームエリアでも水温が下がれば冬のパターンになる。水が活発に動く場所からは姿を消し、緩い流れの深い場所に集まるようになる。このとき、ルアーの沈め方が大切。真下にストンと落とすのではなく、カーブフォールや水流に乗せて斜めにフラフラっと落としていかないと、なかなかバイトしてこないことが多いので注意しよう。優しくフォールさせるのがキモなのだ。

流れが弱くて水深のあるボトムに溜まる。活性はかなり下がった状態で、ゆっくりとした誘い（フォール）が鉄則

## 寒くても天気次第で表層を狙ってみる

12月、1月になって10℃を下回ると、ほとんどのエリアはウインターパターンに突入する。そして2月になれば6℃くらいまで水温は落ちていく。基本的にはボトムの釣りがメインになるが、条件によっては表層狙いの方がよい場合もある。その条件というのが、日差しがあって風もない穏やかな天気のとき。水温は低くても表層のルアーを活発に追うようになる。

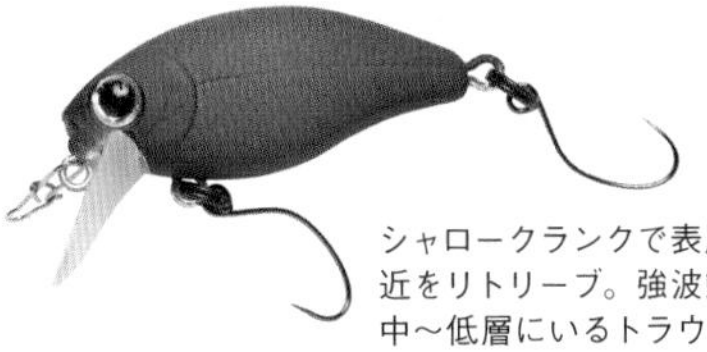

シャロークランクで表層付近をリトリーブ。強波動で中〜低層にいるトラウトたちを呼び寄せる

マイクロスプーンで表層直下をデッドスローに引いて来る。ポカポカ陽気のときは効果的だ

## 雪の降り方で釣れ方が大きく変わる

深々と降る雪。雪の降り方によってトラウトの活性は変わる。降り始めはよく、吹雪やドカ雪はよくない

### 降りはじめは高活性 そして徐々に難しくなっていく

雪もトラウトの行動に大きな影響を与える。雪の降り始めは好況になりやすい。変なものが落ちてきたと、トラウトの意識が上に向くのである。表層メインで攻めてみる。しかし、吹雪いてドカ雪になったり雪が何日も降り続くときは、一転して難しくなる。雪がポンドの水温をがくんと下げてしまうからだ。こうなるとボトムを重点的に攻める。

しっかりとした防雨対策は施しておく。ビショビショだと釣りに集中できずに、釣果アップは望めない

水面を叩く雨によって、トラウトたちはプレッシャーから少し解放される。これがよく釣れる一番の要因

### もうひとつの季節『梅雨』について

春夏秋冬とは別に、日本にはもうひとつの季節とも言ってよい梅雨がある。梅雨のときのパターンにも触れておきたい。基本的には雨の日は、釣果を上げやすくなる。これは水面を雨水が叩いて、水中から外の世界の視認性も悪くなり、トラウトたちの警戒心が薄れるから。また、梅雨時は水温が上昇傾向にもあるが、雨がその水温を下げ、活性はより高くなりがちなのだ。梅雨時はよく釣れる季節だが、レインウエアなどの雨対策は万全にして釣行しよう！

チャレンジ！

# トラウト
# 管理釣り場ガイド

ようこそ管理釣り場へ！

TOPIX

## これがみんなで遊べる夢の釣り場、管理釣り場だ！

誰でも手軽に釣りという魅力的な遊びを体験できるのが「管理釣り場」というフィールドだ。その名称の通り、人の手で管理された釣り場で、そこには無数のトラウトが悠々と泳いでいる。そんな魚たちを狙うのが、エリアフィッシングだ。

そのおもしろさは「簡単でありながら、難しい」こと。放流したばかりのトラウトはアングラー（釣り人）の投げたルアーにすぐさま反応する一面もあるが、放流してから時間の経ったトラウトは目の前をルアーが泳いでも興味を示さないことがある。そんな移り気な魚とのやり取りこそが、管理釣り場の魅力なのだ。

今回は全国に多々ある人気管理釣り場を、ピックアップしてご紹介する。気になった釣り場があれば、ぜひ遊びに行っていただければ幸いだ。

# 関東の人気釣り場

## 川場フィッシングプラザ

### 自然に囲まれた静寂のなか、コンディション最高のトラウトに出会える！

群馬県川場村、薄根川の水を大量に引き入れたポンドタイプの管理釣り場が川場フィッシングプラザだ。無料駐車場は200台収容可能で、メニュー豊富な食堂にクラブハウス、BBQ施設を完備した総合レジャーフィールド。放流量は非常に多く、とりわけイトウは1mを超えるものまで放流されている。自然に囲まれた静寂のなか、コンディション最高のトラウトに出会いに行こう！

住所：群馬県利根郡川場村萩室63
☎0278-52-3633　HP：http://www.kawaba-fp.jp/
◉営業期間：通年　◉定休日：無休　◉営業時間：午前6時～午後7時　11月からは午後5時まで※午後9時までのナイターは9/29、30で終了に　◉料金：1日券(午後5時まで)／5500円　半日(午前・午後)券／4000円ほか、各種チケットあり

## 川場キングダムフィッシング

### 水よし、魚よし！　で、早朝6時からオープン！

7000㎡あるポンドでは薄根川から大量の水を流入しているため、水に流れがあり、トラウトのコンディションは抜群！　レギュラーの頂鱒をメインに、イワナやヤマメなどのイロモノをはじめ、驚ロックなどがターゲットだ。毎朝6時から営業中。お腹が空いたらクラブハウス内のレストランでパワーチャージしよう。レストランのみの利用も可能だ。

住所：群馬県利根郡川場村大字川場湯原546
☎0278-52-2002　HP：http://kawaba-kingdomfishing.com/
◉営業期間:通年　◉定休日:無休　◉営業時間:日曜～木曜･午前6時～午後7時 金土祝･午後9時まで(5～9月)　◉交通：車／関越自動車道・沼田ICから9km・約15分　◉料金：1日券／5500円、午前・午後券／4000円ほか、各種チケットあり

## 日本イワナセンター

### 豊富な水量とクリアな水質で、食べても絶品なトラウトがいっぱい

関越自動車道沼田ICより車で約25分と好アクセスな日本イワナセンターは、養魚場直営の管理釣り場。豊富な水量とクリアな水質がエリアに満ちており、食べても絶品なトラウトがいっぱいだ。事務所には釣具も売っており、イワナセンターオリジナルルアーもあるのでぜひ覗いてみて。大型トラウトとのスリリングなファイトが楽しめるかつ、圧倒的魚影の濃さが魅力だ。

住所：群馬県沼田市利根町根利赤城原 1994
☎ 0278-54-8433　HP：http://www7.wind.ne.jp/okutone/center
◉営業期間:通年　◉定休日:HPにて確認を ◉営業時間:平日·午前5時~午後5時　土日祝·~午後5時(5~8月) ◉交通：車／関越自動車道・沼田ICから15km・約25分。◉料金：7時間券／4500円　4時間券／3600円ほか、各種チケットあり

## フィッシングポイントベリーズ迦葉山

### サイズ＆コンディションも最高で、アグレッシブなファイトを堪能できる

奥上州にそびえる武尊山から流れ出て、玉原高原や多くの沢の水を集める清流「発知川」。この清流の水をポンドに大量に取り込みトラウトを育んでいる。外周およそ350m、最深部3mのポンドには、水流のレイアウトに工夫がされており、初心者から熟練者まで訪れるアングラーに満足を提供している。放流魚種も季節に合わせて厳選され、サイズ＆コンディションも最高でアグレッシブなファイトをさせてくれる。

住所：群馬県沼田市奈良町 1377
☎ 027-215-8188　HP：https://www.fp-berrys.net
◉営業期間:通年　◉定休日:年中無休　◉営業時間:午前6時~午後5時（夏期）、午前7時~午後5時（冬期）◉交通:車／関東自動車道前橋ICから車で約20分　◉料金:1日券／5500円、半日券4000円ほか、各種チケットあり。

## アングラーズパークキングフィッシャー

### 豊富な天然湧水を利用し、初心者から上級者まで楽しめる

天然湧水を利用しているため、通年を通してコンディションは良好。養魚場直営、同料金でバス釣りも楽しめるパワフルエリアだ。初心者向けのポンドや、中～上級者向けにレベルごとのポンド＆大物池の5面あり、初心者から上級者まで楽しめる。イベントを数々実施し、シリーズ戦は大人気。無料BBQ施設があるのも嬉しい。インストラクターが常駐しているので、わからないことは何でも聞いちゃおう。

住所：栃木県大田原市乙連沢593
☎0287-23-1253　HP：http://kingfisher-tochigi.com/trout
◉営業期間：通年　◉定休日：木曜日 ◉営業時間：午前7時～午後9時 ◉交通：車／東北自動車道・那須ICから15km・約20分◉料金：1日券／4800円　半日券／3800円ほか、各種チケットあり。

## みどりフィッシングエリア

### 養魚場直営ならではの放流量を誇るエリア

養魚場直営のため、平日でも1日に2回、土日祝日は1日3回も放流が実施されることがある管理釣り場だ。地下水を利用したポンドは水温も安定し魚の活性は常に高い。現在は釣ってよし、食べて味よしの「良品赤身トラウト」が大人気。卵から成魚まで一貫した養殖を行っており、安心安全のトラウト釣りが楽しめる。

住所：栃木県大田原市実取206
☎0287-28-3334　HP：http://ms3103.blog.fc2.com/
◉営業期間：通年　◉定休日：第2第4火曜日（祝日は営業）　◉営業時間：午前7時～午後6時　◉交通：車／東北自動車道・矢板ICから20km・約25分　◉料金：1日券／4500円、午後券／3500円ほか、各種チケットあり。

## 大芦川F＆Cフィールドビレッジ

### キャンプ場にBBQ施設も完備している水質良好のエリア

地下水を利用しているため水質は超クリア。ヒレピンでコンディション最高のトラウトが多い。周囲を大和川に囲まれており、ロケーションも最高。キャンプ場やBBQ施設も完備されているので四季を感じながらレジャー気分を楽しめる。エリア主催のトーナメントを開催しており、エキスパートアングラーが集まるのも特徴的だ。

住所：栃木県鹿沼市下沢1037
☎0289-63-5678　HP：http://park10.wakwak.com/~field-village/
◉営業期間：通年　◉定休日：年中無休　◉営業時間：午前7時～午前5時　◉交通：車／東北自動車道鹿沼ICより車で約25分　◉料金：1日券／5000円、半日券（PM12:00～）／3700円、(PM15:00～17：00）／2600円ほか、各種チケットあり

## 高萩ふれあいの里フィッシングエリア

### 周囲を山に囲まれ、自然に恵まれた環境が魅力

周囲を山に囲まれ、自然に恵まれた環境の高萩市の西部に位置する。エリアは天然水を使用しており。元気なトラウトが泳いでいる。四季折々の風景が味わえ、シーズンごとの釣りも楽しめる。放流は基本的に毎日あり、土日祝日は午前と午後の2回放流があるのでビギナーや家族連れでも安心だ。わからないことがあればスタッフに声をかければなんでもレクチャーしてくれるのが嬉しい。

住所：茨城県高萩市上君田1791
☎0293-28-0814　HP：http://ayanao2003.web.fc2.com/
◉営業期間：通年　◉定休日：不定休 ◉営業時間：午前7時～午後5時（4～10月）※11月以降は午前7時から ◉交通：車／常磐自動車道・高萩ICより18km・約20分 ◉料金：1日券／5000円、半日券（午前・午後）／4000円ほか、各種チケットあり

## フィッシングクラブジョイバレー

### 成田空港に隣接する自然に囲まれた管理釣り場

東関東自動車道・成田 IC から車で約 10 分とアクセスのいい管理釣り場。空港に隣接しているとは思えないほど緑に囲まれたロケーションを誇り、四季折々の表情を見せてくれる。数釣りから大物釣りまでバリエーションも豊富で、都会の喧騒を忘れゆったりと釣りを楽しむことができる。このロケーションを満喫しながら 1 尾との出会いを楽しもう。

住所：千葉県山武郡芝山町菱田南ケ谷 1046-4
☎ 0479-78-1881　HP：http://www.joyvalley.co.jp/
◉営業期間：通年　◉定休日：夏季の平日　◉営業時間：午前 6 時～午後 8 時（3 ～ 10 月）◉交通：車／東関東自動車道・成田 IC から 8km・約 10 分　◉料金：8 時間券／ 5150 円　5 時間券／ 4150 円ほか、時間券が豊富

## Berry Park in FISH ON! 王禅寺

### タックルベリープロデュース！　抜群のロケーションを誇る大人気釣り場

都会にありながらもゲートをくぐればすばらしいロケーションが目の前に広がる。夜の 21：30 まで営業しているので、会社帰りにちょっとだけ……なんてお客さんが多いのも特徴的。プロフェッサー永井浩明さんがインストラクターで勤めているので、わからないことがあったら聞いてみよう！　レストランやバーベキューサイトも併設している。

住所：神奈川県川崎市麻生区王禅寺 1227-2
☎ 044-959-0037　HP：https://www.fishon-oz.jp
◉営業期間：通年　◉定休日：年中無休　◉営業時間：平日午前6時～午後9時 30 分、土日祝日午前5時 30 分～午後9時 30 分（4月～ 10 月)、午前6時～午後9時 30 分（11 月～3月）◉交通：車／東名高速・川崎 IC より車で約 10 分　◉料金：6 時間券／ 4900 円　3 時間／ 3600 円　ナイター（午後8時～午後9時 30 分）／ 1800 円ほか、各種チケットあり

## リヴァスポット早戸

### *自然の流れを利用したストリームエリア*

一級河川の早戸川に石で堰をつくりプール状にしたストリームタイプのルアー、フライ、テンカラ専用管理釣り場。魚の放流はニジマスをメインに毎日行われ、毎週土曜日の特別放流日にはニジマス以外にもイワナ、ヤマメ、アマゴ、ブラウントラウトなどの魚種を放流している。食堂も併設しており、釣った魚を調理してくれるサービスがある。バーベキューサイトでも楽しめる。

住所：神奈川県相模原市緑区鳥屋 3627
☎ 042-785-0774　HP：https://www.hayatogawa.com
◉営業期間：通年　◉定休日：年中無休　◉営業時間：午前6時～午後5時　※3月16日～10月15日は午後7時30分まで　◉交通：車／東名高速道路・厚木ICより車で約50分。中央道・相模湖ICより車で約40分　◉料金：1日券／大人5000円・小学生以下3800円、半日券／大人・小学生以下ともに3800円ほか、各種チケットあり

## フィッシングフィールド中津川

### *漁協直営の管理釣り場*

東名高速・厚木IC、中央自動車道・相模湖ICの中間に位置するアクセスのよさが魅力の管理釣り場。清流中津川の水を大量に引き込み、エサ釣り場を経由した水はルアー・フライ専用釣り場に流れ込む。細長いポンドの上流部にはパワフルな流れ、中下流域はゆったりとした流れとなり、沈み岩が複雑な流れを作っている。ダイワフィールドスタッフの高田達也さんがインストラクターを務めていることも有名！

住所：神奈川県愛甲郡愛川町田代 2411-1
☎ 046-281-5800　HP：https://www.nakatugawa-gyokyou.jp/ffnakatugawa.html
◉営業期間:通年　◉定休日:年中無休　◉営業時間:午前6時～午後6時（4月)、午前6時～午後7時（5月～9月)、午前6時～午後6時（10月)、午前6時～午後5時（11月～3月)　◉交通:車／東名高速道路・厚木IC、中央自動車道・相模湖ICより約40分　◉料金：1日券／4300円、6時間券／3300円ほか、各種チケットあり

# 大規模人気釣り場

## 那須白河フォレストスプリングス

### 引きの強さ、魚体の美しさ、どれをとっても逸品

自然と一体型の大規模管理釣り場。林養魚場直営釣り場なので、トラウトの質が最高。引きの強さ、魚体の美しさ、美味しさどれをとっても逸品だ。フィールドは「海外に釣りに来たのでは？」と錯覚するような環境で日常を忘れて釣りが楽しめる。女性にも優しい釣り場設計でとおしゃれなレストランを併設、リゾート気分が味わえる。

住所：福島県西白河郡西郷村金子石 16
☎ 0248-25-3535　HP：https://shirakawa.forest-springs.com
◉営業期間：通年　◉定休日：無休　◉営業時間：午前７時～午後５時（10 ～３月）※９月は午後６時まで　◉交通：車／東北自動車道・白河 IC から 1km・約３分　◉料金：1 日券／ 5000 円　午後券（午後１時以降）／ 4000 円ほか、各種チケットあり

## 加賀フィッシングエリア

### 総面積 130000㎡の長い歴史を持つ老舗フィッシングエリア

長い歴史を持つ釣り場として多くのフライ＆ルアーアングラーを楽しませてきた由緒あるポンド。その総面積は 130000 ㎡と広大で、シーズンを通してコンスタントな釣果が楽しめる。豊富な湧水が水源でトラウトのコンディションが良好。１～３号池で特徴のある釣りが楽しめる。良型トラウトの放流も多く、強烈なファイトが楽しめる。釣り以外の施設も充実している。

住所：栃木県佐野市山形町 48
☎ 0283-65-0337　HP：https://kaga-fishingarea.jp
◉営業期間：通年　◉定休日：無休　◉営業時間：午前６時～午後５時（～４月）午前６時～午後６時（5 ～９月）◉交通：車／東北自動車道・佐野藤岡 IC より 16km・約 30 分 ◉料金：1 日券／ 4500 円　半日券（午前・午後）／ 3500 円ほか、各種チケットあり

## なら山沼漁場

### 放流量が豊富で、コンディションのよいトラウトに溢れるエリア

思川の三日月湖を利用した管理釣り場。栃木県下都賀漁協が経営しているため放流量が豊富で、コンディションがよく魚体が綺麗なトラウトが多いことで知られる。ポンド内にナチュラルベイトが豊富でワイルドな魚体が多い。広大なポンドにフルキャストできるのが気持ちよく、トーナメントも積極的に行われているためエキスパートアングラーも楽しめるエリア。

住所：栃木県小山市飯塚 1467
☎ 0285-23-4285　HP：http://www.shimotsuga-fc.org/narayamanuma.html
◉営業期間：10 月～ 6 月　◉定休日：期間内無休　◉営業時間：午前 8 時～午後 5 時　◉交通：車／東北自動車道佐野藤岡 IC、東北自動車道栃木 IC より車で約 20 分　◉料金：1日券／ 4000 円、半日券／ 3000 円ほか、各種チケットあり

## 東山湖フィッシングエリア

### IC からのアクセス抜群！　大人気老舗管理釣り場

東名高速・御殿場 IC から約２分という抜群のアクセスを誇る人気の管理釣り場。釣り場からは富士山が望め、春はポンドの周囲に桜が満開と絶好のロケーションを誇る。30000㎡のポンドには T 字型の桟橋があり、フライはバックスペースを気にせずキャストできる。ニジマスを中心に豊富な魚種を放流しており、大物狙いや数釣りまで自分のスタイルで釣りができる。

住所：静岡県御殿場市東山１０７７
☎ 0550-82-2161　HP：https://www.higashiyamako.com
◉営業期間：10 月～6 月　◉定休日：期間内無休　◉営業時間：午前 5 時～午後 8 時（3 月～6 月・10 月～ 11 月)、午前 6 時～午後 5 時（12 月～2 月）◉交通:車／東名高速･御殿場 IC より車で約 2 分　◉料金：1DAY 券／ 6000 円、A 券／ 5500 円、B 券／ 5000 円ほか、各種チケットあり

# 小規模人気釣り場

## 朝霞ガーデン

### 釣りを覚えるには最適な老舗エリア

地下水使用のため水をクリアで、真夏でも全池で釣行可能と抜群の環境を誇る。夏期はナイター営業も行われるので、パックロッドをカバンに忍ばせ、仕事帰りに……なんてことも可能だ。ここで釣りを覚えたというアングラーも多いため、これから釣りを始めたい人はぜひ足を運んでみてほしい。各種イベントも定期的に開催されるのでそちらもチェックだ。

住所：埼玉県朝霞市田島2丁目8－1
☎ 048-456-0258　HP：http://www.a-garden.com
◉営業期間：通年　◉定休日：毎週金曜日　◉営業時間：午前6時 15 分～午後5時 30 分（4月～ 10 月)、午前6時 15 分～午後5時（11 月～3月）　◉交通：車／外環和光北 IC より約5分　◉料金：1日券／ 5700 円、6時間券／ 4000 円ほか、各種チケットあり

## 浅川国際鱒釣場

### 国定公園に囲まれた美しい自然が自慢

空気が澄み渡り、緑に囲まれた管理釣り場。昭和 28 年に開業し、管理釣り場としては老舗中の老舗。木下沢、日影沢、小仏川と3つの沢から水を引いており水質はクリアで水温も安定している。ポンドは小規模ながらプライベートポンドを思わせる雰囲気で、釣りを楽しむことができる。ニジマスをはじめ、ヤマメやイワナ、アルビノが悠々と泳いでおり、ポンプや水車で水流を作っているので池全体がポイントだ。

住所：東京都八王子市裏高尾町 1277
☎ 0426-61-6280　HP：http://www5c.biglobe.ne.jp/~fly-lure
◉営業期間：1月2日～ 12 月 30 日まで　◉定休日：月曜日と第 1 火曜日 ◉営業時間：午前 7 時～午後 5 時 ◉交通：車／中央自動車道・八王子 IC から 10km・約 30 分 ◉料金：1 日券／ 4600 円、半日券（午前券・午後券）／ 3500 円ほか、各種チケットあり。

## 足柄キャスティングエリア

### *魚影の濃さにビックリ！　数釣りから大物までターゲット*

都心からアクセスの良い自然に囲まれた管理釣り場。ルアーフィッシング はもとより、ネイティブエリアやエサ釣りと多種多様な釣りが楽しめる。時間券も豊富にあり、好きな時間だけ遊べるのもいいところ。ルアー専用ポンドはネット予約をしてから釣り場に伺おう。ニジマスをはじめ、金時ヤマメやイワナ、頂鱒やヤシオマスなどさまざまな魚種が狙えるのも魅力。

住所：神奈川県南足柄市矢倉沢 1682
☎ 0465-73-2939　HP：http://www.ashigara-ca.com/aca/
◉営業期間：通年　◉定休日：水曜日（祝日は営業）　◉営業時間：午前 7 時～午後 6 時　ネイティブエリアは午後 4 時まで (10 ～ 3 月 )　◉交通：車／東名高速道・大井松田 IC から約 10km・20 分　◉料金：1 日券／ 4900 円　4 時間券／ 3400 円ほか、各種チケットあり

---

## 小菅トラウトガーデン

### *一度訪れたらもう虜。隠れ家的管理釣り場*

森と清流に囲まれた、まさに隠れ家的管理釣り場。多摩川源流の美しい水で育ったトラウトは引きもパワフル。ポンドは河川と湧水をブレンドしておる、年間を通して適温を維持。魚影も濃く、クリアウォーターなのでサイトフィッシングが楽しめる。春の芽吹きと新緑、夏の爽やかな風、秋の紅葉、冬景色など四季折々の豊かな自然に癒される。

住所：山梨県北都留郡小菅村田元 4103
☎ 0428 -78-0188　HP：http://kosuge-tg.com/index.html
◉営業期間：9月～4月　◉定休日：毎週木曜日
◉営業時間：午前7時～午後5時　◉交通：車／中央自動車道・上野原 IC より車で約 50 分、圏央道・青梅 IC より車で約 70 分　◉料金：1日券／ 5000 円、半日券／ 4000 円ほか、各種チケットあり

# 遠征して楽しい釣り場

## BIG FIGHT 松本

### 細いライン厳禁！　自然繁殖のスーパートラウトが魅力

道内最大級規模のフィッシングエリア　。ポンド内で自然繁殖するトラウトたちのコンディション、サイズ、ファイトともに抜群。水質はジンクリアなので、ラインは水中で光らないナチュラル系がオススメ。エリア用ルアーのみならず、ネイティブ用に大型ミノーなど、同エリアのパワートラウト狙いにかかせないアイテムだ。

住所：北海道伊達市大滝区愛地町 52-4
☎ 0136-33-6106　HP：https://www.ros-bigfight.com/home-1
◉営業期間：3月中·下～ 11 月（結氷まで）　◉定休日：期間中無休　◉営業時間：午前 6 時～日没　◉交通：車／新千歳空港から R276 で約 1 時間。また札幌からは R230 → R276 で約1時間半◉料金：6 時間～日没／ 5500　1 ～ 6 時間券／ 3800 円　1 時間まで／ 2000 円

## ウェルカム・オーパ

### アットホームな営業が魅力の管理釣り場

同エリアはアットホームな営業を続け、創業 28 年にもわたる。子供からカップル、ファミリーそしてエキスパートアングラーまで、里山に囲まれているロケーションでのんびりと楽しめる。また、「ボーズで返さない！」といったエリアスタイルを貫いてきたそうで、細かいレギュレーションは設けず、比較的いろいろなルアー選択ができるのが楽しい。

住所：福島県郡山市田村町谷田川表向 35-1　☎ 080-3193-1620　HP：https://welcomeohpa.com
◉営業期間：10 月～6 月　◉定休日：期間中無休　◉営業時間：午前 9 時～日没　◉交通：車／東北自動車道·郡山 IC から約 15km·約 20 分　◉料金：1 日券／ 4000 円　小学生以下 1 日券／ 3000 円ほか、時間券あり。

## フィッシングポイントパスタイム

### 放流時は爆釣確定！　自然環境のよさが自慢

アクセスのよさと自然環境のよさを両立した管理釣り場。ニジマスを主体にパワフルな魚が狙える。1時間から遊べるので気分転換にも最適。放流情報はホームページ上にアップしているので、釣行の際は必ずチェックして行こう。

住所：新潟県柏崎市大字田屋字水梨子
☎ 0257-29-2820　◉営業期間：通年　◉定休日：金曜日（祝日は営業）　◉営業時間：午前９時～午後６時（4～10月）※ 9/25 まで土日祝はナイターあり　◉交通：車／北陸自動車道・柏崎 IC から 20km・約 35 分 ◉料金：１日券／ 3700 円 4 時間券／ 3200 円ほか、各種チケットあり

---

## フィッシングランド鹿島槍ガーデン

### 全国随一の超大物放流エリア！

80㎝のブラウン、90㎝のニジマス、１ｍを超えるイトウ……など、全国随一の大物率を誇る管理釣り場。自然に近い状態で悠々と泳いでいるため、ヒレピンの魚が多くアベレージサイズでも大物と変わらぬ引きが楽しめる。鹿島槍名物の色鮮やかなアルビノは一度見たらその美しさに魅了される人もいるとか。エサ釣りエリアやバーベキューサイトも併設している。

住所：長野県大町市大字平鹿島 8589
☎ 0261-22-8854　HP：http://kashimayari-garden.com/
◉営業期間:通年　◉定休日:無休 ◉営業時間:午前 7 時～午後 5 時 ※ 11 月以降は午後 4 時まで　◉交通:車／長野自動車道・豊科 IC から 37km・約 50 分 ◉料金：1 日券／ 5500 円　女性 1 日券／ 4900 円　子供（中学生以下）1 日券／ 4100 円

## ハーブの里フィッシングエリア

### オールシーズン楽しめる長野の人気釣り場

孵化から成魚まで、一貫生産のできる施設で育てたヒレピンの魚が自慢の管理釣り場。安曇野の豊かな湧水を引き入れているため、水温も安定しており、厳冬期でも凍結の心配なし。ポンドの水質も通年クリアな状態のため、ルアーを猛追するトラウトたちを楽しむことができる。野性味あふれるその引きは一度味わったらやみつきになること間違いなし！

住所：長野県北安曇郡池田町会染 10562
☎ 0261-62-7705　HP：http://www13.plala.or.jp/herb-fa/
◉営業期間：通年　◉定休日：無休　◉営業時間：午前 8 時～午後 6 時　※時間の変更は HP 参照　◉交通：車／中央自動車道・大月 IC から 12km・約 20 分　◉料金：1 日券／ 4700 円　半日券／ 4000 円。その他、各種チケットあり

## 平谷湖フィッシングスポット

### おいしい食事に美しい魚が楽しめるエリア

標高 960m に位置する高原の管理釣り場。湖面が凍結する時期は休業となるが、初夏～秋においては平地に比べて水温が低いため、活性の高いトラウトのファイトを楽しむことができる。12500㎡の大型ポンドはエキスパートからルアー・フライ、エサ釣りと５つのエリアに区切られているため、釣り人のレベルにあわせて楽しむことが可能だ。

住所：長野県下伊那郡平谷村入川 737
☎ 0265-48-1127　HP：http://hirayako.com/
◉営業期間：3月下旬～ 12 月上旬　◉定休日：木曜金曜（祝日は営業・翌月曜休業）◉営業時間：午前 7 時～午後 5 時　◉交通：車／中央自動車道・飯田 IC から 41km・約 45 分　◉料金：平日 1 日券／ 4000 円半日（午前・午後）券／ 3300 円、休日 1 日券／ 4500 円、半日（午前・午後）券／ 3800 円ほか、各種チケットあり。

## すそのフィッシングパーク

### *パワフルな大型トラウトが悠々と泳ぐ！*

富士山水系の湧水を常時使用し、年間を通して水温が 13 ～ 17℃と安定している。ポンドに放流されている魚はどれも 40㎝前後とサイズが大きめなので、パワフルなファイトが楽しめる。豊富な湧水の恩恵で上池とストリームはクリア。エサ釣り場もあり､ファミリーやカップルも存分に楽しめる。

住所：静岡県裾野市富沢 589-1
☎ 055-993-5514　◉営業期間：通年　◉定休日：第 3 木曜（祝日は営業）◉営業時間：午前 8 時～午後 7 時　◉交通：車／東名高速道・裾野 IC・沼田 IC から車で 6km・約 14 分　◉料金：1 日券／ 5450 円、5 時間券／ 4300 円ほか、各種時間券あり

## アルクスポンド焼津

### *南国ムード溢れるリゾート型管理釣り場*

静岡県大井川近くにあるシュロの木が南国ムードを醸し出している。南アルプスの伏流水を地下 120m から自噴により注水しており、水温は通年 13℃前後。外気温度により多少の変化があるものの、冬は暖かく夏は冷たい、トラウトにとって適水温を保っている。豊富な放流量を誇り、ビギナーからエキスパートまでファンが多い釣り場だ。

住所：静岡県焼津市利右衛門 115
☎ 054-622-7123　HP：https://www.arcus-pond.com
◉営業期間：通年（夏季に休業あり）　◉定休日：期間内無休　◉営業時間：午前7時～午後８時　◉交通：車／東名高速道路・大井川焼津藤枝スマート IC（ETC 専用）約 10 分　◉料金：1 日券／ 6000 円、8 時間券／ 4700 円ほか、各種チケットあり。

## フィッシングサンクチュアリ

### 女性・子供、ビギナーからエキスパートまで大人気

大自然に囲まれ、四季折々の景色を楽しみながら通年釣りが楽しめる。足場もよく、清潔なトイレも完備しているので女性や子供にも人気。併設するログハウスにはカフェがあり、モーニングやランチ、デザートを楽しむことが可能。フィッシングアドバイザーやインストラクターも常駐しているので釣りを始めたいビギナーにもオススメ。

住所：三重県いなべ市藤原町山口 1870
☎ 0594-46-8820　HP：http://go-sanctuary.com/
◉営業期間：通年　◉定休日：第 3 木曜（祝日は営業・翌日休業）　◉営業時間：午前 7 時 30 分～午後 5 時 ※季節により変動あり、HP 参照　◉交通：車／名神自動車道・関が原 IC からは約 20 分、東名阪自動車道・桑名 IC からは約 40 分　◉料金：1 日券／ 5000 円　半日券／ 4000 円ほか、各種チケットあり。

## 千早川マス釣り場

### 関西では貴重な通年釣りが楽しめる管理釣り場

金剛山の国定公園内にある。標高 600m 以上の高地にあるため、夏は大阪市内よりも 5℃ほど気温が低く快適に釣りを楽しむことができる。また、水温も安定しているため関西方面では通年釣りが楽しめる貴重な釣り場といえるだろう。四季の変化のなかでも「紅葉は感動的！」とスタッフさんが太鼓判を押す秋の千早川はぜひ一度足を運んでほしい。

住所：大阪府南河内郡千早赤阪村大字千早 1262-4
☎ 0721-74-0116　HP：http://chihayagawa.jp/
◉営業期間：通年　◉定休日：無休　◉営業時間：平日・午前 8 時 30 分～午後 5 時　◉交通：車／阪神高速・美原南 IC、北 IC から 20 ～ 25km・約 40 分　◉料金：1 日券／ 4500 円　半日券（午前・午後）券／ 3500 円ほか、チケットあり。

## 醒井養鱒場ルアー釣り場

### 日本最古の養魚場でルアーフィッシング

醒井養鱒場は明治 11 年に開場された日本最古の養鱒場。水温は通年マス類に最適な 12℃に保たれており、1年中安定した釣りを楽しむことができる。特に夏場でこの水温は関西、東海地域では数少ない絶好のルアー釣り場といえるだろう。また観光施設としても歴史があり、場内には霊仙山の麓から湧き出す清流をたたえた多数の池に、さまざまなトラウトが遊泳している。

住所：滋賀県米原市上丹生
☎ 0749-54-0301（平日）☎ 0749-54-0304（土日祝） HP：http://samegai.siga.jp/
◉営業期間：通年　◉定休日：無休 ◉営業時間：9 ～ 11 月の平日・午前 9 時 30 分～午後 4 時 45 分、休日・午前 8 時 30 ～　◉交通：北陸自動車道・米原 IC から約 7km・約 15 分、名神高速道路・関ヶ原 IC から 14km・約 20 分　◉料金：平日 1 日券／ 3500 円　土日祝 1 日券／ 4000 円ほか、各種チケットあり

## フィッシングパーク高島の泉

### 電車でも行ける、交通アクセス◎な管理釣り場

滋賀県に位置する西日本を代表する人気管理釣り場。全部で 3 面のポンドがあり、ポンドごとに特徴が異なっている。水質はクリアで雰囲気が抜群。施設のクオリティも高く、ファミリー層からエキスパートまで、幅広いアングラーに支持されている。数釣りはもちろんのこと、大型魚からイトウの大物ファイトゲームまで満喫できる。

住所：滋賀県高島市新旭町藁園 2250
☎ 0740-20-7448　HP：https://www.takashimanoizumi.com/
◉営業期間：通年　◉定休日：無休（元旦のみ休み）◉営業時間：午前 7 時～午後 5 時 30 分（4 ～ 9 月）※ 10 月以降は午後 5 時まで　◉交通：湖西の幹線道路 161 号を降りてすぐ。JR 湖西線新旭駅から 1.3km。
◉料金：6 時間券／ 4300 円　3 時間券／ 3200 円ほか、女性・中学生以下の料金あり。

もっと知ろう！

# 道具の知識は釣りの世界を広げるぞ！

## 最新ロッドやリール、タックルは星の数ほどある！そんなアイテムに愛着を持とう！

たとえ中古ショップやオークションで購入する場合でも、高額の商品となりやすいのがロッド＆リール といった、トラウト管理釣り場のルアーフィッシングのメインアイテムというべき商品たちだ。どうしても最初はそのメーカーやいろいろあるアイテムの違いがわかりづらいのは事実。ここではちょっと突っ込んでまとめてみたい。

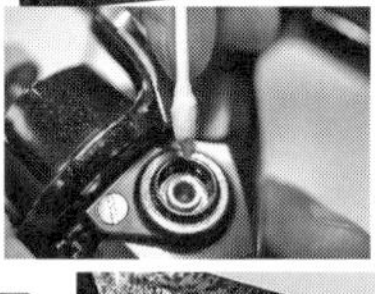

**コンテンツ**

- ●リールの豆知識～リール今昔と高額リールは何が違う
- ●腕の一部として存分に性能を発揮できる最新ロッドの性能やいかに!?
- ●ルアーを賢く収納しよう！タックルボックス活用術!!
- ●最新リールメンテナンス　ベストな状態で管理釣り場を楽しむために！

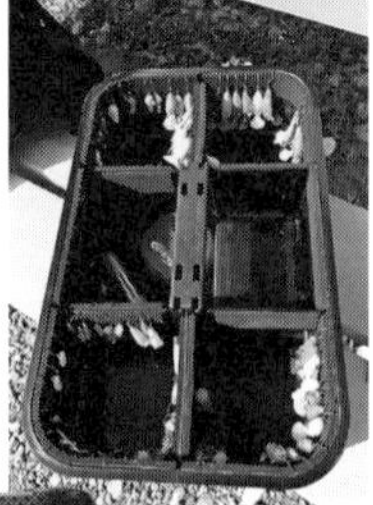

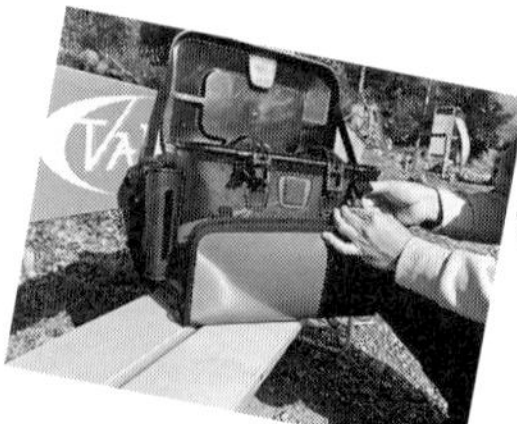

これがなくちゃ始まらない！

# リールの進化は止まらない！ なぜ高額になったのか？

何が違うの？ 釣果に差はでるのか？

## リールの進化、今と昔

最新のリールを見てみよう。価格帯もさまざまある。安いものは２０００円以下、よく百均などでも数百円で購入できる釣り用のリールがある一方、エリアトラウト用に開発された最高品質のアイテムは、メーカー希望価格で約10万円。販売店では7～8万円ほどで並んでいるのだ。

何がそんなに違うのか？　もちろん、内部パーツの一つひとつの精度が異なるのはいうまでもない。丈夫さという観点でも、高額のアイテムは低価格帯のそれ以上といえるが、やはり最高級品質のリールはそれなりにデリケートでシビアな作りにもなっている。

だれにでも一瞬でわかるのは、ハンドルを回転させたときの滑らかさにある。高額リールになればなるほど、その回転はシルキーで非常に巻き心地がよい。指先の軽いタッチでハンドルが滑るように巻けるから、繊細な操作にも敏感に反応する。さらにはラインやロッドを通して伝わるシビアなアタリも、このシルキーな巻き心地がアングラーに伝達しているのだ。

さて、そんな最先端のリールだが、本書の冒頭でも述べたとおりに、現在我が国の釣具産業、フィッシングタックルは世界最高水準だ。今後数十年経っても、おそらく諸外国の製品に技術で追い抜かれることはなさそうなレベルである。

しかし、わずか30年前は少し違った。40～50年前に遡ると、日本のリールよりも舶来品、外国製のリールやフィッシングタックルに軍配が上がっていた。それらは当時の経済規模や流通価格の相場からいっても非常に高価だったのだが、その時代の日本製のリールはもう少し買い求めやすいレベルものが大半だった。

## リールを選ぶときのポイント

何にでもいえることだが、モノの良し悪しが判断しづらいときは、逆に自分の予算、金額として出せるギリギリのアイテムを手に入れることが鉄則といえる。そんな高性能なリールが使いこなせるかな？　と思うかもしれないが、使いこなせるようにレベルアップするだけでよい。しかも、レベルアップしたときに、あまりにも低グレードのリールは不要になってしまう。そのグレードのリールでは、自分の釣りができない！　と感じたら、処分するしかなくなるのだ。仮に中古品として下取りのように売るとしても、低価格帯のリールはほとんど値がつかないのが普通だ。

本書の冒頭でも触れたように、リールにはサイズを選ばなければならないし、違いと言えばそれ以外にもギア比の異なるモデルをどうチョイスするか？　というのもある。サイズは基本1000番か2000番というのは先述したとおり、間違っても2500、3000といった大型(中型)リールを購入しないように。これら中型リールはブラックバスや海のルアーフィッシングには向くが、エリアトラウトには不向き、大きい分重くなりシビアな釣りには適さないのだ。

ギア比はスタンダードな1：4.9あたりを基準に、操作系の釣りであるボトムやトップウォーターにはハイギア、大型のクランクベイトで水抵抗の大きいルアーを用いる釣りにはパワーギアタイプ（ギア比の低いモデル）を選ぶ。

さて、問題の価格帯だが、先にも述べた『予算ありき』ではあるが、正直1～2万円以下のリールは、アングラーの技量が上がれば買い替えが必要になってくるレベル。やはり3万円代後半の価格帯のリールにしてはじめて、ある程度のレベルになっても使い続けられるリールといえるかもしれない。

アングラーのレベルが上がってくれば、どうしても複数のタックルを持ち込んで釣りを楽しむ。ロッドもそうだ

がリールもいずれ3～5台、それ以上に増えていくかもしれない。その時々でバラバラの揃え方をするよりも、ある程度シリーズやメーカーで統一された方が、釣りをゲームとして捉えるときにやりやすいだろう。そういった先を見越して最初のリールを選ぶのがオススメだ。

**ドラグ性能とベアリングの数**

超極細のラインで挑むエリアトラウトフィッシング。ちょっとした大物がヒットしても、その細糸でなんとか取り込むためには、リールに高性能のドラグが搭載されていることが必要条件となる。言い返せば高性能リールがなぜ高額か？　なのはこのドラグ性能が高いからに他ならない。メーカーもそのあたりを低グレード品と差別化するために、ドラグのスムーズさは各メーカーのフラッグシップモデルが最も優れるように設計している。また、それと同じようにベアリングの数とベアリングの品質の高さも、フラッグシップ機（最高級リール）に搭載されるようになっている。

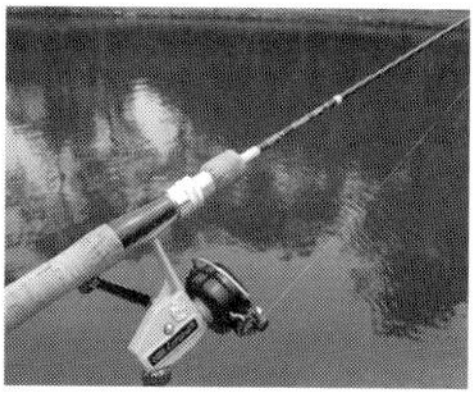

**古いリールとリールの耐久性**

確かにモノである以上、使い込んだ分だけ劣化はする。どんな高級リールも時間の経過と使用頻度に応じて各パーツは傷んだりヘタったりするのだ。そのためにもこのあとの頁で解説するが、しっかりと手入れをし、メンテナンスやオーバーホールによって機械として蘇らせる必要もでてくるだろう。そんな使い方をしていれば、最高級クラスのリールの場合 10 年以上もノントラブルで使用が可能になる。ただし、これもアタリハズレがあって、10 年以上も多くのアングラーに愛される、いわゆる『名機』とよばれるリールがある反面、4～5年で姿を消してしまうモデルもある。メーカーの供給パーツはモノにもよるがおよそ 10 年前後だ。低価格対のアイテムは、もっと早くパーツ切れとなってしまうこともあるので覚えておこう。

**オールドタックルも味がある !?**

この意見にもまったく否定する理由はない。むしろ高額だろうが、低価格帯だろうが、使用する本人が気に入って使い、なおかつ使用するのに不備がなければなんの問題もない。しかし、ある程度理解した上でオールドタックルを使用しないと、使っていてライントラブルを引き起こしやすかったり、その都度その修復に時間が取られるようでは釣りの時間が短くなってしまう。ここでいうオールドタックルとは、古くから愛好家の多い外国製のヴィンテージリールで、それらを好んで使うトラウトアングラーも少なからずいる。

### シマノカーディフ XRC2000S

超滑らかな巻心地を誇る超軽量スピニング最新のテクノロジーを惜しみなく注ぎ込み、至高のトラウトゲームを誰もがいとも簡単にこなすことができるスペシャルリール。カラーリングも非常にシックなダークグリーンを採用。コルクグリップと相まってさらなる高級感も演出している

ギア比　1：5.1　自重　155g　本体価格　39200 円
問い合わせ：シマノ　https://fish.shimano.com/ja-JP

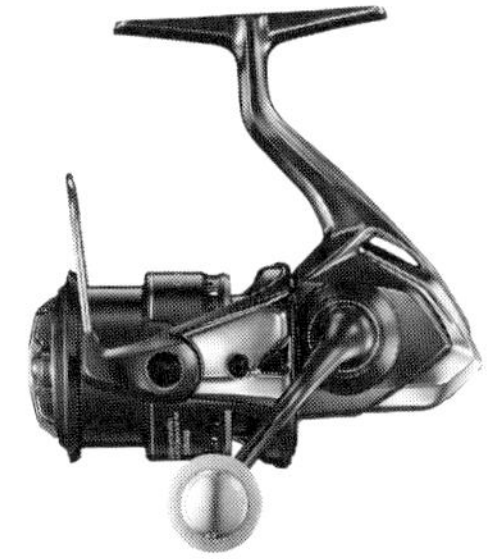

### ダイワ PRESSO LT2000SS-P

エリアトラウト専用スピニング ZAION 製モノコックボディで身をまとい、PRESSO 史上最軽量の 145 g（1000S - P）を実現。この圧倒的な軽さが感度を生み昨今の繊細なエリアフィッシングにベストマッチする。マットブラックと PRESSO オレンジを基調としたカラーリングがレーシーさを演出してくれる。

ギア比　1：4.9　自重　150g　本体価格　51900 円
問い合わせ：ダイワ　https://www.daiwa.com/jp/

腕の一部として存分に性能を発揮できる
最新ロッドの性能やいかに!?

# 最新タックルの選び方 ロッド編

**管理釣り場のルアーフィッシングを始め、タックルは常に進化している。とくにロッドに関していうと、超高性能なパーツを使うことで高感度、軽量化が成されている。そして、ロッドは使用するルアーに応じて細分化されており、自身の最も得意とする釣り方に合わせたセレクトが釣果を決めるといって過言ではない。**

## 使用するルアーに応じたアクションを!

現在、エリアフィッシングで使われるルアーはスプーンとクランクがメインとなる。これに、状況に応じてミノーやボトム攻略などを得意とするダート系といった飛び道具的なアイテムを駆使していく。これらのルアーはもちろん得意のアクションがあるため、このアクションを忠実に再現できるテクニックとタックルが求められる。とくにロッド選びは重要で、ロッドの特徴(アクション)がまったく合わないと、ルアー本来のアクションを引き出せないだけではなく、逆に釣り場のスレを進行させてしまう恐れすらある。そうならないため、そして釣果を確実に積み上げるためにも適材適所のロッドを選んでおくことが大切だ。

昨今のルアーロッドのアクションとして大きく分けると、先調子(ファストテーパー)、中調子(ミディアムテーパー)、元調子(スローテーパー)の3種類がある。それぞれ得手不得手なルアーがあるので、しっかりと特性を理解しておくといいだろう。

まずはキャストが決まらないと釣りにならない。1gに満たない超軽量スプーンから2g、3gといったプラグまで狙ったところにキャストできるロッド選びが大切だ

魚を掛けてからのやり取りもこのロッド性能が大きく関わってくる。しっかりとロッドに仕事をさせればバラシも少なくなるぞ

繊細なトラウトのバイトを確実に感じとれる感度が必要

# 使用ルアー別ロッド選びの極意

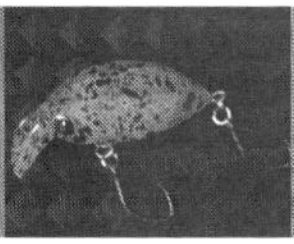

**ルアーの性能を100%引き出し、釣果を導こう！**

## スプーン用ロッドの選び方

### ファストテーパーがオススメ

最近流行りの１g以下のスプーンを手首のスナップを利かせコントロール重視でキャストできるモデルがオススメ。竿の根本側（バット部）があまり柔らかいモデルでは、軽量スプーンに魚がアタってきたときにしっかりとしたフッキングが決まりにくいため避けたほうがいいだろう。そのため、ファストテーパーモデルがスプーンを操作して掛けていく釣りには向いている。

アタリがあったら積極的に掛けていこう

竿先が曲がるファストテーパー

## クランク用ロッドの選び方

### スローテーパーがオススメ

クランクはただ巻くだけで、それ自体が大きな波動を生み魚にアピールしてくれる。その際、大小のブレが生じるため、それをしっかりと吸収できる全体的に柔らかいアクションのロッドがオススメ。またアタリがあったときに巻き続けながらオートマチックにフッキングさせるためにも、ロッド全体が曲がるスローテーパーアクションの竿がいいだろう。

レギュラーテーパーはバラシが少ない

胴からしっかりと曲がるレギュラーテーパー

## ミノー用ロッドの選び方

### レギュラー〜ファストテーパーがオススメ

ミノーの釣りは、トゥイッチやジャークを駆使して、逃げ惑う小魚を演出して狙うのが一般的だ。そのため、この動きをしっかりと演出できる張りのあるロッドがオススメだ。またミノーを多用する渓流タイプの釣り場では、その流れに対しても負けないようしっかりとしたアクションが求められるので、すこしパワーのあるミノー専用ロッドがあるといい。

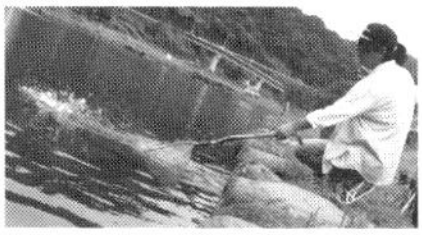

最近ではニジマスをミノーで狙うメソッドも確立されてきている

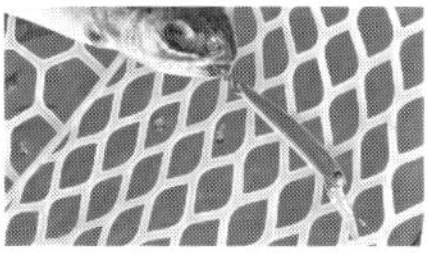

しっかりとアクションが伝達できる硬めのロッドがオススメ

そんなにロッドを何本も用意できないよ！　という人にオススメなのがファスト〜レギュラーテーパーのロッドだ

### 特定のルアー専用ロッドもあるぞ！

気難しくなったエリアに放たれたトラウトを確実に釣り上げるため、さまざまなメソッドが生み出されている。それをこなすためには、専用タックルの存在も忘れてはならない。最近ではひとつのルアーを使いこなすために、それだけに特化した専用ロッドも登場してきている。より快適に、そして確実な操作性は専用ロッドならでは。一つのルアーを極めたいのであれば、専用ロッドも候補にいれてみよう。

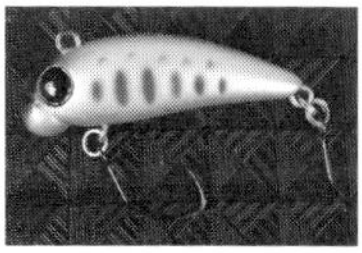

ボトムバイブレーションルアーなどは専用ロッドがあると操作性も高まる

基本性能を高い次元でクリアしている
パーツに注目しよう！

# ロッドのパーツにもこだわろう！

**最新のロッドはとにかく高性能だ。エリア用ロッドとしての基本性能を有しているのはもちろんのこと、各メーカーの開発陣が細部まで徹底してこだわって作りあげられているロッドが数多くラインナップされている。ここでは最新ロッドの各パーツに注目して、そのこだわりを垣間見よう。**

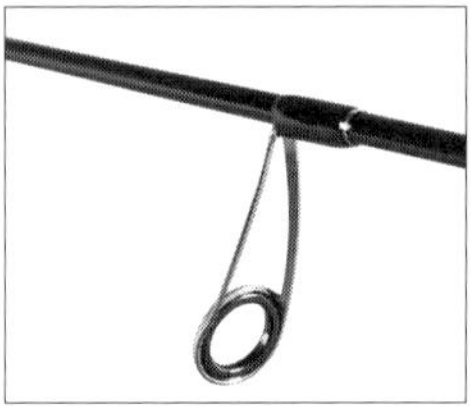

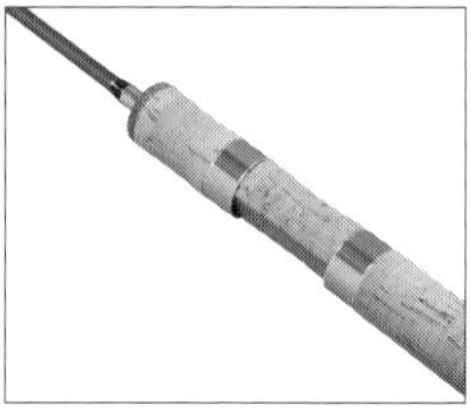

## 其の壱 グリップ

握りやすさは、そのロッドの良し悪しを決める重要な部分であり、これが悪いとキャストフィールはもちろん、ルアーの操作にも悪影響を及ぼす。

一日中握り続けるため、その形状は重要視したい

## 其の弐 ガイド

ガイドの重量のちょっとした差がロッド全体の性能に大きな影響を与えることがある。このガイドの重量が軽くなることで、キャストしたときの振り抜けがよくなり、キャスタビリティがアップする。また、取付位置が非常に重要で、ロッドの曲がり具合に大きく影響するので、ここは各メーカー、入念にテストを繰り返している。

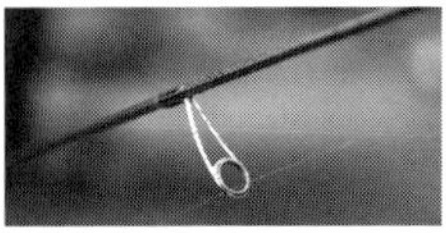

チタン製のガイドは軽量で、ロッド全体の重さを軽くすることができる

## 其の参 ブランクス

しなやかなティップ（先端）は、タフったときのショートバイトでも違和感を覚えさせることなく喰わせられ、スムーズな初期掛かりに一役買う。また、ティップのわずかな動きを目で察知する、いわゆる目感度をよくするためスレッドに目立つカラーを採用したものもある。

滑らかな曲がりで魚をいなしてキャッチする

## 乗せ系と掛け系のロッドを使い分ける

**フックポイントのパワーの伝達が違う**

掛け系と乗せ系ロッドでは、アワセの動作も違ってくる。乗せ系はブランクの曲がりが大きいので、ロッドの動きが小さいとパワーをフックポイントに伝えにくい。逆に張りのある掛け系のロッドでは、小さな動きでもフックにパワーを伝えやすいので、控えめのロッドワークの方がよい。

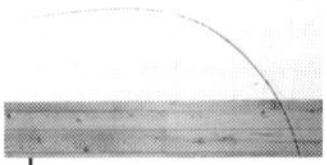

ロッドの根本側からしっかりと曲がる乗せ調子（スローテーパーアクション）はアワセが効きにくいといった弊害もあるが、掛けてからのバラシを減らす効果がある

掛け調子は自ら積極的にアワセを入れていき、テンポよく釣っていくのに向いている。ただし、強引なやり取りはバラシの原因となるので、丁寧な取り込みを意識しよう

## 最新ロッドを深掘り！

### ブレイクスルー　ZeroVerge　6'0GL（ヴァルケイン）

#### ハイエンド機を凌駕するほどの高性能エントリーロッド

ハイエンドモデルのアクションをそのまま採用したニューロッド"ブレイクスルーゼロヴァージ"。6'0GLは、操作性を重視したショートレングスのグランドライトタイプ。スプーニングからミノーイング、ボトムフィッシングまでをカバーする１本

SPEC
全長：6'0"／継数：2／価格（税別）：1万9800円

スプーンからクランク、ミノーまでなんでもカバーできる汎用性がウリ

## 専用ロッドを深掘り！

### トラウティンスピンフィールドリーム　アヴェルラ（スミス）

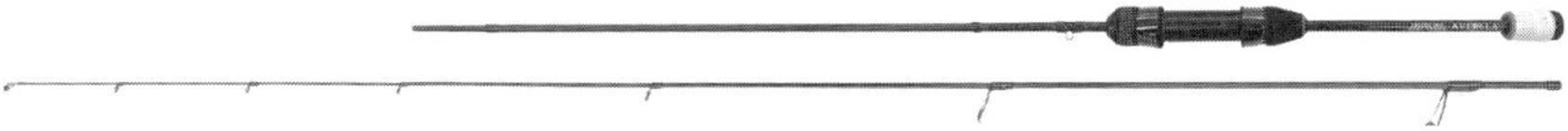

#### ミノーイングのスペシャリティロッド

従来のエリアロッドでは再現が難しかった操作領域をカバーするスティル（ミノーイング）スペシャル。マジックジャークを追求するための１本。ミノーを奪い合う「高活性＝ハイテンポ」な展開から、的確なコース取りが求められるシビアなサイト展開まで、ミノーイングでの"キレ"と"精度"を追求するシチュエーションに対して大きなアドバンテージに。

SPEC
全長：5'4"／継数：2／価格（税別）：5万7000円

渓流タイプの管理釣り場専用で、流れに負けない操作性を可能としている

## トーナメントロッドを深掘り！

### バンシー シリーズ（メジャークラフト）

#### 最先端パーツで武装した究極スペック

極限の薄さ·軽さを実現した究極のガイドリング「トルザイトリング」を搭載した最新ロッド「ファインテール　バンシー」。管理釣り場におけるトーナメントで勝つためだけに煮詰められた究極のロッド。適度な張りをもたせた超高感度ブランクスと柔軟なティップで、違和感なく喰わせることに特化したモデル。

SPEC
バンシー BTSS-5112L
全長：5'11"／継数：2／価格（税別）：3万5000円

刻一刻と変化するトーナメントの戦い方にアジャストできるプロスペック仕様

張りはあるけど曲がる。そんな魔法のようなブランクスに仕上がっている

#### ベイトロッドで楽しむのもアリ！

エリアフィッシングでは数釣りとサイズを狙いたくなるのは仕方がない。ここで気分を変えて１匹の価値を求める釣りを楽しむのももう一つの楽しみといってもいい。そこでオススメするのが、ベイトタックルを用いたエリアフィッシングだ。最初はその操作感に戸惑うかもしれないが、自分で狙って釣った感を味わうには持ってこいなセレクトだ。もし、数釣りに少し飽きてきた、他の人とは違った楽しみ方をしたい、と思ったときは迷わずベイトタックルでトラウトを狙ってみよう。

釣れたときの喜びはひとしおだ

ベイトロッドにはベイトリールを合わせよう

# ルアーを賢く収納しよう！

タックルボックス活用術!!

**管理釣り場のルアーフィッシングをやり込んでいくとだんだんと増えてくるのが、ルアーやフィッシングアイテムたち。これらを見やすく、取り出しやすく、使いやすいように『タックルボックス』に収納すると機動力も爆上がり！　ここではトップアングラーのシステマチックな収納術を紹介していこう。**

## 増え過ぎたルアーをしっかりと収納

時代とともに管理釣り場の釣りにおける『収納』は常に変化してきた。その理由は、収納すべきアイテム数、種類が格段に増加したことが挙げられる。それをキレイに、なおかつシステマティックにレイアウト（収納）することで、機能的かつスピーディに釣りを展開できるのだ。

現在、タックルボックスは「バッカン」と「ボックス」の2つが用意されているが、自分の好み、収納イメージを考慮して選んでみるといいだろう。また、よりコンパクトに収納したいのであれば、腰巻きのバッグなどにルアーワレットを収納するのもいいだろう。これなら移動中も両手が空くので、機動力がアップする。

より、システマチックに収納されたタックルボックスは見ているだけでもうっとりするぞ！

# バッカン編

最新のバッカンにはロッドスタンドが付いていたり、インナートレーがあったりとかなり多機能になっている

**バッカンはEVA素材の四角いボックスのことで、その魅力はなんといってもEVA素材ならではの高い防水性にある。発売当初はエサ釣りのコマセ入れなどに使われていたが、その高い収納力に目を付けルアーフィッシングのタックルボックスとして活用されるようになった。**

スプーンワレットは多くのスプーンを収納できるように４面パネルなどを採用する

ルアーケースには仕切りがある。これをうまく活用して用途に応じで収納していこう

バッカンには仕切りがないため、ルアーの種類に応じてルアーケースを複数用意して収納していくことになる。このときバッカンにキレイに収まるサイズのルアーケースで揃えよう

バッカンの前面にスプーンワレットを接続して収納スペースを確保する

別途カラビナなどを用意すればさらに多くの収納ケースを接続できる。

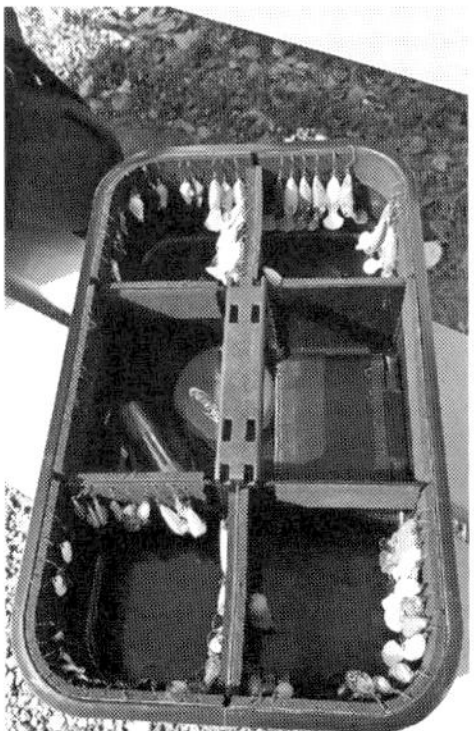

もし隙間（スペース）ができてしまっても、そこを上手に活用しよう。スポンジを周りの貼り付けることでスプーンやフックを刺しておくことができる

バッカン本体にＬ字金具をつけることでルアーケースの落下防止の効果がある

バッカンの裏蓋に貼り付けられたスプーンワレット。観音開きになることで、手早くルアー交換を行えるように工夫されている

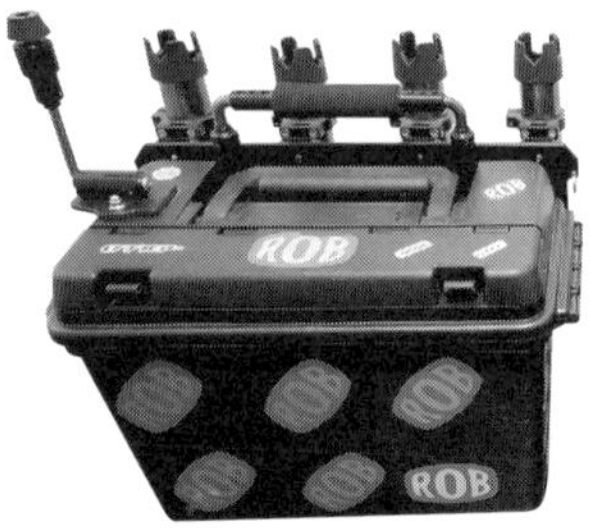

# ボックス編

なんといってもこの外見は圧巻の一言。これだけで個性ある世界にひとつだけのオリジナルタックルボックスが出来上がるのだ

**バッカンがEVAという柔らかい素材で出来ている一方、ボックスは硬化プラスチック製のハードタイプとなる。これがカスタマイズの幅を広げてくれる。まずは自分の好きなデザイン（カラー）にステッカーやペイントでオリジナリティある外見を演出できること。また、細かく仕切られていたりするモデルもあるので、それぞれに用途別のルアーを収納できる点にも注目だ。**

ちょっとしたところにもアイテムを接続できるように結束バンドなども活用しよう

裏蓋にスポンジを貼り付ければ、お気に入りのスプーンを刺しておくことができる

サードパーティー製のロッドホルダーを接続することで、複数本のロッドを刺した状態で移動できる

世界にひとつだけのオリジナルボックスの完成です！

ボックスの中にはタッパーなどで仕分けられたルアーや予備のライン&リーダー、フックなどが収納できる

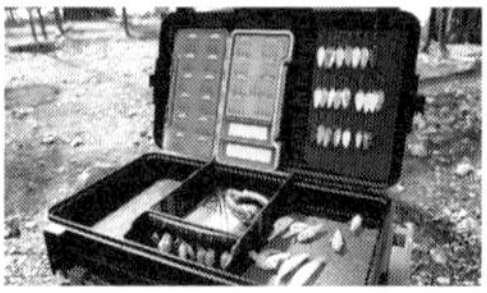

裏蓋に小箱を貼り付けてフック入れに

ボックスに収まりきらないワレットなどはボックスに引っ掛けていつでも取り外しができるようにしてもいい

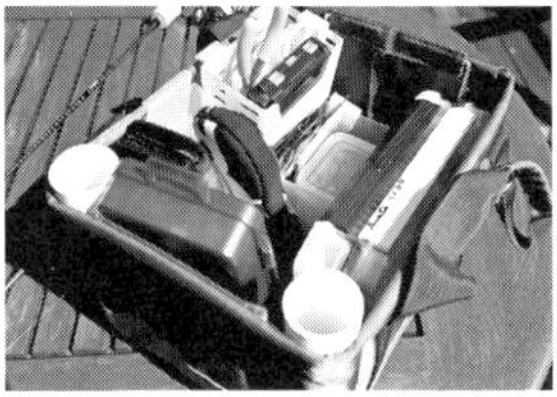

仕切りやボックスを上手に使えば、見やすく取り出しやすくカスタマイズできる

見た目もスッキリ。手軽に楽しむにはもってこいなコンテナバッグ

## バッグ編

**バッカンとボックスのいいとこだけを取り入れたのが、このコンテナタイプの収納ケース。上蓋がない代わりに内側にロッドホルダーをセットでき、システマチックにロッドを格納することができる。周りはしっかりとした枠で強化されているため、型崩れすることなく、しっかりとした使い心地も満足できる理由のひとつ。**

## タックル収納カタログ

持っておきたい収納アイテムをご紹介!!

### MUKAI マルチコンテナ M
ムカイフィッシング

**持ち運びに便利なツールボックス**

エリアフィッシングシーンのひとときをより楽しく、快適なものにするためのフィッシングギア。ワレットやプラグケースなどを持ち運びに便利なツールボックス。コンテナ片側には2本のロッドスタンドとしても使用可能。

カラー◎カーキ、ブラック
サイズ◎ 280 × 280 × 220mm
価格（税別）◎ 2700 円

### ウォータープルーフバッグライト
ヴァルケイン

**シンプルかつ使いやすいバッカン**

シンプルなデザインで収納に便利なトレーとハードで型崩れしないロッドスタンド4本付きの使いやすいライトタイプ。ふたはマグネットの留め具をチョイスしたことにより開け閉めがスムーズに。

サイズ内側◎ 390 × 250 × H255mm（H はトレーを含めない）
価格（税別）◎ 12900 円

### RC カーボンチェンジャーワレット
ロデオクラフト

**出し入れラクラクな次世代ワレット**

釣行先、状況の変化等さまざまなシチュエーションにあわせて瞬時に携行ルアーをセレクト可能なチェンジャーシステム。ルアーを装着するチェンジャープレートは 6 枚入り。チェンジャープレートが収まるワレットインナーはそのまま取り外し可能なセパレートタイプ。

サイズ◎ 220 × 140 × 70mm
価格（税別）◎ 4850 円

### エリアウエストバッグ
フォレスト

**収納力抜群!!**

メインの収納部にはフタが設けられ、ランディングなどの動作中でもしっかりと中身を保持してくれる。そしてこのフタにも収納がついているなど収納力も抜群。バックル付きウエストベルトもセットになっているのでウエストバッグとしての使用はもちろんのこと、バッカンやロッドスタンドにもセットが可能なクロロプレンゴムバンドが付属している。

カラー◎デニム、オレンジ、カーキ
サイズ◎ 230 × 185 × 85mm
価格（税別）◎ 8500 円

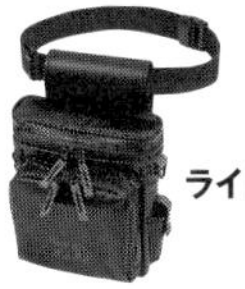

### ライトゲームポーチ（B）
ダイワ

**ライトゲーム、エリアトラウト等に最適なコンパクトタイプ**

よく使用するルアーを収納し取り出しラクラク「ルアーマット付きフロントポケット」やマット付きポケットの開閉を容易にするフラップ付き。ウエストベルトにはねじれにくい「ハードベルト」採用し、バッグ本体部の移動がしやすく、扱いやすい低重心縦型形状。

サイズ◎ 100 × 210 × 220mm
価格（税別）◎ 6800 円

### グレ鱒 M ワレット
オフィス・ユーカリ

**グレ鱒ワレットシリーズに NEW タイプが仲間入り！**

使いやすいお財布サイズで、外側にもルアーが刺せるネオプレーン素材。ファスナーは防水仕様になっており持ち運びに便利なストラップ付き。

カラー◎イエロー、オレンジ、グリーン、ピンク、ブラック、ブルー
サイズ◎ 200 × 90mm
価格（税別）◎ 2480 円

ベストな状態で管理釣り場を楽しむために！

# 最新 リールメンテナンス

管理釣り場をはじめとするルアーフィッシングで最も酷使されると言っていいタックルがリールである。このリールをいつでも万全な状態にしてあげることでより釣りを快適に、そしてよりよい釣果を導いてくれる。ここでは、リールのメンテナンスを中心に紹介していこう。

注：場合によって、リールの分解を伴うメンテナンスを行うと、メーカー保証の対象外となる場合があります。分解作業はあくまでも自己責任で行うようにしましょう

## リールメンテナンスの重要性

「形あるものいつかは壊れる」なんて、昔話に出てくるような名言（迷言？）を鵜呑みにするわけではないが、タックルももちろん永久不滅ではない。

とくに精密機器といえる「リール」は、多用することで摩耗や損傷といった不具合や経年劣化を起こしているものだ。この劣化がひどくなると、時に「違和感」となり、釣果を劇的に損ねてしまうことがある。

では、どうすれば長年愛用してきたリールを、新品のときと同等のベストな状態を維持して釣りができるのか？

これがこの頁のテーマであり、アングラーの永遠のテーマなのではなかろうか？

ここからは、このリールメンテナンスについて解説をしていこう。

## メンテナンスをしっかりと行う

トラウトの管理釣り場は湧き水や川の水を取り入れた「淡水」のもとで行う釣りだ。海釣りとは違いリールに塩分が付着することはまずないと言っていい。それでも、雨の日や湿気の高い時期の使用においては、水分がリール内部にまで染み込み、オイルやグリスに悪影響を及ぼしかねない。そしてその水分と一緒に汚れも内部に浸潤し、これが蓄積することで巻き心地の低下やドラグの効きの悪さ、そして違和感につながるのである。

そうならないためにも釣行後は水で濡らして硬く絞ったウエスなどで全体的に汚れを拭き取るようにしよう。これだけでもかなりの効果が期待できるはずだ。そして、時にはメーカーが推奨する範疇で、掃除、グリスアップなどを行おう。

①

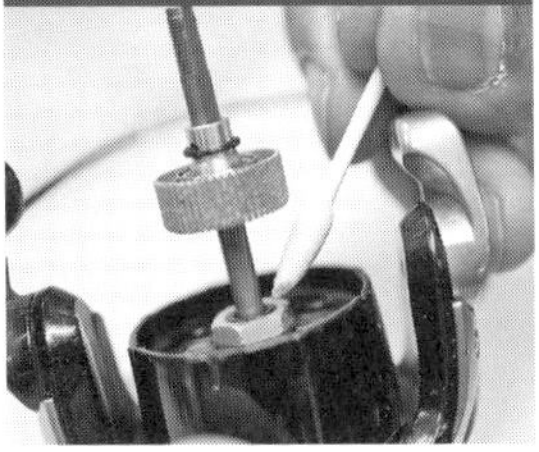

本体からスプールを外し、メインシャフトの汚れを綿棒などで拭き取る

# ボディの清掃とオイル塗布

**まずは基本中の基本となる本体の汚れ落としとグリスアップを紹介。釣行した際にはこの程度のメンテナンスは都度行うようにしたい。**

②

本体からハンドルを外し、ドライブギアまわりの汚れを拭き取る

③

ここにはベアリングがあるのでオイルを数滴注していく

④

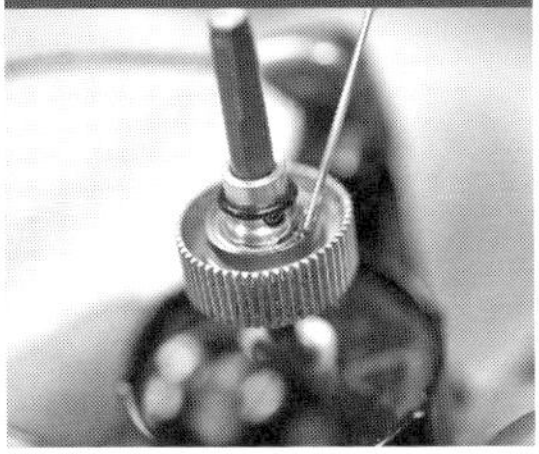

スプール軸にもベアリングがあるのでオイルを数滴注していく

⑤

ボディ左側に注油穴があるので、マイナスドライバーでネジを外す

⑥

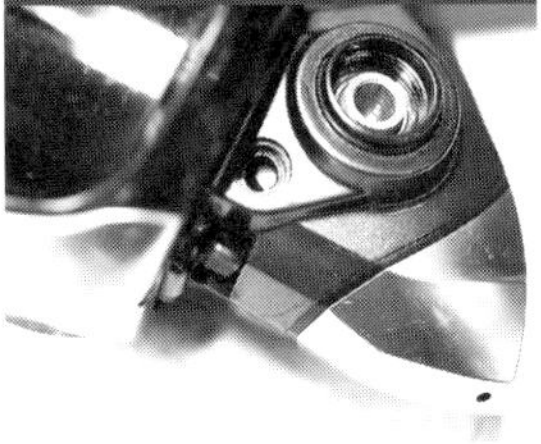

ドライブギアが見えるので、市販のギアグリスを塗布していく

⑦

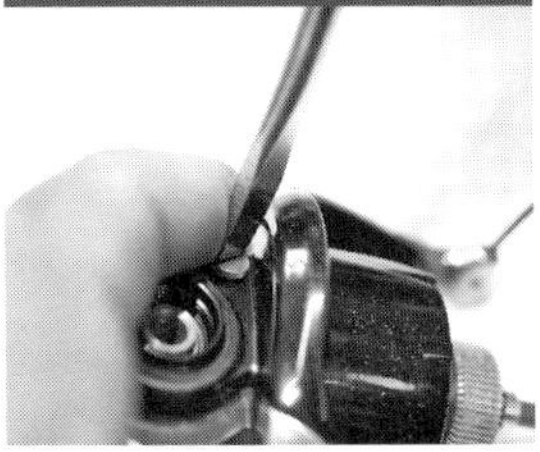

塗布し終えたら、ボディに傷が入らないように指を添えてネジを締め込む

# ハンドルノブの清掃とオイル塗布

**リールの巻き心地に大きく関わるのがハンドル＆ハンドルノブだ。とくにノブが滑らかに回ることでストレスのない釣行が可能となる。こちらもしっかりと清掃＆オイルでケアしていこう。**

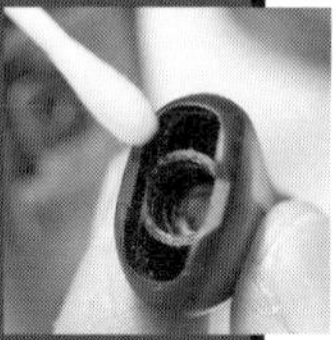

①

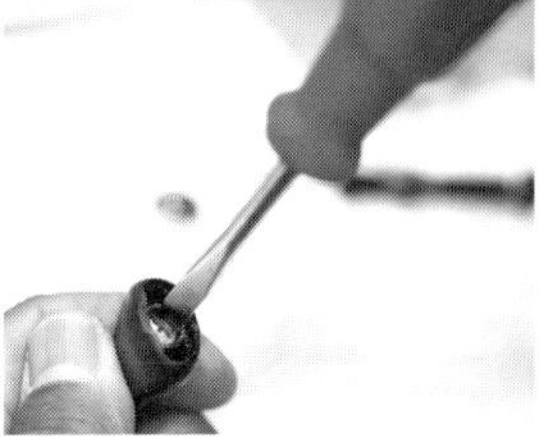

ハンドルキャップを外したら、マイナスドライバーで固定ボルトを回し外す

②

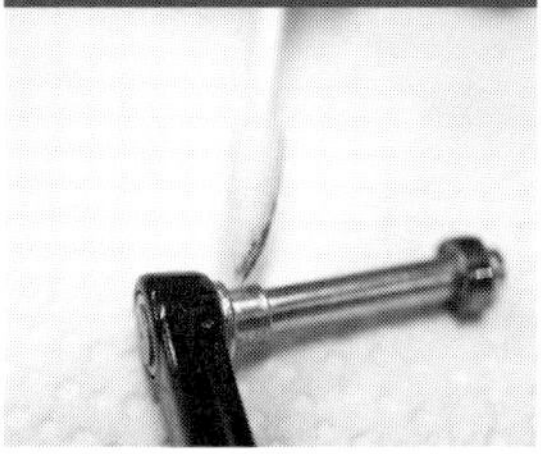

ハンドルノブを外したら、パーツクリーナーを吹きかけた綿棒などでシャフトの汚れを落としていく

③

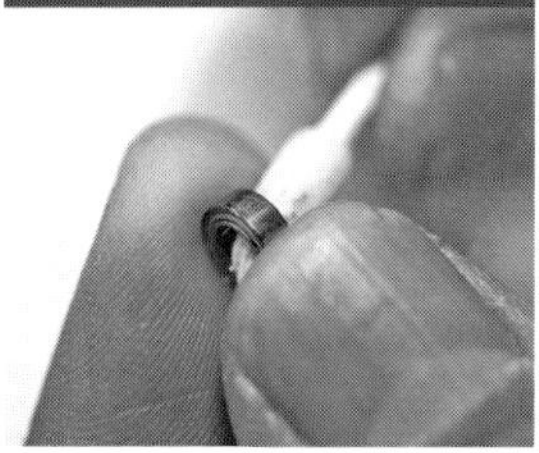

付属のベアリングにもかなりの汚れが付着しているので、綿棒などで汚れを落としていく

④

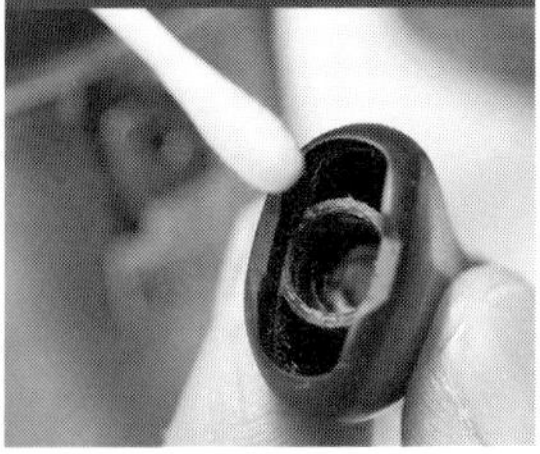

ハンドルノブの内側も汚れが付着しているので、綿棒などで落としていく

⑤

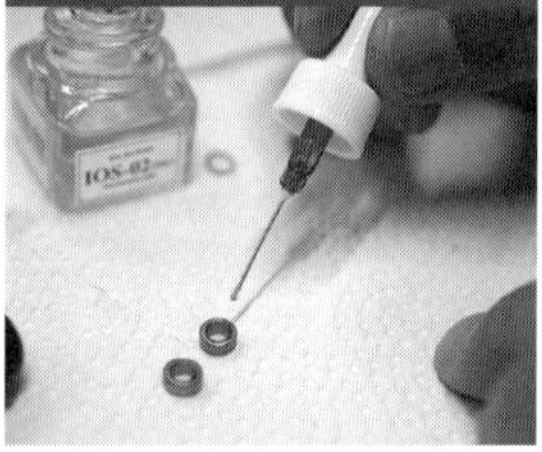


汚れを落としたベアリングにオイルを数滴注し、もとに戻していく

**ワンポイント！**

## オイルを塗布する前に汚れを落とそう！

汚れが残ったままオイルを注してもまったく意味がない。しっかりと汚れを落としてからオイルを注すようにしよう。

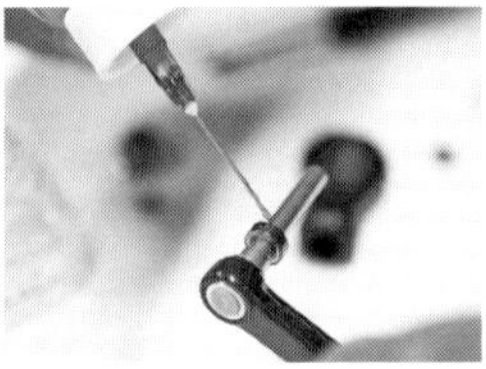

ベアリングを露出させた状態でしっかりと塗布していく

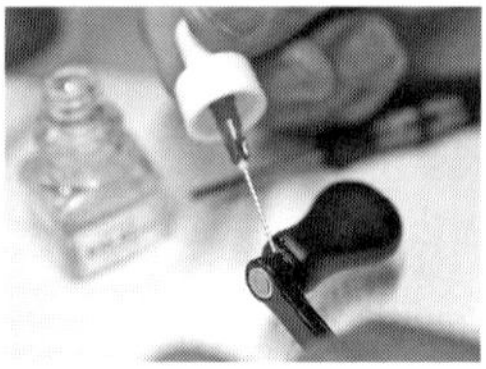

汚れが残ったままオイルを注すとベアリングが傷んでしまうことがあるのでNGだ

# スプールドラグの清掃とグリスアップ

**掛けた魚のパワフルな走りをこのドラグを滑らせることで確実にキャッチできる機構だ。こちらはオイルとグリスを使い分けて滑らかにしていこう。**

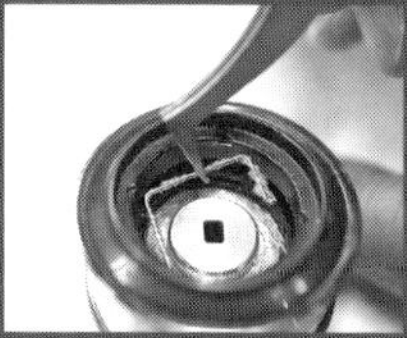

①

スプール内側に付いた汚れを綿棒で拭き取っていく

②

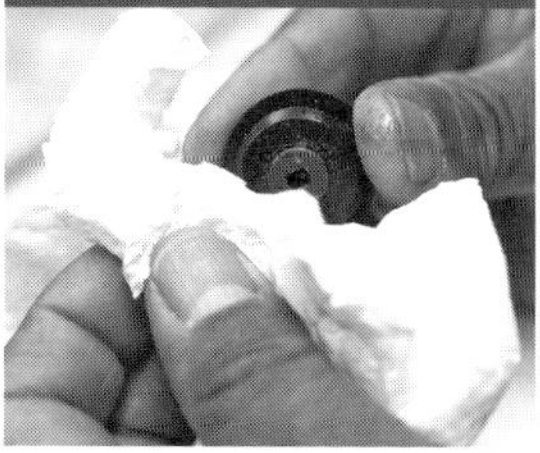

ドラグノブの裏側に付着したグリスや汚れをキレイに拭き取る

③

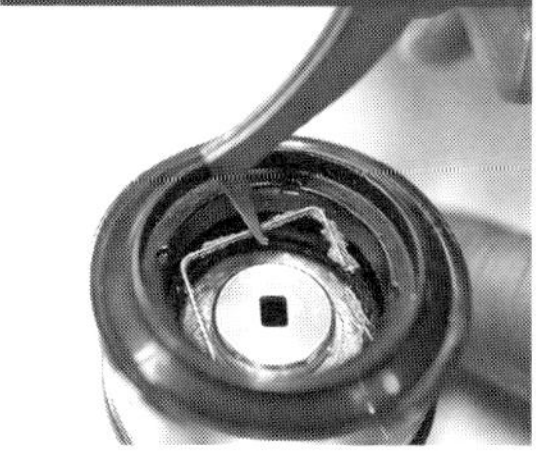

座金を支える抜け止めバネが飛ばないようにピンセットなどでつまんで外す

④

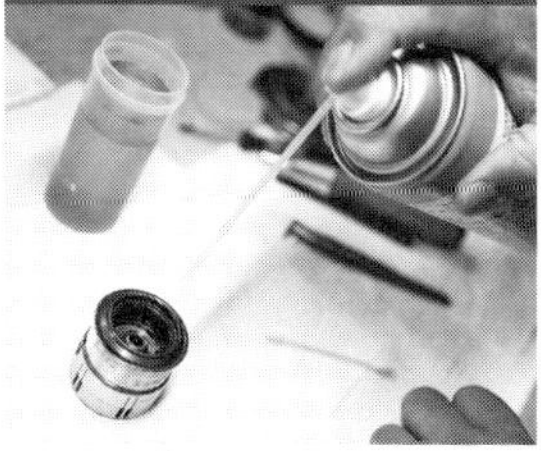

座金にパーツクリーナーを多めに吹き付ける

⑤

綿棒やペーパータオルなどを使って、しっかりと汚れを拭き取っていく

⑥

さっと拭いただけでもこれだけの汚れが付着している

⑦

スプールにセットされたベアリングを下から押し外す

8

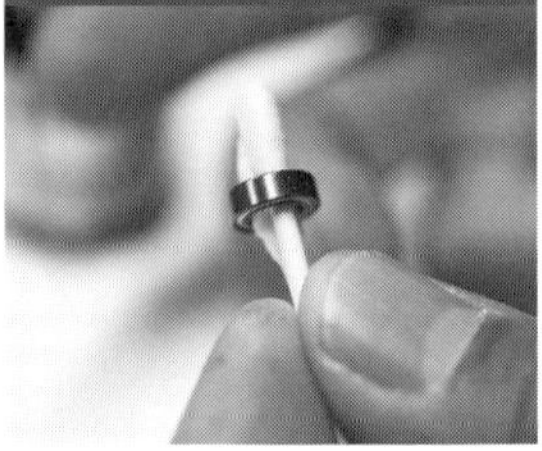

ベアリングに付いた汚れも丁寧に拭き取っていく

9

座金（ドラグフェルト）類についた汚れを丁寧に拭き取っていく

10

ドラグフェルトにグリスを多めに塗りつける

11

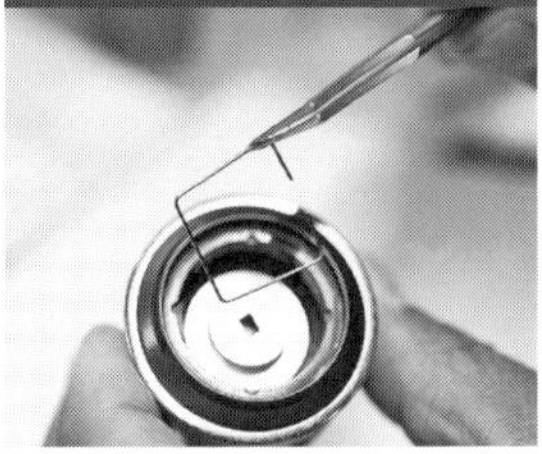

座金、抜け止めバネの順にセットして、もとに戻していく

## ドライバーがあれば基本はOKだ！

リールのメンテナンスを行うには工具が必要だ。だからといって特殊な工具はほとんど必要ないといっていい。今回のモデルとなったリール「12 ヴァンキッシュ」にいたっては、プラスとマイナスそれぞれのドライバーがあれば大丈夫だ。あと、あると便利なのが細かいパーツなどを摘むためのピンセットがあると作業が捗ることウケアイ。

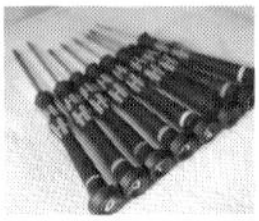

最新のリールはトルクスネジがいたるところに採用されているが、今回の 12 ヴァンキッシュではプラスとマイナスのドライバーがあれば大丈夫だ

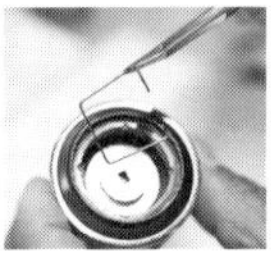

細かいアイテムをつまむときにあると便利なのがピンセット

## オイル&グリスの役割

機械（ギア）同士が接触すると当然摩耗し粉塵が生じる。これを潤滑油を用いて最小限にすることが必要だ。このときオイルやグリスの粘度が非常に重要で、粘度が高いとそれが抵抗となり、感度が悪くなるといった弊害が出てしまう。一方、粘度が薄すぎると油膜がすぐに切れてしまい、金属同士が直接当たってしまい、調子が悪くなるといったトラブルに見舞われる。そのため、専用のリールオイルやグリスは適切に塗布していくようにしよう。

より負荷が掛かるところやギア周りにはオイルではなくグリスを使っていく

**IOS-02　PRO**
**（IOS ファクトリー）**

リールオイルにおける最高レベルの防水力を持つことで悪天候時でも滑らかな巻心地を維持する

**MTDG-01 ~ 03**
**（MTCW）**

常にグリスとしての性能を発揮するよう非常に優れた耐水性と強靭な油膜確保がされている

**オイルプラチナ１**
**（アルカス）**

各ベアリングまわりに塗布することで回転が軽くなりノイズが減るため、アタリが感じやすくなる

**スティッキードラググリス**
**（レビテーションエンジニアリング）**

緩めると出すぎる、締めすぎるとバレるといったピーキーなドラグをマイルドにし、滑らかなドラグに生まれ変わらせる

# リールの水洗い

　リールを末永く使うためには、メンテナンスが重要であることは重々説明した。それでは具体的に洗浄を行う必要があるのだろうか？　最近のリールは高性能・高堅牢で普段から雑に扱わない限り劇的に性能が低下することはないといっていい。とくに管理釣り場をはじめとする淡水エリアでの釣りであれば、釣行の都度水洗いする必要はないだろう。

　それでも長く使うことで汚れが付着するのは仕方のないこと。このようなときは水道水で軽く流し洗いをして、しっかりと乾かしてあげればOKだ。

①

水洗いをする前に、ドラグノブをきつく締め込んでおく

②

ボディとローターの隙間から浸水しないように注意する

③

この向きからは絶対に水を掛けないようにする

④

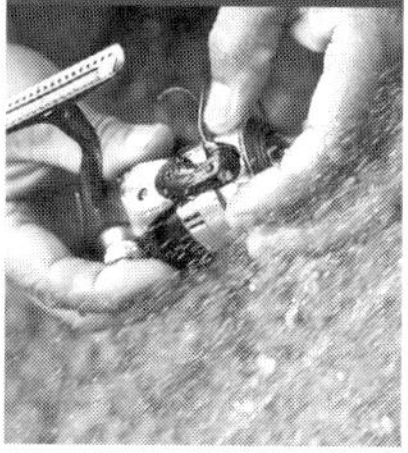

水道水を掛けながら、指で優しく汚れを落としていく

⑤

最も稼働しているハンドルとハンドルノブも丁寧に洗っていく

⑥

全体を水洗いしたら、柔らかいタオルで軽く拭き水気を吸い取っていく

⑦

ハンドルスクリューキャップを外すとご覧のとおり水玉が残っている

⑧

直射日光を避け陰干しする

⑨

タオルで拭き取れないような細かいところは綿棒などを用いて拭き上げる

# トラウトトーナメントって何？

## 競い合うことで最高の技術を学べ！

トラウトトーナメントとは、管理釣り場での釣りをそのまま延長させた、非常に親しみやすい大会がほとんどだ。全国レベルの大会から各釣り場やメーカーが主催するローカルトーナメント、単体の大会やシリーズ戦を戦い抜くものまでさまざまある。

トーナメントに参加するメリットの1つに、自分の釣りを見つめ直すいい機会となる。参加すれば勝利者のウイニングパターンはもちろん、使用ルアーを知れるいいチャンスとなり、もっと言えば自分に足らないモノは何なのか？　それを考えることがトーナメントに参加することで得られる大きな価値なのだ。

そして、それまで1人でやっていた釣りが、トーナメントに出ることで共通の楽しみや価値観を持った仲間ができるというのも大会に出場するメリットといえる。

「トーナメント」と聞くとどうしても敷居の高いイベントのように感じられるが、勇気を出して1歩踏み出せばその楽しさに気付き、新たな世界が広がってくるはずだ。

### エリアフィッシング最大級のトーナメント
## トラウトキング選手権大会

第22回トラウトキング選手権（2023年）で栄えあるマイスターの称号を手にした3名の選手

エリア（管理釣り場）でトラウトの釣果を競い合い「トップマイスター」（全シリーズ総合チャンピオン）を決めるエリアトーナメント。シングルスで戦うオープンシングルス、2名1組で戦うオープンダブルス、3名1組のチームで戦うTHE TEAM BATTLE、協賛メーカー主催の地方予選大会、観て楽しむプロシリーズ、そして各大会の上位入賞者のみが出場権を得られるエキスパートシリーズ。初心者・全国の腕利き・メディアや雑誌などで活躍するプロアングラーまで数多くのエリアトラウトファンが参加している。

問い合わせ◎
株式会社 TORAKIN　https://torakin.jp

# 他にもさまざまなトーナメントが各所で開催されています！

全国の管理釣り場で
大会を開催する

## 管理釣り場ドットコム

全国管理釣り場データベースである「管理釣り場ドットコム」。全国津々浦々な場所でローカルトーナメントを行っている

問い合わせ◎管理釣り場ドットコム
https://www.kanritsuriba.com

優勝賞金は150万円！

## ValkeIN SuperCUP

釣具メーカー「ヴァルケイン」が手がける大会。高額の優勝賞金が用意されているのは、トラウトトーナメントでは唯一無二

問い合わせ◎ヴァルケイン　https://valkein.jp

## 釣り場主催のトーナメント

写真はアングラーズパークキングフィッシャーで行われたチームバトルの様子

問い合わせ◎アングラーズパークキングフィッシャー
https://kingfisher-tochigi.com

## 釣具店主催のトーナメント

写真はエリアフィッシング専門店「トラウトアイランド」が主催で行ったアイランドカップの様子

問い合わせ◎トラウトアイランド
http://troutisland.shop-pro.jp

選手同士が隣り合わせで戦い、パターンを探り勝利をモノにする

フレッシュウォーターではブラックバスをはじめ、ソルトウォーターの釣りにも精通する松本幸雄さん

管理釣り場では、大物が放流されるエリアもある。日本三大怪魚であるイトウを釣り上げるチャンスも！

隔月刊エリアトラウト専門雑誌「アングリングファン」で大好評連載中！

# 出張！ ロデオクラフト松本幸雄に訊け！

さまざまな魚種の壁を突破する、天才マルチアングラーの松本幸雄さん。そんな松本さんが、悩めるアングラーから寄せられた質問をズバッと斬る！ というコンセプトでお届けしているのが、アングリングファンの大人気連載企画『松本幸雄に訊け！』なのだ。

10代の頃からロッドやルアーの開発を手がけ、世に送り出したタックルはどれも時代を代表する名作揃い。また管理釣り場のインストラクターとして働いていたことなど、さまざまな経歴を通して語られる独創的な理論のファンは多い。

今回はビギナーから届いた質問を抜粋してご紹介する。ぜひこれからの釣行に役立てていただければ幸いだ。そして、管理釣り場では釣った魚を「キャッチ＆イート」するのも楽しみのひとつ。エリアフィッシング＆美味しい食事を楽しんでほしい……ということで、グルメな質問も掲載！ それでは行ってみよう。

**Q1** 初心者です。半年に1回ペースでトラウト管理釣り場に行きます。1日釣りしてもようやく1尾が限度です。初めたばかりのアングラーはどんなことに気をつければもっと釣れるのですか？

どんきー【群馬県】

**Q1 答え**

「まずですね、1日1尾……という時点で、自分が気を付けるというよりも、釣り場のインストラクターに助けてもらいましょう。すなわち、釣りをサポートしてくれるインストラクターのいる釣り場を選んで釣行することが先決ですね。半年に1回のペースで釣行ということは、かなり大切な時間を使って出かけるのですから、釣り場選びも非常に重要ですよ。群馬県にお住まいなら、オススメするのはアングラーズエリアフックさん。インストラクターがいますからね、釣れないときには何でも遠慮なく質問できますし、適切

購入予算を決めて、一定以上クラスのタックルを揃えるのがオススメ

に解決してくれるでしょう。釣れないときに釣らしてくれる！　っていうのもありますけど、レベルの高いインストラクターと直接話して教えてもらえるというのは、ビギナーアングラーさんを成長させます。あとは、自分やロデオクラフトのテスター陣を見かけたら、絶対声を掛けてお話ししてみてください。みんな嫌な顔はしませんし、釣れないで困っているビギナーアングラーさんがいたら、何かと相談に乗りますよ。さっきも言いましたが話しかけられるのも仕事の内、現時点では何が悪いのか？　ルアーなのか？　釣りなのか？　情報が少ないですし、恐らくあらゆる面で不足している部分があると思います。ぜひがんばって実践してみてください」。

**Q2** 今年の夏に管理釣り場を始めました初心者です。ほかの釣り経験もほぼありません。前回まで友人に借りた道具でしたが、今度は自分で購入しようと思ってます。ロッド、リール、ルアーの数と、どれに重点をおくべきでしょうか？

なすお【埼玉県】

**Q2 答え**

「最初に購入するタックルですか、まずは全体の購入予算が重要です。いきなり高くなくてもいいのですが、一定以上のクラスでトラブらないレベルのタックルをそろえることをオススメしますね。トラブルが頻発すると釣り自体がいやになってしまいますし、上達の妨げにもなります。ある程度お金を掛けてそろえた方が、長く続けられますよね、安いとすぐに辞めてしまいますよね、だからほどほどクラスを買った方がいいです。あまり高いロッドとかはクセがあったりしますからね、そこそこのモノがいいです。ご自分が行く釣り場さんの情報を集めて、その近くの釣り具屋さんなどで釣れるルアーは聞いてそろえた方がいいです。ルアーはまず放流用のスプーンとか、お助けルアーなども忘れずに、全体で3万円くらいでいかがでしょうか？　埼玉県にお住まいということですから、いろんな釣り場に行かれると思いますが、よくいく釣り場に合わせてルアーを揃え、ロッドとリールはトラブらない程度のものをそろえてください」。

**Q3** 小学生の娘と管理釣り場を楽しんでいます。スプーンはまだ難しいのですが、クランクベイト、トップなどではぼちぼち釣れるようになってきました。本人は、キラキラとキレイなスプーンで釣ってみたいそうなのですが、小学1年生でも上手く釣れる方法はありますか？
。

ノアちゃんパパ【埼玉県】

## Q3 答え

「小学1年生ですか……、それでもまあ、年齢や釣り歴は本当に関係ないのです。あの杉山代悟くん（ティモン）は、小学5年生で自分とエキスパートで戦っていましたからね。この世代、ゴールデンエイジとでもいうのでしょうかね、当然、なにか物事を始めるときに、小さいウチからやっておくのがいいわけですよ。ですから釣りが楽しい！　と思える小学生なら、腕を磨く……という要素はおいといて、好きなようにやらせてあげてください。また、小学生という特権を生かして、エリアのインストラクターさんがいるのなら、アドバイスをもらいましょう。多くの釣り場で小さい女の子が釣りをしていたら目立ちますからね、釣り場のスタッフさんたちが『なんとかしてあげよう！』って思ってくれるハズです。それらを利用して、少しずつレベルアップしていけばいいのではないでしょうか？　ただ、気をつけてほしいのは、お父さん自身も自分が釣りをしたいからといって、スタッフに丸投げしてしまうのはよくないですよ。それらは十分気をつけてもらって、お父さん自身も娘さんをしっかりサポートしてあげてください」。

**Q4** 釣りをはじめて6カ月の初心者です。同じ釣り場に8回ほど行きましたが、よく釣れるスプーンが、行くたびに違うのはなぜですか？　同じ釣り場なのに、赤が釣れたり、青が釣れたりするのはなぜなのでしょうか？

ポコちゃん【神奈川県】

## Q4 答え

「まず、同じ釣り場でよく釣れるスプーンが行く度に違う……ということですが、これがエリアフィッシングというか、釣りのおもしろいところで、状況が異なれば釣れるルアーも変わってくる……、ということなのです。単純に言ってしまえば、答えは『状況が違うから』となりますが、それではおもしろくないので、さらに突っ込んで解説します。

まず、赤でよく釣れるという場合は、比較的活性の高い状況と言えます。そして青によくヒットしてくるというのは、放流や朝の高活性から少し落ち着いた状況であると考えていいでしょう。青系のスプーンは、そういった状況のトラウトに対し、アピールが強過ぎず、ごまかしの効くカラーです。

そして、釣りに行くたびに、状況が変わる……、釣れ具合も異なってくる……というのは、正直『上手になってきている』からだと思います。今までできなかったことが、その次に来るときに、できるようになっているモノです。1回目よりも8回目の方が、当然経験を積んで上手くなっているはずです。回数を重ね、より下手になっていくアングラーはいませんからね。これからも通い続けて、いろいろな状況を体験してみてください。

　さらに、ポコちゃんさんに必要な要素に、釣行した際には複合的に考えてもらって、例えば赤はどんな状況のときに釣れたのか？　青はどんな状況で釣れたのか？　さらにはスピードはどうだったか？　レンジは？　スプーンのウエイト、ラインの種類、ロッド、フックとの組み合わせ、カラーとルアーの強さの『相性』など、複合的に考えることが山ほどあるのです。最初から、1度にすべてをカバーするのは無理がありますので、少しずつで構いません。トラウトがヒットしたときの状況を覚え、分析してみましょう。

　それから、いろんな種類、カテゴリーの釣りがありますが、そういった状況分析が次々できるのが、エリアフィッシングの特徴です。一般フィールドではなかなか不可能です。自然の釣り場は短時間にパターン分析できるほど魚が釣れません。エリアの場合は、釣行の状況を分析していくことができるのです。それを続けていくことが、後々必ず役に立つと思います」。

同じ釣り場に通っていても、その日によって状況が違うことは多々ある。なぜ釣れたのか？　という試行錯誤が上達の鍵となる

**Q5 松本さんが一番最初に投げるスプーンはなんですか？ 釣り場についてから始めに何を投げようか悩んでいます。教えてください。**

上毛カルタ【群馬県】

**Q5 答え**

「これはですね、まず経験の問題で、自分などは一番最初に何を投げるか？　そのときの状況を把握してコレ！ってわかっちゃうものなんですが、皆がそういうわけじゃないですよね。だからもう少し掘り下げてお話しますね。あくまでも目安ということになりますが、トラウト管理釣り場は、例えば水がクリアやマッディ、地下水か河川水、水温の高い時期、低い時期その他モロモロの条件が折り重なって違ってくるものです。やはり例えばですけど今時期でも、トラウトにとっては水温的に暖かいと感じている条件ならば表層近くに浮きやすくなります。まあ、スタートはウチのノアシリーズってことになりますかね、ですからざっくり言ってトラウトが浮き気味ならノアのゆっくり引けるもの、逆にうんと冷え込んでトラウトがボトムに下がっているなら、ノアのウエイトの軽い方でサーチするわけです。ただ、少し暖かい時期になったら今度はトラウトのスピードも速くなるので、やはりウエイトのあるノアで大丈夫です。

　寒いときはボトムに沈んでいても、速いスピードには付いていてこれませんから、ウエイトの軽いノアをボトムに沈めてサーチするわけですね。今度は水質の違いですけど、地下水を大量に循環させてる釣り場さん、ポンド規模に対して多くの地下水を汲み上げている釣り場はクリアになることが普通です。朝霞ガーデンさん、大芦川さん、アルクスポンド焼津さんなどがそうですね、こういう釣り場では上から攻めるのがセオリーです。つまりスプーンは軽量ウエイトが中心となるはずです。ただ、その中でも朝霞と大芦では微妙に最初にキャストするノアのウエイトやカラーは異なりますし、フィールドによって、シーズンや天候、光量によっても細かく最初にキャストするスプーンは変わってくるものです。あくまでも目安ですが、極端に暑いときと寒いときにトラウトはスローになる、水温のほどよいシーズンはある程度スピードがあると覚えましょう。

　さらに簡単にいうなら、ノア1・8gがベースですが、釣り場やシーズンによって1・5g、0・9g、さらにはBFであったりすることもあるのです。最後に釣り場ごとの目安となるスプーンの具体例です。王禅寺＝1・8gノア、朝霞ガーデン＝0・9gノア、すそのFP＝1・5gノア、東山湖FA＝東山湖はトラウトが浮いている時は1・8gノア、沈み気味なら2・1gか1・5g。ジョイバレー&なら山沼＝1・8gノア、アングラーズエリアフック、川場FP＝1・5gノア、加賀FA＝1・8gノア、それからプール釣り場＝ノア1・2gというのを目安にしておいてくださいませ。もちろん、放流が入った直後は別になりますからご注意くださいね。カラーについてはまた話しが長くなりますが、クリアポンド系は黄色や緑系。ステインウォーターならばカラシや薄ピンクなどの強くない赤系統です。まあコレ以上は長くなりすぎるので、またの機会にしましょうか」。

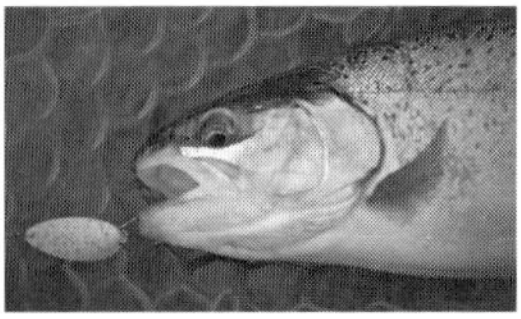
釣り場やシーズンによって、サーチスプーンを使い分けよう

**Q6** スプーンに反応しなくなったマスが、クランクですぐ釣れたり、クランクで釣れなくなったのに、スプーンで釣れるのはなぜでしょうか？　どんなタイミングでチェンジするのが、最も効果的なのでしょうか？

親不知【長野】

**Q6 答え**

「スプーンで釣れる、クランクで釣れる……、つまりトラウトの方が、スプーンが好きな場合もあるし、クランクの好きな魚もいるわけです。まず、親不知サンは長野の方。ご近所のエリアは水のキレイなクリアポンドが多くありませんか？　そういった釣り場にいって、トラウトをよく観察してみてください。自分のキャストしたルアーの、半径50㎝以内の様子をしっかり見ることが重要です。そしてその魚が距離を詰めてくるのか？　そっぽ向いてしまうのかを判断します。まったく興味を示さない、そのルアーに対して距離を縮めてこようとしないのならば、ルアーの交換時期でしょう。ただ、最も効果的な変えどき……となると、これは瞬間で変わることになりますかね。すなわち、その日、その時間と状況に応じて違ってくることになります。さっきの試合の話、試し合うことと同じですよね。その瞬間ごとに異なる、最も有効なルアーをズバリ当てるというのは、この釣りの永遠のテーマではないでしょうか？　きっといつまでもその正解は出尽くされることはないように思います。だからこの釣りが楽しいし、興味が尽きないんだとも思いますよ。大会やトーナメントでも、永遠に勝ち続ける人はいないんです。その瞬間ごとに釣れるルアーが変わるからこそ、それを試し合って勝敗が変わるわけですよね。それから、試合とは別に一般論ですがルアーの特性は知っておきましょう。クランクベイトは強い動きでゆっくり引くことができるルアーです。スプーンはある一定以上のスピードが必要になります。ざっくりですが、これを前提に、数多くのルアーとアングラー自身が仲良くなることが大切になります。持ち駒を増やせ！　ということですね。半径50㎝以内の様子、魚の反応を見ること！　タイミングも大事ですし、釣れないときのこともしっかり覚えておき、トラウトが嫌がることをしないのも鉄則です。まあ、釣れないで困るというのも、レベルアップのために必要ですし、それも楽しい要素になりますよ」。

トラウトの反応やアタリの有無によって、ルアーを変えてみよう

## Q7 キャスティングですが、両手投げの人と片手投げの人がいますが、どちらが理想でしょうか？

ナナこ【千葉県】

**Q7 答え**

「投げられりゃ〜、どっちでもいいし、好きな方で投げてください！　問題ありません！　右でも左でも、片手でも両手でも、好きな方で投げてください。いずれにせよ管理釣り場は、非常に整備されたフィールドです。キャストポジションや投げ方を制約されることがほとんどありませんから、狙ったところに撃ち込めるのなら、どんな投げ方でもいいんです。自分が釣場で働いていたときには、お客さんで片手のない人や肘から先が不自由な人など、大勢いましたが、本当に上手に、キチンと投げている人がいましたね。ただし、一般フィールドとかバスフィッシング、ソルトゲームになってくると、そ

キャスティングで大切なことは狙ったところに入るように、自分の投げやすいフォームを探すことだ

の条件でキャストしなければダメ！　っていうケースもあり得るので、キャスティングのレベルアップは常に心掛けて欲しいですね。余談ですけどアメリカのバスプロで、両腕のないアングラーがいましたよね？　足を使って器用にキャストしていました。まあとにかく、エリアトラウトは楽しければＯＫです。キチンと飛ばして狙ったところに入れれば、どのように投げても問題ないでしょう」。

**Q8** 手前バラシが多いので悩んでいます。慌てるのもよくないのでしょうが、近くに寄せてからバラシをなくす方法ってありますか？

空手アホ一代【千葉県】

**Q8 答え**

「さあ、これもよくある質問で、悩んでいる人は多いですね。トラウトを手前まで寄せて、最後のランディングでバラす最大の原因、それはトラウトとの距離が詰まってから、ロッドを立ててしまうからです。トラウトを引き寄せるときは必ず、ロッドを水平方向にアングラーの体の後方に引きましょう。そうしてロッドを持つ逆手でネットを持つわけですが、この手を差し出してネットインするのです。必ずロッドは立てず、角度はそのまま後方へ持ってくるのが大事です。ロッドを立てると何がいけないのか？　と言えば、ロッドの先端しか曲がらなくなるからバレるわけです。ロッドは手首を動かしてティップが曲がり、肘を動かすとベリー部分、腕全体を動かすとバットから曲がります。ティップだけの働きだと、ロッドの一番弱い部分ですので、ラインブレイクしたりバラしてしまいやすいのです。これはアワセにも言えることで、アワセのときはロッドのベリー部分を使ってトラウトにフッキングパワーを伝えるようにします。ロッドを動かすときは肘を移動させてアワせるのが理想です。話が逸れましたが、手前バラシをなくす方法は、ロッドを立てないことです。付け加えると、ネットインのとき、自分はロッドを持ち替え、右手でネットを持ちます。そうしてロッドの角度は変えず、腰を回してネットを差し出し、同時にロッドは体の後方へ移動。無事にトラウトはネットに収まります。実践してみてください」。

**Q9** スプーンでもクランクでも、ギリギリでUターンしてしまい、とても悔しくなることが、エリアで釣りをしていて80％くらいあります。あの魚を釣るにはどうしたらいいのでしょうか？　トラウトを初めてまだ2カ月です。ダンナといっしょに（お互い初心者）初めて、同じような数（1日2～3尾ずつ）しか釣れません。ルアーは徐々に増えつつありますが、まだ何が必要なのか？　わかってなくて、アングリングファンで勉強中です。松本さん、教えてください。

成美【栃木県】

## Q9 答え

「1日で2～3尾はキツイなぁ～。まず追ってくるトラウトをどう釣るのか？　ある意味エリアフィッシングの真髄みたいなところですからね。その具体的なシチュエーションはわかりませんが、まずトラウトがルアーに対して距離を詰めてくるのか？　そうでないのかで違ってきます。その目安をお伝えしておきましょう。まず、トラウトがルアーを追ってくるスピードに注目し、ルアーと魚がある程度距離を詰めながら追ってくる場合、さらに追ってきても一定のところで帰ってしまったりするときは、トラウトがその場所から出たくない！　っていうこと、ルアーを引いてくるアングラー側の方へプレッシャーを感じている場合です。トラウトが追ってくる範囲内で、ルアーのスピードやコースを調整して喰わせる方法が理想です。次に、追ってきてもルアーとの距離を詰めない場合は、ルアーが合っていないということがほとんどです。色やルアーの動き、ルアーそのものを変える必要があります。ただ、どちらにせよ何かを変えていかなければ、それらのトラウトは釣れないわけです。ですが、一気に全部変えてしまうと、何が答えか？　近づくことができなくなってしまいます。トラウトが追ってくる様子を判断し、距離を詰めてくるか？　こないのか？　を判断し、まずはスピード、レンジ、リトリーブコースを変えてみたりで対処する……または、ルアーを変えるにしても全部ではなく、カラーをチェンジする、動きを強いものか、弱いものに変える、ウエイトを変えていく……というふうに、順序を考え、少しずつ答えに近づくようにしていかなければいけません。また、ルアーを変えていくには物量が必要です。ある程度カラーやウエイト、種類が揃っていないとできませんから、場合によってはビギナーさんには難しいのかもしれません。そのような場合、引き方を工夫してみてください。スピードを変えることや、リトリーブコースを変えてみるなどです」。

せっかく釣り上げた魚は、しっかりネットインさせたい！　バラシをなくすようなネットインを心がけよう

**Q10** 管理釣り場初心者です。管理釣り場では、1つのポイントで粘り続けるアングラーの方が多い印象を受けます。釣り場の規模、アングラーの込み具合等、さまざまな状況はありますが、松本さんは、どのような考えのもと、釣りをされているのですか？

スギ【島根県】

## Q10 答え

「場所を移動しないでも楽しく釣りができるのなら、一箇所で釣りをすればいいし、釣れないからつまらない！

と言うなら、積極的にポイント移動すればいいですね。そもそも、エリアの釣りの場合は、自分の目の前にいるトラウトを、さまざまなアプローチで釣るのが楽しい！　と感じるスタイルと、大物やイロモノと呼ばれる特定ターゲットを、探して釣るのが楽しい！　っていう場合とに分かれると思います。どちらにも魅力があるのですが、釣り場の規模や放流されているトラウトの種類やタイプによっても違ってくるでしょう。釣り場が混雑していて、1度入ったポイントから、なかなか移動できない！　っていうケースもあるはずです。そんなときは、手を変え品を変え、目の前にいるトラウトをいかにして釣るか？　というふうに組み立てた方が、ゲーム感覚も高くなって楽しいわけです。大物狙いやイワナのように、居着くターゲットを狙う場合は、装備を軽くして移動しながらの釣りが得策です。逆にレギュラーサイズのニジマスを数釣りしたい！　と思うならば、ルアーやタックルも重装備で重くなりますから、そうそう移動もしにくいと思います。エリアトラウト以外、自然フィールドでは、バスやナマズ、渓流魚もそうですが、そのポイントに魚がいなければ釣りが成立しないので、ある程度探りながら、頻繁にポイント移動が必要になってきます。同じような理由で、管理釣り場でもリバータイプの釣り場さんなどでは、ある程度移動しながらの釣りが有利になることは多いと思います。あと、リバータイプのエリアでは、やはり1箇所で粘るだけでなく、軽装備で少しずつ移動しながらの釣りが気持ちいい……というのもありますね。状況に応じて、移動するかしないかを考えてみてください。結果、それで楽しいか？　楽しくないのか？　を考慮して判断しましょう。付け加えると、もし釣りを初めたばかりで、あまり道具を持っていない……、ポケットに入るワレットのスプーンしかない……というアングラーさんは、1箇所で粘るのは難しいかもしれません。適度に移動を繰り返すのが得策です。ある程度タックルが充実し、いろいろなアプローチが可能ならば、1箇所で粘って釣りをすることも楽しめるでしょう」。

イワナがヒット！　管理釣り場ではニジマスのほか、イロモノが狙えるエリアもある

**Q11** トラウトの種類で、食べたときの味は違うのでしょうか？　先日、ニジマスとイワナが釣れたので、持ち帰って塩焼きで食べましたが、あまり違いが分からず、どちらも美味しかったです。あきらかに美味しい種類のマスっているのでしょうか？(聞いた話ではロックサーモンの脂の乗りはすごいとか……？)

ムトゥ〜【栃木県】

## Q11 答え

「これはいい質問ですねぇ〜。この手の話題は大好きですよ。ぶっちゃけ、トラウトは種類によって味が異なるのか？　異なりますよ〜！　種類に応じて、美味しい食べ方も変わってくると思うのです。例えば塩焼きひとつでも、オーブンとかグリルで塩焼きにするのではなく、時間を掛けて炭火で塩焼きにしたら、ニジマスとイワナですら味わいは違ってくると思います。もっとも、一般のご家庭で炭火で塩焼きを調理するってあまりないですよね？　ですから、トラウト別、この魚はこう料理しろ！　的なアドバイスをしておきますね。まずはニジマス系からですが、自分は大きい魚が美味しいと思うし、食べ応えがありますね。ヤシオマスなんかが最高で、このへんはお刺身、マリネなどの生食が最高です。次にイワナですけど、これは300gくらいまでの小さいサイズが好きです。これはカリカリにした塩焼きか、軽く塩だけ振って素揚げにするカラアゲが美味しいですよ。それからワタを抜くときから水洗いなしで、ブツ切りにして、ネギと味噌とイワナだけのお味噌汁も最高です！　ポイントは、包丁を入れたあとの水洗いなしですからね、ここ重要なんです。洗うのは切る前、釣って持ち帰って調理する直前に行うだけにするところなんです。試してみてください。管理釣り場にいるトラウトで、お刺身にして美味しいトップ魚種は、やはりサクラマスかヒメマスですかね〜、それも大型のものほど美味しいです。だってそもそもサクラマスですからね、鱒寿司って超高級ネタと同じですからね、お刺身でマズいわけがありません。ヒメマスを放流する釣り場は稀にしかありませんが、これも超甘味があって美味ですよね〜。その次が、ガツンと脂の乗ったロックサーモンも負けていません、脂の乗りという意味ではロックかヤシオがヤバいです。意外と捨て難いのは、小さめのギンザケ（コーホー）の甘露煮もすてきな味わいですし、レギュラーサイズのニジマスの、薫製はやっぱり王道の美食でないかと思います。薫製について語り出すと、どこまでもしゃべってしまいますのでこのくらいにしておきましょうか？　要望があったらまたお話ししますね。とにかく、釣りを楽しんでからその魚たちを美味しくいただく……、アングラーの特権ですからね。楽しみながらこだわってみてください」。

松本さんお手製のトラウト料理。いろんな食べ方で楽しめるのでぜひ味わってみて欲しい

ルアーやスナップに結ぶ

# クリンチノット

## 簡単でスピーディな万能ノット

魚釣りの『結び』で最もポピュラーなノットがこのクリンチノット。スナップであったり、ルアーのアイに直接ラインを結ぶときにも、クリンチノットが一般的で素早く、一定の強度があるのでしっかり覚えよう。

ラインをスナップやアイに通し、メインラインに4～5回巻き付ける

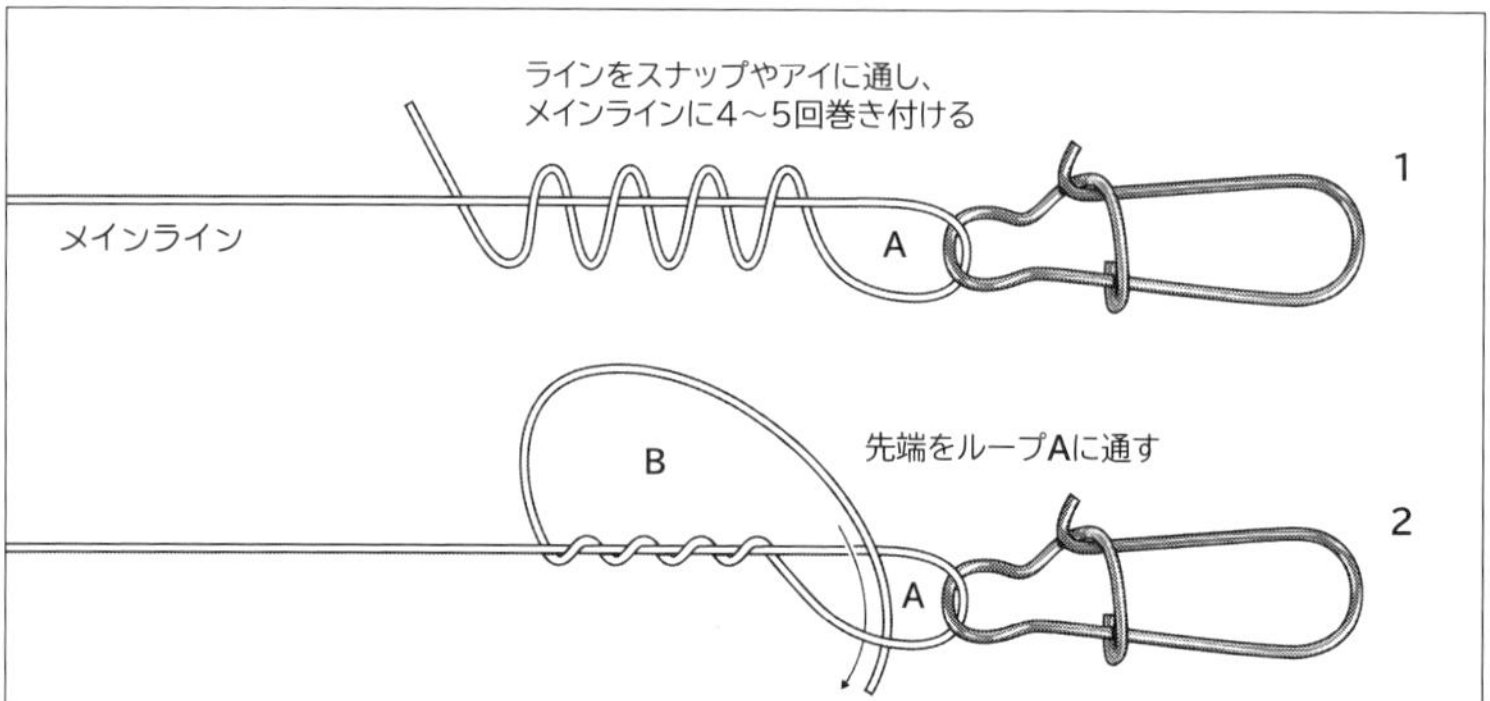
更に先端をループBに通す
B
3
4
ラインがヨレないように少しずつ締める
5
完全に締め込んだら、端を5㎜ほど残してカット


### 注意点と結びのコツ

最も簡単でビギナーにも覚えやすいノット（結び）がクリンチノット。キレイに結べばそれなりの強度を保つが、ヨレたり縮れたりしやすいのが欠点。また、ルアーのアイやスナップに対して直線的に結びづらいのも欠点のひとつだ。



釣りを楽しむうえで必要な糸結び。「なんだか難しそうだなぁ」なんて印象を持っている人も多いが、実はそれほど難しいものではない。とくに、ここで紹介する4つの結び方は、簡単かつどんな釣りにも使えるフィッシングノットとして、多くのユーザーに愛用されている。釣行前にしっかり練習して、いつでも出来るようになっておこう！

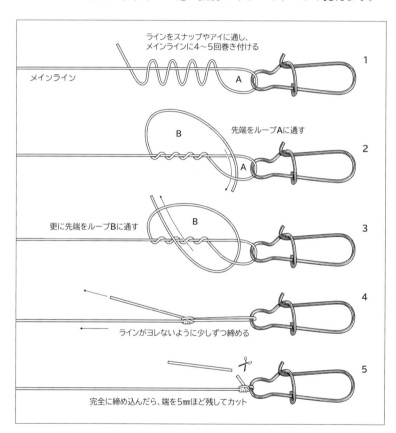

ラインとスナップの結束

# ユニノット

## なにかと出番が多く、習得は必須！

ラインとスナップの結束や、リールへの糸巻き時、さらにはこのあと紹介する電車結びなど、ユニノットの出番はかなり多い。これだけ知っておけば釣りになるが、逆にこれを知らないと釣りにならないともいえる重要なノットだ。やり方は超簡単で、慣れれば暗闇のなかでも作れてしまう。

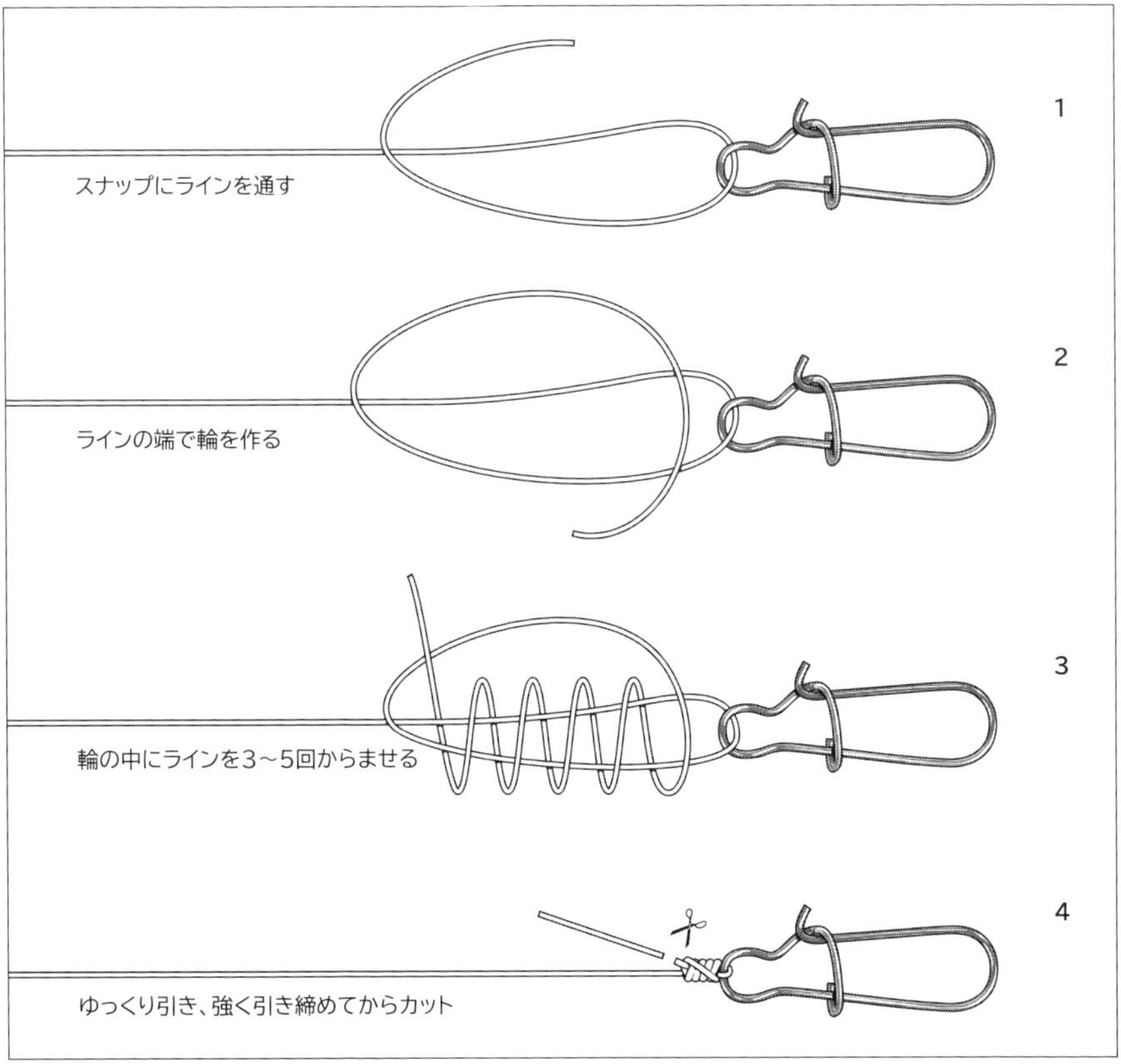

1
スナップにラインを通す
2
ラインの端で輪を作る
3
輪の中にラインを3～5回からませる
4
ゆっくり引き、強く引き締めてからカット

### 注意点と結びのコツ

メディアで活躍する有名アングラーの中で、最も使用頻度が多いのがユニノット。エキスパートアングラーたちのラインの巻き数は3～5回が標準。これ以上巻き数を増やすと、摩擦が必要以上に増え、強度が落ちるので注意。

ラインとスナップの結束

# ハングマンズノット

## ラインの太さを選ばない便利ノット

ユニノットと同じく、ラインとスナップの結束で行うノット。一見すると難しそうだが、対象物（スナップを付けたルアーなど）をぶら下げた状態で結べるので、ユニノットよりも簡単で速い。仕組み上、負荷が掛かれば掛かるほどノットが締め込まれていくので、すっぽ抜けなどのトラブルがない。

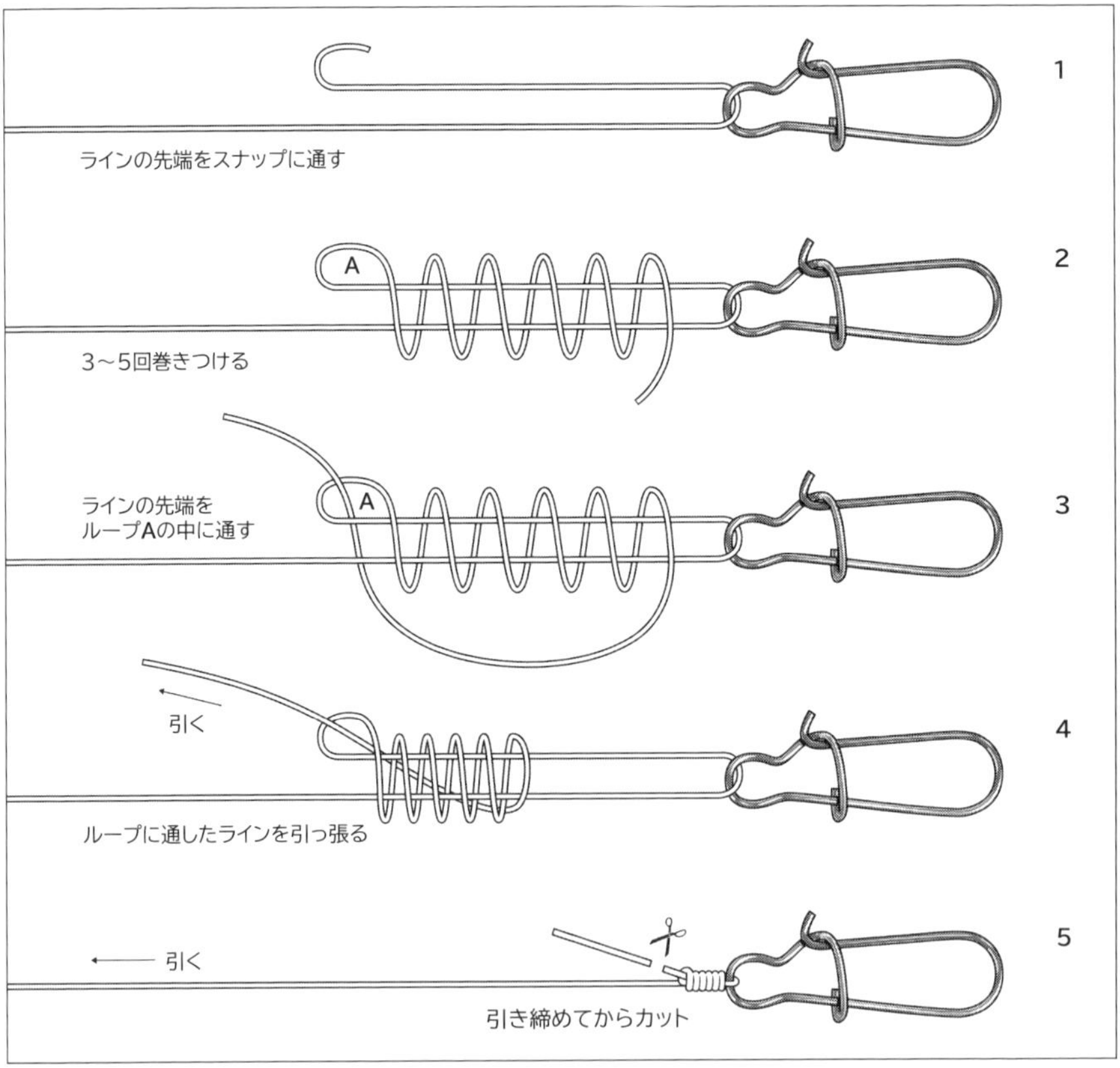


### 注意点と結びのコツ

細いラインの場合は、巻き数は3回程度の方が強度は出る。締め込む際は、しっかりと濡らしてゆっくりと締め込もう。締め込みの最後に「コクッ」というショックとともにノットが回るので、締め込まれた合図として覚えておこう。

ライン同士の結節

# 電車結び

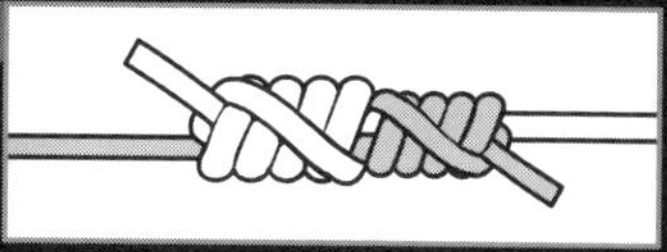

## ユニノットができれば簡単！

ユニノットさえ出来れば、誰でも簡単に出来るのが電車結び。さまざまな結びに応用が効くのでぜひ覚えておきたい。主に使うシーンはメインラインとリーダーの結節だが、結節強度はそれほど高くない。レギュラーサイズを狙うのであれば問題ないが、大物狙いなどの場合は避けた方が無難。

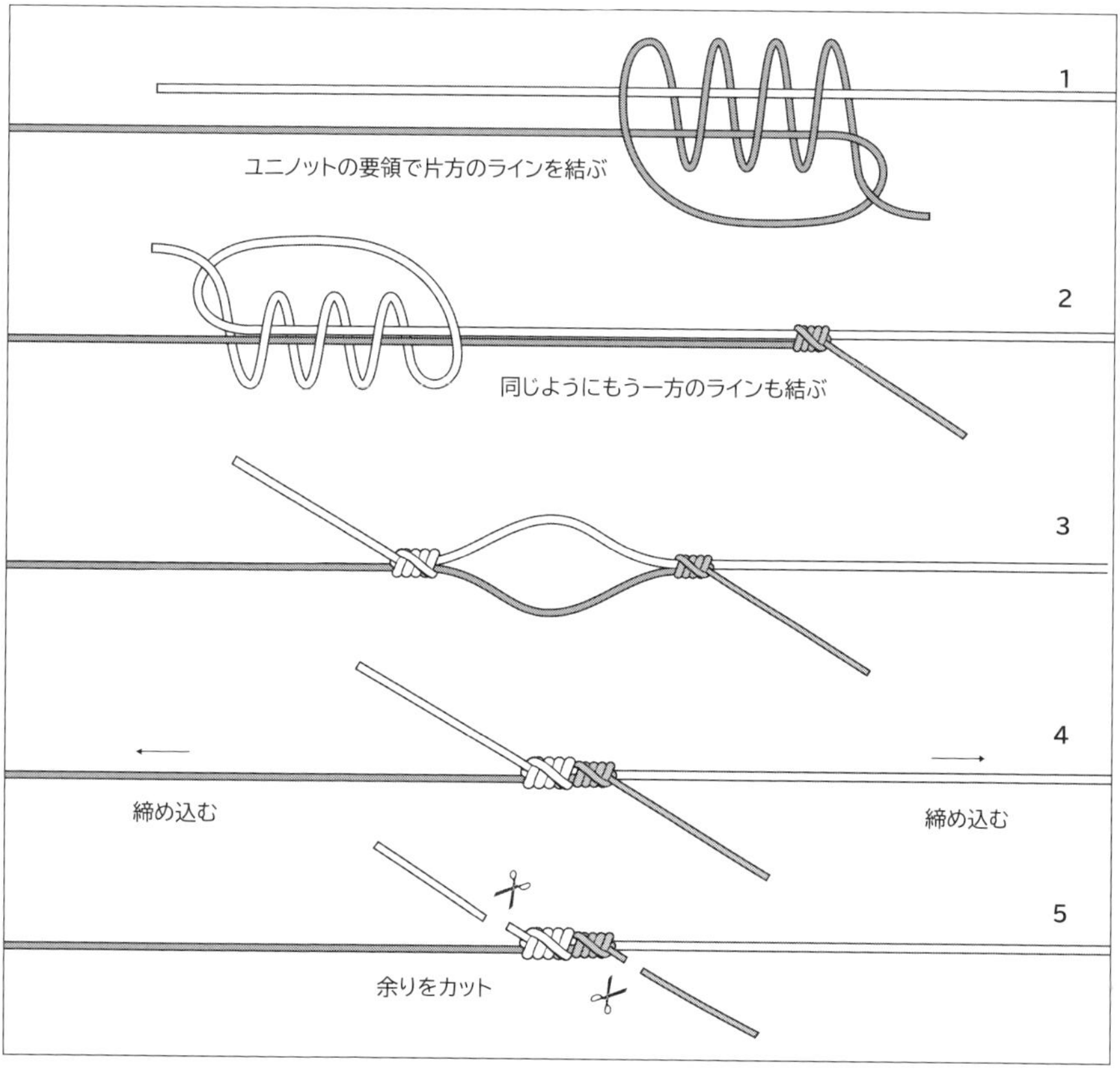


### 注意点と結びのコツ

巻き付ける回数だが、PEラインとリーダーの場合は、PEを5～8回、リーダーを3～4回とPE側の巻き回数を多めにするのがポイント。締め込みのときに急激に引っ張ると、熱が発生してラインの劣化に繋がるので注意。

糸同士の結びでより高信頼度

# サージェンスノット

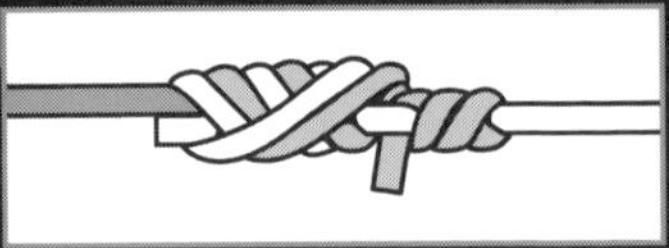

## 簡単かつ強度も高いオススメノット

ライン同士の結節で電車結びに次いで、使う人が多いのがサージェンスノット。イラストを見ても分かるように、やり方は簡単。結び目自体は少し大きくなってしまうが、管理釣り場で使う細いラインであれば問題ないだろう。メインラインとリーダーの太さは出来るだけ近い方が結びやすい。

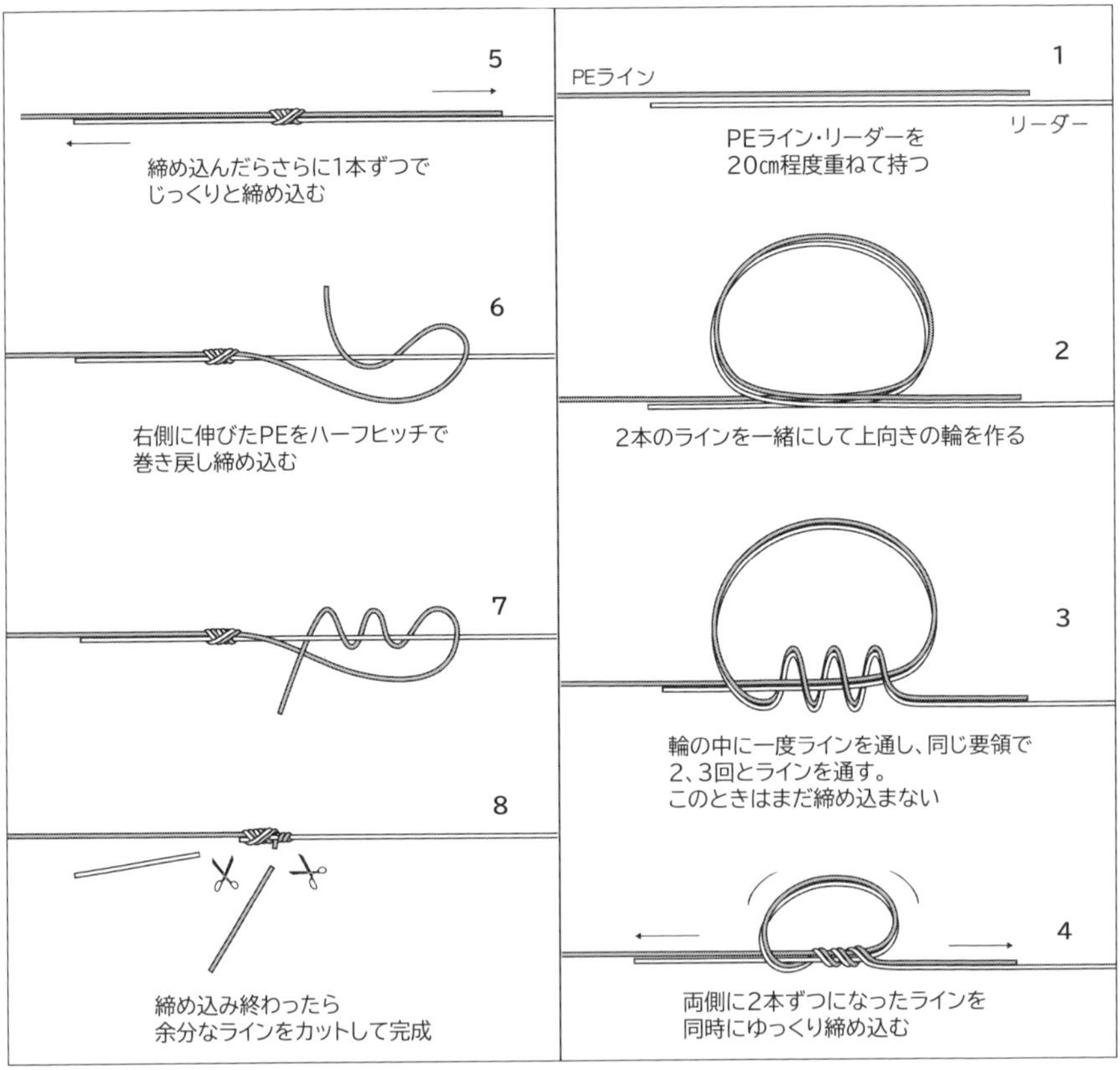
1
PEライン
リーダー
PEライン・リーダーを
20㎝程度重ねて持つ
2
2本のラインを一緒にして上向きの輪を作る
3
輪の中に一度ラインを通し、同じ要領で
2、3回とラインを通す。
このときはまだ締め込まない
4
両側に2本ずつになったラインを
同時にゆっくり締め込む
5
締め込んだらさらに1本ずつで
じっくりと締め込む
6
右側に伸びたPEをハーフヒッチで
巻き戻し締め込む
7
8
締め込み終わったら
余分なラインをカットして完成

### 注意点と結びのコツ

さまざまな釣りで紹介されるサージェンスノットだが、なかにはハーフヒッチを入れないものもある。ここで一回入れているのは、結びを確実に止め、結び目の向きを変えることでトップガイドに絡みづらくなりラインの抜けをよくするためだ。

＼　これさえ押さえれば完璧！　／

# エリアフィッシング用語解説

## 意味のわからない用語はその場で調べよう！

**魚釣りの専門用語は難しい！　覚えることがたくさんありすぎて、「釣りをやってみたいんだけど……」という入門者を躊躇させる要因ともなっている。そこで、主に管理釣り場のエリアトラウトで使われ、釣り初心者さんが『？』となってしまう用語を集めて詳しく解説した。**

**各用語は、ルアー釣り全般であったり、釣り全般の用語集とも微妙に異なるので、役立つこと間違いナシ！　わからなくなったら、用語を調べて確認してみよう！**

### あ

**アイ**●クランクベイトやミノーなどのプラグで、ラインを結んだりスナップを接続する部分。ボディ下部やテール（お尻）側にあるリングはフックアイという。さらに、フック本体にあるリング状の接続部分もアイという

**アイチューン**●プラグのアイは、ルアー購入時のままだと真っ直ぐに泳がないケースがあり、アイを調整することでベストの泳ぎにすることができる（＝トゥルーチューン）。

**アイヒートン**●ネジ込み式になっているタイプのアイ。ヒートンは接合金具で、家庭でも壁などにモノを引っ掛けたりするときに使う

**アウトレット**●池の水の流れ出す場所で魚が集まりやすい。買い物をする大型店舗のことではない。対義語はインレット

**アカキン（赤金）**●主にスプーンのカラーで赤とゴールドをあしらった色、釣り場に放流が入ってフレッシュなトラウトが多い状況で活躍する色合い。放流スプーンではアカ金のほかオレンジ＋金カラーも有効

**アキュラシー**●アキュラシー（accuracy）の和訳は、「正確さ」「適確さ」だが、キャスティングで狙ったポイントに正確に投げることを「アキュラシーキャスト」と使ったりする

**アクション**●ルアーアクション、ロッドアクションなどと使う。ルアーアクションには、ルアーの動きを言う場合と、釣り人の操作を指す場合がある。ロッドアクションも、ロッドの硬さや曲がりを表すケースと、釣り人がロッドを動

かす動作を言う場合がある

**朝マヅメ**●早朝の魚が釣れる時間帯のこと。管理釣り場では、釣り場がオープンしたばかりの時間がチャンスであることが多い

**アタリ**●魚がルアー（エサ）を喰うこと。バイトとほぼ同義語

**アタック**●魚がルアーに反応して喰いつこうとする動作

**アプローチ**●魚に対してルアーをどのように見せるか？ ルアーでどのように攻略するのかをアプローチという

**アワセ**●アタリを感じて、釣り人が魚の口にハリを掛ける動作。ロッドで行うのが一般的だが、リールを巻いてアワセを行うケースもある。『アワセ切れ』という使い方もある

**アングリングファン**●隔月刊釣り雑誌、エリアトラウトフィッシングを専門に扱う世界で唯一の定期雑誌

**アングラー**●釣り人のこと

## い

**糸フケ**●ラインが弛んでいる状態。糸フケを意図的に作ってルアーの操作をする場合もあるが、糸フケが原因でライントラブルを起こしてしまうケースもある

**糸ヨレ**●ラインが古くなってきて、徐々に直線的でなくなる状態。比較的新しいラインでも、使い方を誤るとヨレが発生し、トラブルの原因になったり、切れやすくなったりする

**入れ喰い**●ルアーを入れたら喰ってくる状態。連続ヒットする状況や、魚がたくさん釣れることを入れ喰いという

**イレギュラー**●不規則な動きのこと。

**イロモノ（色物）**●管理釣り場に放流されている、ニジマス以外のトラウトで、主にイワナやブルックトラウト、ブラウントラウトなどを指す。天然に生息する個体だけでなく、ロックトラウトやジャガートラウトなど、人工的に品種改良されたトラウトもイロモノという

**インジェクション**●インジェクションルアーとは量産タイプのモノを差す。市販品のルアーはほぼそうだが、以前はバルサ材などでハンドメイドのルアーに対しインジェクションルアーなどと表現した

**インレット**●ポンド（池）に水を取り入れる場所（流入口）。多くの場合、新鮮な水が入ってくるので、魚が集まって釣りやすい。ただし釣り人も多く集まる傾向がある。対義語はアウトレット

**う**

**ウィード**●水中や水面に生えている水草のこと

**ウエーディング**●ウエーダーという川や湖の中に入るために身につけるズボンを履いて水中に入ること。管理釣り場でもごく一部ウエーディングして釣りをするケースがある

**ウォブリング**●スプーン、クランクベイトなどの動きを指す用語で、ルアーのテール部分を左右に振る動きをウォブリングアクションというワイドウォブリングアクションというと、さらに激しく左右に振るアクションのことをいう

**え**

**エステルライン**●昨今のエリアトラウトで注目されている新型ライン。ポリエステル素材で、収縮率が低く感度に優れる。伸びが少ない分、衝撃に対して切れやすく、通常は先端に別素材のリーダーを接続して使う

**エリア**●トラウト管理釣り場のこと。エリアフィッシングやエリアトラウトなどと使う

**お**

**オデコ**●1尾も魚が釣れない状態。ボウズと同義語

**オーバーヘッドキャスト**●真上を振り抜いて投げるキャスティング方法。それ以外にサイドキャスト、アンダーキャスト、バックサイドキャストなどがある

**オマツリ**●ラインが絡まることをいう。例「隣の人とオマツリした」

**か**

**ガイド**●ロッドに取り付けられた糸を通すためのパーツのこと。根本のガイド径は大きく、先端に近くなるほど小さくなる。竿の最も先のガイドをトップガイドという。リールを使わない釣り竿には、ガイドが付いていない。釣りの案内人を指す場合もある

**カウントダウン**●スプーンなど沈むルアーの場合、トラウトが喰ってくる泳層（レンジ、深さ）を攻略する必要があるため、着水後に着底までの数を数えて沈ませることをカウントダウンという

**カエシ**●ハリについているトゲ部分で英語でバーブという。魚にハリが刺さって、抜けにくくするためのパーツ。英語ではバーブという。エリアフィッシングでは、このカエシのないタイプのハリ＝バーブレスフックが一般的だ

**カーボン**●炭素繊維。軽量で強いという特性があり、現在の釣り竿の主流素材となっている

**カケアガリ**●池の底から岸に対して一定の場所で浅くなり、上り坂のよう

になっている箇所をカケアガリという。魚は好んでカケアガリにつくことが多い

## き

**ギア比**●「ハンドル1回転あたりにローターが何回転するか」というものを表した数値。この数値が高ければ高いほどハンドル1回転で巻き取れる糸の量は多くなる

**キャスティング**●ルアーやフライを投げる動作をいう。エサ釣りでも、オモリを飛ばす動作は同じでキャスティングという。キャスティングの性能や投げやすさを表現するときは「キャスタビリティーが高い」などと使ったりもする

**キャッチ&リリース**●釣った魚を逃がす行為。速やかにいたわって逃がすのがマナーとされている

**魚影**●魚の濃さ。その釣り場にいる魚の数や密度をいう

## く

**クランクベイト**●ルアーの種類。前方にリップというパーツがついており、引いてくれれば潜るタイプのルアー。エリアトラウトでは、スプーンに次いで需要の高いジャンルのルアー

**グラス**●グラスファイバーのこと。現在の主流はカーボンだが、グラス素材を用いた釣り竿もある。カーボン素材と比較してやや重い

**グリップ（ロッドグリップ）**●ロッドを手で握る部分

**グリップエンド**●グリップのいちばんうしろの部分

**グロー**●夜光カラーのこと

## け

**毛バリ**●ルアーとは異なり、管理釣り場で楽しまれるフライフィッシングに用いられるハリ。鳥の羽や動物の体毛などを使い、虫をイメージしたハリとなっている。海外から輸入された毛バリがフライだが、国内にも伝統的な毛バリがある

## さ

**サイトフィッシング**●目で見ながら釣りをするフィッシングスタイルのこと。端的に「サイトゲーム」と言ったりもする

**サスペンド**●静止するの意。プラグ類のルアーで、水に浮きも沈みもせずに中間で静止するように調節されたタイプのルアーをいう

**サーチルアー**●状況を探るためのルアー。パイロットルアーと同義語

**サーフェス**●水面、表層のこと

**サミング**●リールでキャストする際、放出したラインを指で止める動作。元

来、ベイトキャストリールの場合に、親指でこの動作を行ったことからサミングと言われるようになったが、エリアトラウトの多くはスピニングであるため、人差し指で行い『フェザリング』と呼ばれるケースもある。ロッドを握る手とは逆手で、スプールを押さえ込むように糸を止めてもサミングの動作になる

## し

**時合い（じあい）**●釣りのチャンスタイムのこと。魚のやる気がでて、積極的にルアーを追ったり捕食したりするようになる時間帯

**ジャーキング**●ロッドを使ったルアーの操作方法。主にミノーで行う

**シャロー**●水深の浅い場所のこと。池全体が浅い場合などは「シャローポンド」と使う場合もある

**シャロークランク**●深く潜らないタイプのクランクベイト、シャローランナー（SR）と表記されることもある

**ショートバイト**●魚が控えめにしかルアーを捕食しないこと

**シンキング（ルアー）**●プラグ類全般で沈むルアーをシンキングという。シンキングモデルという場合もある

**シンカー**●オモリのこと。トラウト管理釣り場のルアーでは、貼って使うタイプのシンカーが一般的

## す

**スクール**●魚の群れのこと

**スローシンキング**●ゆっくり沈むタイプのルアー。『SS』と表記されることが多い。速く沈むタイプはファストシンキング

**スイープ**●スイープとはほうきなどで『掃く』ことの意。スムーズに優しくロッドでアワせる動作を、「スイープにアワせる」という

**ストラクチャー**●障害物のこと。水中の岩や石、人工的な建造物などを指し、それらのストラクチャーに魚は意識して集まる傾向がある

**ストローク**●ショートストロークなどの使い方をする。キャスティングの振り幅のこと

**スナップ**●ルアーとラインを接続するパーツ。通常はスナップにラインを結び、各種ルアーの交換をしやすくする

**スピニング**●スピニングリールのこと。それ以外にはベイトキャスティングリールというのがあるが、管理釣り場のトラウトフィッシングではほとんどがスピニングリールで行われる

**スピナー**●ルアーの種類で、ブレードが回転してアピールする。最近のエリアトラウトではあまり使われなくなったが、よく釣れる。一般渓流のヤマメ&イワナ釣りでは現役バリバリ

**スプール**●ラインを収納するリールパーツ。「スペアスプール」と言えば、予備のスプールのこと

**スポーニング**●産卵のこと。トラウトの多くは秋が深まると産卵を意識する。小さい個体はあまり影響が出ず、実際に産卵に至っても、管理釣り場で孵化することは稀

**ズル引き**●ボトム攻略のメソッドの1つで、ルアーでゆっくりとボトムをズルズル引いてくるメソッド

**スレ**●魚の口ではなく、体にハリが刺さって釣れてしまうこと

**スレる**●魚がルアーなどに慣れてしまい、なかなか釣れなくなってしまう状況。「スプーンにスレてる」などの使い方をする

**スローテーパー**●釣り竿の根本部分からよく曲がるロッド

## せ

**瀬**●河川のポイント形状で、浅くさらさらと流れている状態。ポンドタイプの管理釣り場にはないが、リバータイプの釣り場に見られるポイント

## そ

**ソリッド**●竿の中が詰まっていることをいう。ロッドの先端部分の状態を表現するときに使う

## た

**タイト**●密着すること、ギリギリに着いていること。「タイトに攻める」などの使い方をする

**タダ巻き**●ロッド操作を行わず、ただ一定に巻いてくることをいう。タダ引きも同義語

**立ち泳ぎ**●スプーンを表層近辺でゆっくり巻き、ラインテンションを緩めることでスプーンの姿勢は立ち気味になり泳ぐこと

**縦釣り**●ルアーを上下に動かし、縦の動きでニジマスの食性に訴えて釣るメソッド

**縦アイ**●アイの向きのこと。主にフックを接続するアイが、ボディに対して垂直のモノを縦アイという。ほかに横アイもあり、アイの向きを考慮してフックをセッティングする必要がある

**タナ**●魚が遊泳している層のこと。レンジと表現する場合も多い

**タフコンディション**●厳しい状況のこと。魚がなかなか釣れなかったり、気象条件などがきつい状況である場合をいう

**垂らし（タラシ）**●ロッド先端のトップガイドから、ルアーまでのラインの長さ。長過ぎるとトラブルになりやすい

**ち**

**チューブラー**●竿の構造で、中身が詰まっておらず中空状態になっていること

**つ**

**ツーピース**●竿が2本にセパレートされるタイプをツーピースという。1本のモノはワンピース

**て**

**テイクバック**●キャスティングのときにロッドを後ろに引き込むこと

**ディスタンス**●距離の意。距離が長いことをロングディスタンスと言ったりする

**デジ巻き**●リールハンドル1回転分を2分の1回転や4分の1回転で刻んで操作し、魚にアピールするメソッド

**テーパー（テーパーアクション）**●ロッドアクションに近いが、ファーストテーパー、スローテーパーなどの使い方をする。テーパー形状とは、太い根本部分が徐々に細くなって行く形のことを意味する

**ティップ（ロッドティップ）**●ロッドの先端のこと。「硬いティップ部分〜」という使い方をする

**ディープクランク**●リップが大きく深く潜行するモデルをディープクランクという。ディープランナー（DR）やディープダイバーと呼ばれることもある

**デッドスロー**●クランクベイトを超ゆっくりと引くときに使う用語。デッドスローリトリーブ、デッドスロークランクなどと使う

**テール**●尾のこと。ルアーの後方を指して言うことが多い

**テレスコピック**●テレスコロッドという、振り出しタイプの釣り竿のことをいう。携帯性に優れるが、使用感の好みは分かれる

**テンション**●ラインの張り、張った状態をいう。テンションが抜ける（=張りがなくなること）などの使い方をする

**と**

**トゥイッチ**●ロッドを細かく振ってルアーを動かす動作のこと。ミノーやトップルアーで使うテクニック

**トップ**●トップウォータールアーのこと。水面に浮くタイプのルアーで、放っておいたり、積極的に動かしたりして使うルアー

**ドラグ**●リールについている機能で、魚に引っ張られた時に、一定の力が加わるとラインが出て行く機能。「ドラグ性能がよい」という使い方で、高級なリールほど、ドラグの性能は優秀

**ドリフト**●滑る、滑らせるの意。水の

流れに対してルアーをその流れに乗せる動かし方をするときに表現する。ナチュラルドリフトも同義語

**トリッキー**●ルアーの動きで予想外の動きをすることをいう。その動きで魚によいアピールとなることもある。「トリッキーな動きで喰わせた」などの使い方をする

**トレース**●ルアーを一定のコースに泳がせてくることをいう。「理想的なトレースコース」などの使い方をする

## な

**ナイロン**●ナイロンラインのこと。糸の素材で、しなやかで伸びのある釣り糸

**ナチュラル**●「自然な」という意味で、エサのようにルアーを演出することなどをいう

## に

**ニーリング**●ロッドの先端を水中に突っ込んでルアーをリトリーブするメソッド。膝をつく姿勢で行う

**ニョロ系**●クランクベイトのジャンルのひとつで、細長い形状のルアーを指すことが多く、ニョロニョロとミミズのようなアクションをしてくれる

## ね

**ネイティブ**●管理釣り場（エリア）の釣りに対し、一般の河川でヤマメやイワナを狙う釣りのことをネイティブリバーフィッシング、ネイティブアングラーなどと使う

**根掛かり（ねがかり）**●ルアーなどが水中の障害物に引っかかって取れなくなること。「根掛かる、根掛かった」などの使い方をする

## の

**野池（のいけ）**●小さな池で自然にあった池（ポンド）や農業用の溜池などを指す。ブラックバス等が自然繁殖するケースがあり、バスアングラーが活用する池である場合がほとんどだが、場合によってはこの野池をベースにトラウトを放流し管理釣り場としているケースもある

**ノイジー**●トップウォータープラグの種類。トラウトルアーでは比較的少ないが、ポコポコと音を立ててアピールするタイプのトップルアー

## は

**バイト**●魚がルアーを捕食すること。噛むの意

**ハイフロート**●浮力の高いプラグ類のルアーを指す

**バイブレーションプラグ**●管理釣り場のトラウトフィッシングで、バイブレーションと言えば『ボトムバイブ』のことを指す。金属製のものをメタルバイブ、プラスティック製のものをボトムバイブということが多い

**パックロッド**●継ぎが多く、仕舞寸法が短くて携帯しやすいロッドのことをいう

**バット**●ロッドの根本の部分を意味する。「強力なバット部分でフッキングさせた」などと使う

**バラす（バラシ）**●ハリに掛けた魚が途中で外れてしまうこと

## ひ

**PE（ピーイー）ライン**●極細のファイバーを縒って束ねた釣り糸。感度に優れ、強度もある。色のついた糸がほとんどで、通常は先端にリーダーを接続して使う

**ヒラ打つ（ひらうつ）**●主にクランクベイトなどのルアーがボトム（底）を這うようにして引くと、水底を擦るようにして動くさま。「ボトムをヒラ打つ」という使い方をする

## ふ

**ファーストテーパー**●先端がよく曲がるロッド

**フェルール**●ロッドの継ぎ目部分。並継というタイプと、印籠継ぎの2種類がある

**フォール**●ルアーを落とし込むこと。『フォール途中のアタリに注意する』などの使い方をする。フォーリングの同義語。テンションフォール、カーブフォールは、ラインを張った状態で沈ませるやり方で、フリーフォールといえば、そのまま沈めるやり方をいう

**浮上系**●主にミノーを使ってトラウトを狙うときに、一旦沈めてから浮上する動きで誘い喰わせるメソッド。浮上系ミノーという使い方をする

**フッキング**●アワセと同義語で、アタリがあった際にフック（ハリ）に掛ける動作のこと

**プールフィッシング**●プールトラウトともいう。夏場は水泳目的のためにプール営業となるが、およそ10～5月の間の冬季を中心にトラウトを放流して釣りを楽しめる施設となっている

**フローティング**●浮くタイプのクランクベイトやプラグルアーを指す

**フロロ**●フロロカーボン製の釣り糸のこと。比重があり、水に馴染んで沈む特長があり、ナイロンラインよりもやや硬く、伸びも少ない性質がある

## へ

**ベアリング**●リールの回転部分をよりスムーズにさせるための軸受けパーツ。高級リールほど、ベアリングが多数使われている

**ベイト**●エサのこと。実際に魚が食べているエサをリアルベイトといい、小魚やエビなどのことをいう

**ベイトリール**●両軸リールのこと。スピニングリール以外に、管理釣り場で使われるタイプのリールで、巻き上げトルクがある。バスフィッシングなどではよりポピュラーに用いられる

**ベイル**●スピニングリールで、回転しながらスプールにラインを巻き付けるパーツ

**ベリー**●ロッドの中間部分。「ベリー部分がよく曲がる」などと使う。「ベリーフック」と言った場合、ルアーの中央部分（前方）に付いたハリのことを指す

**偏光グラス**●水面の乱反射を抑え、水中を見やすくするサングラス

## ほ

**ボイル**●魚が水面を割って出ること。小魚や虫などを狙って、捕食しようとするときに起きる現象で、そのタイミングにルアーを投げ入れれば、釣れるチャンスが高い

**ポイント**●魚がいる場所、付いているスポット

**ボウズ**●まったく魚が釣れないこと。オデコと同義語

**穂先（ほさき）**●竿の先端のこと。ティップと同義語

**ポッパー**●水面に浮くタイプのトップウォータープラグ

**ホッパー**●グラスホッパーはバッタ（イナゴ）類のことで、これをイメージしたルアーをホッパーということがある。ポッパーと勘違いされやすい

**ボトム**●水底のこと。ボトムを中心に狙う釣り方もあり、ボトムフィッシングやボトムメソッドなどと使う

**ボトムシェイク**●ボトム攻略のメソッドのひとつ。移動距離を抑え、なるべく一箇所でアピールし、ルアーを喰わせるメソッド

**ボトムトレース**●ボトム攻略のメソッドのひとつで、スプーンがギリギリ泳ぐスピードでボトムスレスレをゆっくりリトリーブしてくる引き方

**ボトムノック**●プラグのリップでボトムを叩きながら土埃を上げながら引いてくるメソッド

**ボトムバンプ**●ルアーを水底で跳ね上げさせながらアピールさせるメソッド

**ボトムルアー**●ボトムを狙うために設計されたルアー。ボトムバイブ、メタルバイブ、ボトムミノー、ボトムクランク、ボトムスプーンなどがある

**ポンド**●池のこと。または、ラインの強度や魚の重さを表す単位＝Lbと表記する。1Lb（1ポンド）は約453g

だが、およそ500g（0・5kg）と考えておいてよい

## ま

**マイクロスプーン**●極小で超軽量のスプーン。通常、0・3～1g程度のスプーンをマイクロスプーンという。マイクロスプーンを中心に管理釣り場のトラウトを攻略する場合『マイクロゲーム』といったりする

**巻き**●主にスプーンゲームにおいて、巻き続けてトラウトを狙う釣り方を『巻きで狙う』などと使う。『彼はスプーンの巻きにこだわる、エキスパートだ』という使い方をする

**巻き上げ**●スプーンや深く潜らせたクランクベイトを徐々に浮かせながらリトリーブしてくる方法。逆は「巻き下げ」

**マッチザベイト（ルアー）**●そのポイントで、魚が実際に捕食しているエサに合わせたルアーをマッチザベイト（ルアー）という。実際に捕食している虫（水生昆虫）に合わせるときは、マッチザハッチという

**マッディー**●濁った水のこと。マッディーウォーター、マッディーポンド（レイク）などの使い方をする

**マヅメ**●明け方や日暮れ間近を指し、釣りのチャンスタイムになる

**マテリアル**●素材のこと。ルアーマテリアル＝ルアーの材質。ボトムマテリアル＝水底の材質（砂利や砂、小石など）

## み

**ミノー**●ルアーの種類のこと。スリムな小魚形状をしている。管理釣り場のトラウト狙いでは、イワナやブルックトラウト、ブラウントラウトなどの「イロモノ」と呼ばれる種類を狙うときに効果的

**ミディアム**●中間という意。クランクベイトのタイプやロッドの硬さで使うことがある

**ミディアムクランク**●ミディアムランナー、ミッドランナー（MR）と表現されることもある。中層あたりまで潜るタイプのクランクベイトをいう

## む

**向こうアワセ**●釣り人が積極的にアワせるのではなく、魚の方から勝手にハリに掛かってくれる状況のことをいう

## め

**メソッド**●方法の意。さまざまなルアーの攻略方法や釣り方を指す。ボトムメソッドといえば、ボトムの釣り方という意味

## ら

**ライズ**●魚が水面の虫などを捕食する

状況。波紋が出たり、軽く水しぶきが飛んだりする様をいう

**ライト**●軽い、軽量の意。ライトルアーなどと言ったする

**ライン**●糸、釣り糸のこと

**ラインスラック**●糸の弛みのこと

**ラインブレイク**●釣り糸が切れること

**ラウンドタイプ**●クランクベイトの中でもずんぐりと丸いタイプのモデルをラウンドタイプという。その他スマートな形をスリムクランク、ニョロ系クランクなどがある

**ランディング**●魚を取り込むこと

**ランディングネット**●魚を取り込む網のこと。単純にネットということが多い

## り

**リアクション**●魚がルアーに気付き、興味を示すこと

**リアクションバイト**●トラウトが驚いて急に口を使ってくること。『リアクションで喰わせる』、『リアクションバイトを誘発させる』などと使う

**リーダー**●メインラインの先に接続する糸。先糸、ハリスに相当する部分。PEラインやエステルライン、カラーラインにはこのリーダーが不可欠。無色透明のナイロン、フロロカーボンのラインには、通常リーダーは結ばず、スナップを介して直接ルアーを接続する

**リトリーブ**●リールを巻いて、ルアーを引いてくること

**リフト&フォール**●リフトは持ち上げるの意。持ち上げて落とすルアー操作をリフト&フォールという。『ロッドをリフトさせる』などの使い方をすることもある

**リリーサー**●ハリを外すときに使うアイテム。バーブレスフックが主流の管理釣り場では、リリーサーを使うことで魚に与えるダメージを最小限に軽減できる

**リリース**●主に魚を逃がすことをいう。キャッチ&リリースと言えば、釣った魚を逃がす行為。キャストする時にラインをリリースすると言えば、糸を指から放すという意

**リーリング**●リールを巻くこと。リトリーブと同義語

**リール**●糸（ライン）を巻き取る道具。ラインを収納する役割も担う。エリアトラウトでは主にスピニングリールを使う。他にはベイトリール（ベイトキャスティングリール）がある

**リールシート**●ロッドのリールを固定するパーツ

**る**

**ルアー**●lureは魅了するの意。本物のエサに似せた疑似餌

**れ**

**レギュラー**●通常、普通の意。『レギュラーサイズの魚』、『レギュラーテーパーのロッド』など

**レギュレーション**●釣り場の規則のこと。守るべきルールである

**レンジ**●水深、または魚のいる層、ルアーを捕食しやすい深さをレンジという。タナと同義語

**ろ**

**ロスト**●根掛かりなどでルアーをなくしてしまうこと

**ローテーション**●ルアーを定期的&戦略的に交換していくこと。ルアーローテーション、または短縮してローテという場合もある

**ロッドアクション**●ロッド（竿）の曲がりのこと。ロッドのパワー（硬さ&強さ）を分類する時も、UL（ウルトラライト）アクションなど使う

**ロッドパワー**●ULやSULなどと表示されるロッドの硬さのこと。管理釣り場では、MLくらいまでのパワー表示が一般的

**ロールアクション**●スプーンやクランクベイトなどで、ボディをねじるような動きをいう。ローリングアクションと同じ

**わ**

**ワーム**●バスフィッシングではポピュラーなゴム製のルアー。管理釣り場のトラウトでは禁止される場合がほとんど

**ワンド**●釣り場のポイントの形状を表す用語。入江のこと

**ワンピースロッド**●継ぎ目のない1本ものの釣り竿

ビギナーのための

# 管理釣り場のルアーフィッシング

**STAFF**

編集　アングリングファン 編集部
カバーデザイン　田中あつみ
本文デザイン　田中あつみ
イラスト　廣田雅之

---


2023年10月23日 初版発行
編集人　佐々木正和
発行人　杉原葉子
発行所　株式会社 電波社
〒154－0002 東京都世田谷区下馬6-15-4
代表　TEL 03-3418-4620 FAX 03-3421-7170
振替口座：00130-8-76758
https://www.rc-tech.co.jp/
印刷・製本／株式会社　光邦
ISBN　978-4-86490-242-7　C0076